Oh my God!	
hopefully, I wish . . .	يا ريت!
Don’t tell me!	يا سلام! يا حلاوة!
Oh no! very informal	يا لهوي!
An expression meaning that the person / people only thinks about himself / herself / themselves and have no other considerations.	ياالله نفسي
How often . . .	ياما + فعل ماضي

People are meant to help one another (said by someone who is being thanked for helping out, or offering help).	الناس لبعضيها
I wish	نِفْسي
I wish I could blink and find . . .	نفسي أغمَّض عيني وافتحها ألاقي ...
You are in big trouble. very informal	نهاركو اسود!
Welcome! (conventional welcoming phrase)	نوّرت
As if I don't already have enough problems	هي ناقصة!
accustomed to	واخِد عَلَى (حاجة أو حد)
I swear to God.	والله العظيم!
It's a total drag, nuisance	وَجَع الدماغ
pain in the neck	وَجَع قَلْب / دِماغ
kind face	وِشّ سِمِح
give someone a scare	وقّع، يوقّع قلبـ(ي)
Don't worry about it. It doesn't matter.	ولا يهمّك
an exclamation used to express great stress	يا خرابي!

Umm al-Dunya

Umm al-Dunya

ADVANCED EGYPTIAN
COLLOQUIAL ARABIC

Abbas Al-Tonsi

Heba Salem

Nevenka Korica Sullivan

The American University in Cairo Press
Cairo • New York

First published in 2012 by
The American University in Cairo Press
113 Sharia Kasr el Aini, Cairo, Egypt
420 Fifth Avenue, New York, NY 10018
www.aucpress.com

Dar el Kutub No. 2251/12
ISBN 978 977 416 564 1

Dar el Kutub Cataloging-in-Publication Data

Al-Tonsi, Abbas
    Umm al-Dunya: Advanced Egyptian Colloquial Arabic / by Abbas Al-Tonsi, Heba Salem and Nevenka
  Korica Sullivan. — Cairo: The American University in Cairo Press, 2012
      p.   cm.
      ISBN 978 977 416 564 1
      1. Arabic language – Colloquial
      I. Salem, Heba (Jt. auth.)
      II. Korica, Nevenka (Jt. auth.)
      III. Title
      493.1

1 2 3 4 5   16 15 14 13 12

Designed by George Helmi
Printed in Egypt

إلى مصر أم الدنيا

التي انتفضت وحطمت القيود

حرة فتية دائما وأبدا

Contents

الموضوع: الهجرة – المرور

الوظائف: السرد في الماضي والحاضر والمستقبل – الترحيب – تمني الخير

القواعد: تصريف أفعال (كَتَب) و(نِزِل) ماضي – المستقبل

الثقافة: الريف والمدينة – أساليب المخاطبة – الوداع – كلمة الله وكلمة ربنا – مشوار بالتاكسي

النطق: ق، ذ في مستويات العامية المختلفة

القاموس: وسائل المواصلات

الموضوع: الفنادق – السياحة

الوظائف: الطلب – الترحيب – الشكوى – العزومة – الاعتذار

كلمة شكر

يتوجه المؤلفون بالشكر إلى طلاب مركز الدراسات العربية بالخارج الذين يرجع إليهم الفضل في الإيحاء بفكرة هذا الكتاب وفي اختيار الموضوعات والطريقة التي انتهى إليها. كما ندين بالشكر الجزيل إلى مركز الدراسات العربية بالخارج الذي منح هذا المشروع الدعم والتمويل اللازم لإخراجه إلى النور، ونخص بالشكر الدكتور محمود البطل مدير المركز والدكتورة زينب طه مديرة معهد اللغة العربية بالجامعة الأمريكية.

وأيضًا نتوجه بالشكر الجزيل إلى الأساتذة الكرام والزملاء الأعزاء الذين شاركوا في تدريس هذا الكتاب في مراحله الأولى وتجربته وقدموا لنا ملاحظاتهم واقتراحاتهم، ونخص بالذكر الأستاذة شهيرة ياقوت والأستاذة ليلى الصاوي.

ولا ننسى أن نتوجه بالشكر إلى فريق العمل الذي أخرج مسلسل "رحلة عبد الله،" هذا المسلسل الذي يعتمد عليه الكتاب في تدريس الجزء الخاص بعامية الحياة اليومية. وكذلك لا ننسى أن نتوجه بالشكر إلى كل الأساتذة الأفاضل الذين قمنا معهم بإجراء اللقاءات التي جاءت بالكتاب في إطار المستوى الثاني للعامية المصرية.

ونتوجه بالشكر إلى فريق العمل الذي أخرج لنا الـ DVD ونفذ لنا التمرينات التفاعلية وتمرينات النطق، وعلى رأسهم الأستاذ بهاء جميل والأستاذ مينا سمير. وكذلك نشكر الأستاذ فيكتور إدوارد الذي حرص على إخراج التسجيلات الصوتية بأفضل صورة ممكنة.

وأخيرًا وليس آخرًا، نريد أن نوجه الشكر الجزيل إلى Hope Fitzgerald التي ساهمت في مراجعة ترجمة المفردات والعبارات إلى اللغة الانجليزية وهي طالبة في برنامج كاسا، والأستاذ إبراهيم التهامي والأستاذ عماد سمير اسكندر للمساعدة في مراجعة الطباعة وتصحيح الأخطاء في الطبعتين التجريبية ولهذه الطبعة.

ويتوجه المؤلفون بالشكر الجزيل إلى الأستاذة وسيمة الشافعي للموافقة على استخدام الفيديو الخاص بكتب كتابها في المسجد، وكذلك الأستاذ هاني يسري والأستاذ بهاء جميل للموافقة على استخدام فيديو فرحهما بالكنيسة القبطية والكنيسة الإنجيلية.

كما يتوجه المؤلفون بالشكر الجزيل إلى قناة الجزيرة للموافقة على استخدام بعض الدقائق من اللقاء الخاص بالأستاذ عباس التونسي والناشطة نوارة نجم، وبجزيل الشكر إلى الناشطة أسماء محفوظ لاستخدام الفيديو الخاص بها.

ويتوجه المؤلفون أيضا بالشكر إلى التليفزيون المصري والأستاذ مفيد فوزي للموافقة على استخدام مقتطف من برنامجه "حديث المدينة." كما يشكر المؤلفون كل من دار الشروق والأهرام والدستور لاستخدام مواد للقراءة في الكتاب، كما يشكرون الدكتور جلال أمين للموافقة على استخدام محاضرته التي ألقاها في مركز الدراسات العربية وفي مكتبة الكتب خان. ويشكرون الأستاذ بهاء جميل لمنح "أم الدنيا" الصور الحية التي التقطها من ميدان التحرير.

نسأل الله أن يحقق هذا العمل الهدف المرجو منه وهو مساعدة الطلاب على الانطلاق في التحدث بالعامية بمستوياتها المختلفة.

جدول الرموز

الحرف العربي	الرمز بالحروف اللاتينية
ء	ء
َ	a
ِ	i
ُ	u
ا	aa
ي	ii
و	uu
ب	b
ت	t
ث	presented in Egyptian colloquial in other forms
ج	g
ح	H
خ	x
د	d
ذ	presented in Egyptian colloquial in other forms
ر	r
ز	z
س	s
ش	š
ص	S
ض	D
ط	T
ظ	Z
ع	ع
غ	غ
ف	f
ق	Q
ك	k
ل	l
م	m
ن	n
هـ	h
و	w
ي	y

Introduction

In the course of our long experience of teaching Arabic as a foreign language we have arrived at a number of firm convictions, the most important of which inform the content of this book:

First, mutual and reciprocal communication is the fundamental objective of any language-learning endeavor. Second, linguistic tasks should not simply comprise a list of sentences or expressions for a student to memorize and then translate into another language while maintaining the same meaning. Third, culture is an essential component of language learning. It would not be an exaggeration to say that there is no language without a culture, and that competence in a language cannot be attained without a profound understanding of the culture that produces it. Egyptian Colloquial Arabic (ECA) is thus a reflection of how a people sees the world. Fourth, in the study of language in particular, and culture in general, binary opposition contributes nothing to our understanding but rather hinders it. In a language, we face different levels and contexts for its use, just as we deal with variants and options within it that are dictated by context, speaker, audience, and intended message. There is more than one level within ECA, and a speaker need not be confined to a single level, meaning that the same person who employs Classical Arabic to deliver a lecture about the precepts of the Islamic faith can use Modern Standard Arabic (MSA) for a lecture about political Islam, and MSA infused with colloquial, or colloquial infused with MSA, to discuss that same subject or related subjects, while using the colloquial Arabic of everyday life on his or her way to that discussion or lecture. Fifth, we can divide the levels of ECA and their permutations, broadly speaking, into two primary types: the colloquial of everyday life and the colloquial of the educated. We do not mean this classification in the closed, frozen sense; rather, we consider that such a diversity, or variation, represents a continuum.

The Lessons

The lessons in this book make reference to the daily circumstances that face a typical Egyptian family (the Abdallah household), and use these circumstances to highlight a number of different real-life situations.

Each lesson of *Umm al-dunya*, then, consists of two parts:

The first part focuses on the colloquial Arabic of everyday life, as represented in the following:

1. The video series "Abdallah's Trip" on the DVDs.
2. Additional scenes containing recorded dialogues with Egyptians.
3. Interactive exercises on vocabulary and expressions on the DVDs for study at home, and additional exercises in the book for practice during class.
4. Grammar points accompanied by audio recordings and Latin script, which are used according to the needs of the student, and grammar exercises, both on the DVDs and in the book, for study at home and for practice in the classroom.
5. Exercises specific to pronunciation on the DVDs, which treat some of the unique phonological traits of ECA and how they differ from those of MSA.
6. Each lesson has a corresponding visual dictionary on the DVDs that covers most vocabulary items relevant to the lesson's theme. What is significant about this component is that the images are accompanied by audio recordings. Vocabulary items from the visual dictionary are used in a number of activities that the student does either in class or at home, in preparation for class.

The second part is composed of texts that focus on educated colloquial. This level of colloquial Arabic is typically used to discuss topics related to culture, politics, and public life, and consists of a mix between the colloquial of everyday life and MSA. Activities specific to educated colloquial include:

1. Interviews recorded with various public personalities that relate to the theme of the lesson in question. These interviews are completely unscripted, as intended, and can be found on the DVDs.
2. Vocabulary and expressions from the interviews both on the DVDs and in the book.
3. Linguistic exercises that help draw students' attention to the linguistic phenomena associated with mixing colloquial with standard Arabic.
4. Reading texts that students turn into spoken dialogue using a mix of MSA and ECA, as necessitated by specific activities requested of them. Sometimes students will rely on the texts they have read as a source for oral debates or discussions.

This book has attempted to free itself from a rigid framework in order to better guide students in using language consistently both within and outside the classroom, and it is our hope that it will be taught in this spirit. We encourage our fellow instructors to make use of it with the primary goal of boosting students' production of the language and developing their linguistic fluency and accuracy, to enrich it through extracurricular tasks, and to take care in selecting additional materials so as to provide them with disciplined diversification, rather than that of the more unrestrained sort that we consider distracting to students.

المقدمة

على مدى سنوات طويلة مارس المؤلفون تدريس اللغة العربية للأجانب، ومع تراكم خبراتهم وقراءاتهم تكونت لديهم عدة قناعات ثابتة أهمها فيما يتصل بمادة هذا الكتاب:

أولاً: إن الاتصال والتواصل هو الهدف الأساسي لأي عملية تعلم للغة.

ثانيًا: إن الوظائف اللغوية ليست مجرد قائمة من الجمل والعبارات يمكن حفظها ثم إعادة إنتاجها مترجمة إلى أية لغة دون اختلاف يذكر.

ثالثًا: إن الثقافة مكون أساسي في تعلم اللغة، بل لا نبالغ إذا قلنا إنه لا لغة بلا ثقافة، وإن الكفاءة اللغوية لن تتحقق بدون فهم عميق للثقافة المنتجة لها. من هنا فالعامية المصرية هي رؤية شعب للعالم.

رابعًا: في دراسة اللغة خاصة والثقافة عمومًا، لا تضيف الثنائيات الضدية binary opposition إلى فهمنا، بل تعوقه. في اللغة نحن أمام مستويات مختلفة وسياقات مختلفة للاستخدام، كما نتعامل مع تنوعات واختيارات متعددة يحكمها السياق والمتحدث والمتلقي ومضمون الرسالة. ففي العامية المصرية أكثر من مستوى؛ المتحدث قد يستخدم فصحى التراث وهو يحاضر عن مفاهيم العقيدة الإسلامية مثلاً، ونفس الشخص قد يستخدم الفصحى المعاصرة إذ يحاضر عن مفاهيم الإسلام السياسي مثلاً، ويستخدم الفصحى الممزوجة بالعامية أو العامية الممزوجة بالفصحى إذ يتحاور حول ذات الموضوع أو غيره، بينما يستخدم مستوى الحياة اليومية من العامية وهو في طريقه إلى مكان ذلك الحوار أو تلك المحاضرة.

خامسًا: إننا إذا أجملنا مستويات العامية المصرية وتنوعاتها في تصنيفين رئيسيين، هما عامية الحياة اليومية وعامية المثقفين، فلم نقصد مفهوم التصنيف الجامد المغلق، بل نرى أن النظر الصحيح لهذا التعدد أو التنوع هو أنه 'متصل' continuum.

تقسيم دروس الكتاب

تعتمد دروس الكتاب على بعض المواقف اليومية التي تواجه عائلة مصرية عادية (أسرة عبد الله) ومن خلال هذه المواقف يتم عرض العديد من المواقف الحياتية المختلفة.

وهكذا فإن كل درس من دروس أم الدنيا يتكون من جزئين.

الجزء الأول: وهو الجزء الذي يركز على عامية الحياة اليومية، ويتمثل ذلك في ما يلي:

١. مسلسل فيديو "رحلة عبد الله" على الـ DVDs.

٢. تمرينات مفردات وتعبيرات المسلسل التفاعلية للدراسة في البيت على الـ DVDs وتمرينات أخرى في الكتاب للتدرّب في الفصل.

٣. القواعد مصحوبة بتسجيلات صوتية وحروف لاتينية تظهر وتختفي حسب احتياج الطالب، وتمرينات القواعد على الـ DVDs وفي الكتاب للدراسة في البيت والتدرب في الفصل.

٤. تمرينات خاصة بالنطق على الـ DVDs، وتتناول بعض الظواهر الصوتية الخاصة بالعامية وكيفية اختلافها عن الفصحى.

٥. المشاهد الإضافية التي بها بعض الحوارات المسجلة مع مصريين.

٦. يحتوي كل درس على قاموس مصوّر على الـ DVDs، يشمل معظم المفردات الخاصة بثيمة كل درس. ويتميز هذا الجزء بأن الصور يصاحبها تسجيل صوتي. وتستخدم مفردات القاموس المصور في كثير من الأنشطة التي يقوم بها الطلاب في الفصل أو في البيت للإعداد للفصل.

الجزء الثاني: يتكون من نصوص تركز على عامية المثقفين. هذا المستوى من العامية غالبًا ما يتم استخدامه عند مناقشة القضايا المتعلقة بأمور الثقافة والسياسة والحياة العامة وهو مزيج بين عامية الحياة اليومية والفصحى.

وتشمل الأنشطة الخاصة بعامية المثقفين التالي:

١. اللقاءات الموجودة على الـ DVDs، وهي لقاءات تم تسجيلها مع شخصيات متعدّدة وتدور هذه اللقاءات حول ثيمات الدرس. هذه اللقاءات تلقائية تمامًا، وهذا هو المقصود.

٢. مفردات وتعبيرات من اللقاءات على الـ DVDs وفي الكتاب.

٣. تمرينات لغوية تساعد على لفت نظر الطلاب إلى الظواهر اللغوية الخاصة بالمزج بين الفصحى والعامية.

٤. نصوص للقراءة يقوم الطلاب بتحويلها إلى حديث بناء، فيه مزج بين الفصحى والعامية عندما يستلزم الأمر وأنشطة معينة تُطلب منهم. ويقوم الطلاب في بعض الأحيان بالاستناد إلى النصوص المقروءة لتحويلها إلى مناظرات أو مناقشات شفهية.

كلمة أخيرة

لقد حاول هذا الكتاب أن يتحرر من إطار الكتاب المقرر ليكون دليلاً للطلاب لممارسة منظمة للغة، خارج الصف وداخل الصف، ونرجو أن يتم تدريسه بهذا المفهوم. ونحث الزملاء من المدرسين على أن يكون الهدف دائمًا خلال استخدامه هو إنتاج الطلاب للغة وتطوير طلاقتهم ومستوى الدقة في لغتهم، وأن يحاولوا إثراءه وإغناءه بمهام خارج الصف، وأن يحتكموا في اختيار أية مواد إضافية إلى التنويع المنضبط ويتجنبوا التنويع الحر الذي قد يؤدي في رأينا إلى تشتت الطلاب.

الدرس الأول

العودة إلى القاهرة

الموضوعات	▪ الهجرة الداخلية من الريف إلى المدينة والهجرة الخارجية إلى الخليج ▪ المرور ومشاكله في القاهرة
الوظائف اللغوية	▪ السرد في الماضي والحاضر والمستقبل ▪ الترحيب بالآخر والوداع ▪ تمنـّي الخير للآخرين
القواعد	▪ تصريف أفعال المجموعة الأولى والمجموعة الثانية في الماضي: أفعال بـ 'فتحة – فتحة' (كتَبَ) و 'كسرة – كسرة' (نِزِل) في الإثبات والنفي – المستقبل
الثقافة	▪ الاختلافات بين الريف والمدينة في اللغة والمسكن والملبس ▪ بعض أساليب المخاطبة ▪ بعض أساليب الوداع ▪ استخدام عبارات فيها كلمة 'الله' أو 'ربنا' ▪ مشوار بالتاكسي
النطق	▪ نطق الـ 'ق' والـ 'ذ' في المستويات المختلفة للعامية المصرية
القاموس المصور	▪ وسائل المواصلات – مفردات من الشارع القاهري

الجزء الأول: مسلسل "رحلة عبد الله"

عامية الحياة اليومية

"رحلة عبد الله"

I.   اتفرجوا واحكوا (المشاهد الصامتة)

١. اتفرّجوا على المشاهد الصامتة في الفصل واكتبوا الأفكار اللي تيجي في ذهنكم.

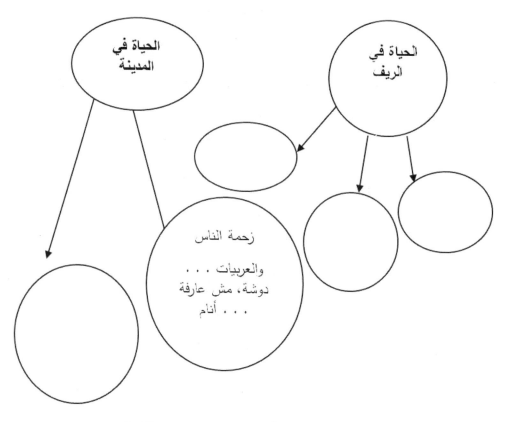

٢. في مجموعات، قارنوا بين الأفكار اللي ذكرتوها بعد المُشاهدة.

٣. بتفضّلوا الحياة في الريف ولاّ في المدينة؟ وليه؟

II. **اتفرجوا على "رحلة عبد الله"**

في البيت اتفرّجوا على "رحلة عبد الله" بدون الرجوع إلى المفردات، وبعدين جاوبوا على أسئلة الفهم اللي على الـ DVD.

III. **المفردات والتعبيرات من "رحلة عبد الله"**

١. في البيت ذاكروا المفردات والتعبيرات واسمعوا الجمل اللي في الـ DVD واكتبوها.

اعملوا تمرين ١ و ٢ على الـ DVD.

المفردات

to leave	ساب، يسيب، سيبان
enough You should stop . . .	كِفاية كِفاياكْ . . .
to stay	قَعَد، يُقْعُد، قُعاد
even so	بَرْضُه
to worry	قِلِق، يقلَق، قَلَق

to take	وَدّى – يوَدّي
real-estate agent	سِمْسار ج. سَماسْرة
piaster (sum of) money	قِرْش القرشين
to put	حَطّ، يحُطّ، حَطّ
to come out/to turn out to be	طِلع، يِطْلَع، طُلوع
to be enough	سَدّ، يسِدّ، سَدّ
to become reassured	اِطّمِّن، يِطَّمِّن
to spend the night	بات، يبات، بِيات
errand	مِشْوار ج. مَشاوير

abroad/outside	بَرّا
to cheer up	فَرْفِش، يفَرْفِش، فَرْفَشة
upset	مِتضايِق/مِتْضايْقة/متضايقين
to get spoilt	باظ، يبوظ، بَوَظان

 التعبيرات

May God grant you success.	رَبِّنا يوفَّقَك.
we are relying on …	البَرَكة في (ف) …
mind to take care (of)	بال خلّى بالُه من …
God willing	بإذْن الله

I wish	نِفْسي ________________
stubborn	راكِب دِماغُه ________________
Leave it to God. = Don't worry about it.	خَلّيها عَلَى الله. ________________
to take care	خَد، ياخُد بالُه (من) ________________
Said for a farewell (usually by the one who is leaving).	أشوف وِشّك بِخير. ________________
slowly Slow down!	على مِهْل . . . ________________
accustomed to	واخِد عَلَى (حاجة أو حد) ________________
For the passing of time, e.g.: "I have been in Egypt for two years."	بقَى + لـ + pronominal suffix ________________
Safety is in being slow, and in haste repentance. = Haste makes waste.	في التأنّي السّلامَة وفي العَجَلَة النَّدامة. ________________
I didn't mean that.	مِش قَصْدي. ________________

May God protect us.	ربّك يُسْتُرْها. ___
to be about to	قَرّب، يِقَرّب + مضارع ___

١. في الفصل في مجموعات راجعوا الجمل اللي كتبتوها وانتو بتذاكروا المفردات والعبارات من على الـ DVD في البيت.

٢. اختاروا خمس تعبيرات من جدول التعبيرات اللي في الـ DVD واستخدموها في موقف حاتمثلوه مع زميل/زميلة في الفصل. مثلاً، مشهد تودّعوا فيه صديق حيسافِر لمدة طويلة.

٣. خمنوا معنى العبارات دي من السياق:

(أ) (المشهد الأول) سيد قصدُه إيه لما بيقول لعبد الله: "عِشْنا وشُفنا"؟

(ب) (المشهد التاني) تفتكروا يعني إيه "النهار له عنين"؟

(ج) (المشهد التالت) سوّاق التاكسي قصده إيه لما بيقول لعبد الله "حُطّها في تلاّجة"؟

٤. مع زميل/زميلة مثلوا موقف ينتهي باستخدام عبارة من العبارات اللي درسناها.

٥. اكتبوا كل مفردة وعبارة جديدة على كارت. حُطّوا كل الكروت مع بعض وبعدين كلّ واحد يسحب كارت ويحاول شرح الكلمة أو العبارة اللي فيه لزمايله من غير ما يقول الكلمة أو العبارة. وعلى كل الطلاب الباقيين تخمين الكلمة أو العبارة اللي في الكارت.

مثلاً، الكارت عليه عبارة

راكِب دِماغُه

اللي حيشرح ممكن يقول: "واحد مصمّم على رأيه، ومش عايز يغيّره أبدًا مهما حَصَل، يعني: هو ______."

١. اختاروا الكلمة اللي ممكن نستخدمها مع كل فعل في الجدول وبعدين حطّوها في سياق:

أخد	عمل	دخل	
		✓	الجامعة
			مشكلة
			امتحان
			حادثة
			السجن
			حفلة
			أجازة
			برد
			المستشفى
			شاي
			بالُه من
			على

IV. **في الفصل مثّلوا المشاهد اللي اتفرجتوا عليها.**

وزّعوا الأدوار على نفسكو: عبد الله – سيّد أخو عبد الله – سامية – أم عبد الله – سوّاق التاكسي – هبة – أحمد

V. أسئلة الفهم الدقيق على "رحلة عبد الله"

في مجموعات:

١. إيه خطّة عبد الله بعد رجوعه مصر؟ وإيه رأي سيّد أخوه في الخطّة دي؟

٢. إيه انطباعاتكم عن أسرة عبد الله وعلاقتهم ببعض؟ إيه الدليل على كدا؟

٣. عرفتوا إيه عن سوّاق التاكسي؟

٤. إيه رد فعل سامية وعبد الله على كلام السواق؟

VI. الإشارات الثقافية من "رحلة عبد الله"

لاحظوا واتناقْشوا حوالين الموضوعات دي:

١. سيد بيُقصُد إيه لما بيتكَلّم عن 'مصر'؟ تِفْتِكْروا إيه سبب التسمية دي؟

٢. في المشهد التاني، سامية بتقول لأم عبد الله "يا ماما." عبد الله بيقول إيه لأمّه؟ والأولاد (هبة وأحمد) بيقولوا إيه لجدتهم؟ إيه انطباعكم عن الطريقة دي في الكلام؟ بتقولوا إيه لمختلف أفراد العيلة عندكو؟

٣. البيت الريفي اللي شفتوه في الفيديو شكْلُه إيه؟ وبيختلف إزاي عن البيت الريفي في بلدكو؟

٤. طريقة الوداع في المشهد التاني: لاحظوا التعبيرات والإشارات والقُبلات، إلخ. إزاي بتختلف طريقة الوَداع اللي شُفناها عن طريقة الوداع في بلدكو؟

٥. إيه ملاحظاتكم عن التاكسي في مصر؟ إيه التّشابهات والاختلافات بين التاكسي في مصر، والتاكسي في بلدكو؟

٦. ذِكْر كلمة 'الله' في التعبيرات، مثلاً: بإذن الله، إن شاء الله، لا إله إلا الله، على الله. التعبيرات دي معناها إيه؟ إيه انطباعاتكم عن الناس اللي بيستخدموا التعبيرات دي؟ وليه؟

٧. استخدام العربيات للكلاكس في الشوارع

القواعد

في البيت ذاكروا القواعد من الـ DVD.

في الفصل اعملوا التمارين على القواعد (التركيز على الصحة اللغوية).

I. تصريف أفعال المجموعة الأولى والثانية

The **past tense** in Egyptian Colloquial Arabic can be divided into the following groups. This division has five groups of verbs that end with a consonant and two groups ending with vowels. The internal vowels are different as shown below:

المجموعة السابعة	المجموعة السادسة	المجموعة الخامسة	المجموعة الرابعة	المجموعة الثالثة	المجموعة الثانية	المجموعة الأولى
ends with double consonant CaCC	ends with a vowel i CiCi	ends with a vowel a CaCa	ends with consonant-internal vowel aa CaaC	ends with consonant-internal vowel aa-i CaaCiC	ends with consonant-internal vowel i – i CiCiC	ends with consonant-internal vowel a – a CaCaC
حَبّ	نِسي	قرا	راح	سافِر	نِزِل	كَتَب

The aim of this categorization is to facilitate the memorization of the past tense conjugation. Note that this grouping applies to the colloquial past tense verbs only, and has nothing to do with verb categories and forms in MSA.

المجموعة الأولى:

المجموعة الأولى هي الأفعال التي تنتهي بصامت consonant وتحتوي على 'فتحة – فتحة' مع أول صوتين في الفعل، مثل 'كَتَب.' وليس لهذا التقسيم علاقة بالوزن في الفصحى.

أمثلة من الأفعال دي:

كَتَب، يِكتِب، كِتابة

قَطَع، يِقْطَع، قَطْع

شَحَت، يِشِحَت، شِحاتة

رَقَص، يُرْقُص، رَقْص

طَبَخ، يُطْبُخ، طَبْخ

قَلَع، يِقْلَع، قَلْع

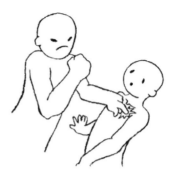

ضَرَب، يِضْرَب، ضَرْب

قَفَل، يِقْفِل، قَفْل

حَفَر، يُحْفُر، حَفْر

رَسَم، يِرْسِم، رَسْم

حَضَن، يُحْضُن، حُضْن

صَرَخ، يَصْرُخ، صريخ

قـَعَد، يُقْعُد، قـُعاد

فَكَّر، يفكّر، تـَفـْكير

هَرَش، يـُهْرُش، هَرْش

فَتَح، يِفْتَح (النور)، فـَتْح

أكَل، ياكُل، أكْل

قـَلَع، يِقْـلـَع، قـَلـْع

خَبَّط، يخبّط، خَبْط/تخبيط

المجموعة الثانية:

المجموعة الثانية هي الأفعال التي تنتهي بصامت consonant وتحتوي على 'كسرة – كسرة' مع أول صوتين في الفعل، مثل 'نِزِل.'

أمثلة من الأفعال دي:

رِكِب، يِرکَب، ركوب	سِمِع، يِسمَع، سَمَع

طِلِع، يِطلـَع، طلوع

نِزِل، ينْزِل، نزول

شِرب، يِشرَب، شُرْب

في مجموعات من اتنين:

كل واحد يسأل زميله أو زميلته: إيه أحسن خمس حاجات عملتها؟ وإيه خمس حاجات كنت تحب تعملها لكن ماعملتهاش؟ بعد ما تتبادلوا اللي عملتوه واللي ماعملتوهوش احكوا للفصل عن بعض. استخدموا أفعال من المجموعة الأولى والتانية اللي بتنتهي بصامت وفيها 'فتحة – فتحة' و 'كسرة – كسرة' بسّ.

II. المستقبل

Future in Egyptian Colloquial is formed by adding the prefix 'حـ' to the imperfect verb:

حـ + الفعل المضارع

To negate the future, 'مش' is used:

مش + حـ + الفعل المضارع

٨. اكتبوا لبعض ورقة الحظ زي اللي بتطلع في الـ fortune cookie، وكل واحد حيقرا اللي مكتوب له ويكمّل حيعمل إيه بعد كدا:

مثال: ورقة الحظ:

حتكسب جايزة كبيرة.

اللي حتطلع له الورقة دي ممكن يقول: حاكسب جايزة كبيرة، فحاقلع اللبس القديم وحالبس لبس جديد وحاسهر مع أصحابي في مكان غالي، وحاشرب . . . وحاكل . . .

٩. كل اتنين يسألوا بعض "حتعملوا إيه في الأجازة الجاية؟" وبعدين احكوا زمايلكو قالوا إيه. حاولوا تستخدموا أفعال المجموعة الأولى والثانية.

المشاهد الإضافية

١. اتفرجوا على المشهد الإضافي ١ اللي في الـ DVD واحكوا عن المشاكل اللي الناس بيواجهوها.

٢. اتفرّجوا على المشهد الإضافي ٢ اللي في الـ DVD واحكوا عن حياة سوّاق التاكسي. استخدموا الأفعال والمفردات الجديدة.

المحادثة في الفصل: عامية الحياة اليومية

في الفصل راجعوا المفردات الجديدة ومفردات القاموس المصوّر من الـ DVD واستخدموها في التمارين.

١. في مجموعات، احكوا لبعض قصة شخص هاجر من الريف إلى مدينة أو من بلد

لبلد. نظّموا كلامكو بالإجابة على الأسئلة دي: الشخص دا مين؟ عاش فين وإمتى؟ هاجر ليه؟ سافر إزاي؟ حياته بعد الهجرة كان شكلها إيه؟ حقق إيه في حياته؟

٢. فكّروا في تجاربكو الشخصية مع سوّاقين التاكسي في القاهرة واستعينوا بيها في تمثيل حوار بينكو وبين سوّاق تاكسي.

•

الجزء الثاني: عامية المثقّفين

اللقاءات

I. لقاء ١ مع اللواء رضا عبد الله

١. في البيت اتفرجوا على لقاء ١ مع اللواء رضا عبد الله وذاكروا المفردات والتعبيرات.

المفردات والتعبيرات

car driver, the one who is driving	قائد السيارة
manners	آداب للأسف، فيه ناس كتير مابتحترمش آداب المرور.
traffic light	إشارة ج. إشارات لازم نُقف عند الإشارة الحمرا.
double parking	صفّ تاني مالقيتش مكان أركن العربية، فركنتها صفّ تاني.
to hold up, delay	عطّل، يعطّل زحمة الشارع عطّلتني نصّ ساعة.
to narrow	ضيّق، يضيّق اللي راكن صف تاني بيضيّق الشارع.
horn	آلة التنبيه

أزعَج، يزعِج عايزة أقعد في هدوء، مش عايزة حدّ يزعجني.	to disturb
مارّة	passersby
مُشاة	pedestrians
كمان العربيات بتركن في الشارع وعلى الرصيف كمان.	also
رصيف ج. أرصفة فيه عربيات راكنة على الرصيف كمان.	sidewalk

٢. أسئلة الفهم:

المتحدّث اتكلّم عن تلات مشاكل في المرور. إيه هي المشاكل دي؟

المشكلة الأولى: ________________________________

المشكلة التانية: ________________________________

المشكلة التالتة: ________________________________

٣. لاحظوا مستوى اللغة:

(أ) استخرجوا الكلمات اللي نطق فيها المتكلّم صوت الـ 'ق' والكلمات اللي اتحوّل فيها صوت الـ 'ق' لـهمزة.

صوت الـ 'ق'	تحوّل صوت الـ 'ق' إلى همزة

(ب) إيه المقاطع اللي استخدم فيها المتكلم الفصحى أكتر من العامية؟ اكتبوها كلمة كلمة.

____

____

____

(ج) استخرجوا النّفي ولاحظوا طريقة النفي واستخدام الفُصحى والعامية.

الجُمَل المنفية	طريقة النفي

(د) استخرجوا كلّ الأفعال اللي في المستقبل.

__________ __________ __________ __________

II. لقاء ٢ مع اللواء رضا عبد الله

١. في البيت اتفرجوا على لقاء ٢ مع اللواء رضا عبد الله وذاكروا المفردات والتعبيرات.

المفردات والتعبيرات

bridge	كوبري ج. كَباري باحبّ أتمشّى على كوبري قصر النيل.
to be able	قِدِر – يِقْدَر – قُدرة ماقُدِرْتِش أقرا كل القصة . . . نِمْت!
to climb	طِلِع – يِطْلَع – طلوع الأسانسير عَطْلان فطْلِعت الدّور السادِس عَلَى رِجْلي.
stairs	سِلِّم ج. سلالِم العمارة دي مافيهاش أسانسير فلازم نطلع على السلّم.
to look	بَصّ – يبُصّ الناس بتعدّي الشارع من غير ما تبصّ.
to look for	دوّر – يدوّر على . . . نسيت رَكنت العربية فين، دوّرت عليها في الجراج نُصّ ساعة.
two-edged sword	سلاح ذو حدّين
to harm	ضَرّ – يضُرّ معروف إن التدخين بيضُرّ الصحة.

٢. أسئلة الفهم:

(أ)   المتحدث اتكلم عن حاجتين ، إيه هُـمّ؟

_____

_____

(ب) المتحدث بيقول إن المايكروباص "سلاح ذو حدّين،" اشرحوا قصدُه إيه.

٣. لاحظوا مستوى اللغة:

(أ) استخرجوا الكلمات اللي نطق فيها المتكلّم صوت الـ 'ق' والكلمات اللي اتحوّل فيها صوت الـ 'ق' لـهمزة.

صوت الـ 'ق'	تحوّل صوت الـ 'ق' إلى همزة

(أ) إيه اللي بتلاحظوه عند استخدام 'قد'؟ ________________

____

(ب) "سلاح ذو حدّين": لاحظوا الاختلاف في النطق بين الفصحى والعامية.

____

استخرجوا أسماء الإشارة ولاحظوا طريقة النطق. ________________

____

III. لقاء ٣ مع السفير د. مصطفى الفقي

١. في البيت اتفرّجوا على لقاء ٣ مع السفير د. مصطفى الفقي وذاكروا:

المفردات والتعبيرات

زيّ ما انتَ عارِف زيّ ما انتو عارفين، وسط البلد زحمة جدًا.	as you know
بيطلع بَرّا فيه شباب كتير عايز يطلع برّا.	leaves the country
مُحترف/محترفة ج. مُحتَرِفين/محترفات فيه ستات كتير مُحترفات لعب تنس.	professional
راقي ج. راقيين	classy
طريقة ودّية بيحاولوا يحلّوا المشاكل اللي بينهم بطريقة ودّية.	friendly way

٢. أسئلة الفهم:

(أ) إيه الظاهرة اللي المتحدث بيتكلم عنها؟ ______________________

____

(ب) وإيه تفسيره للظاهرة دي؟ ______________________

____

٣. لاحظوا مستوى اللغة:

(أ) استخرجوا الكلمات اللي نطق فيها المتكلّم صوت الـ 'ق' واللي اتحوّل فيها لـهمزة.

صوت الـ 'ق'	تحوّل صوت الـ 'ق' إلى همزة

(ب) استخرجوا الكلمات اللي نطق فيها المتكلّم صوت الـ 'ذ' ولاحظوا التغيير الذي تمّ.

صوت الـ 'ذ'	التغيير الذي تمّ

(ج) استخرجوا الجمل المنفيّة ولاحظوا طريقة النفي.

الجُمَل المنفية	طريقة النفي

IV. **لقاء ٤ مع اللواء رضا عبد الله**

١. في البيت اتفرجوا على لقاء ٤ مع اللواء رضا عبد الله وذاكروا المفردات والتعبيرات.

المفردات والتعبيرات

مرصوف لسّه فيه قرى الطرق إللي فيها مش مرصوفة.	paved (road)
ذنب أنا ماليش ذنب هو المسئول عن الحادثة.	fault
مُصاب	wounded
صفارة الإنذار ج. صفارات الإنذار	siren
كتّر خير + pronominal suffix / اسم والله كتر خيره وقف وساعدني لما الكاوتش نام.	May good increase his/her bounty. = I am very thankful to him/her.

٢. أسئلة الفهم:

(أ) المتحدّث حدِّد سببين لحوادث الطريق، إيه همّ؟

السبب الأول: ____________________

السبب التاني: ____________________

وأي سبب في رأي المتحدّث أقوى؟

(ب) إيه المشكلة التانية اللي بيعرضها المتحدّث؟

٣. لاحظوا مستوى اللغة:

(أ) استخرجوا الكلمات اللي نطق فيها المتكلّم صوت الـ 'ق' واللي اتحوّل فيها لـهمزة.

تحوّل صوت الـ 'ق' إلى همزة	صوت الـ 'ق'

(ب)   استخرجوا الكلمات اللي نطق فيها المتحدث صوت الـ 'ذ' ولاحظوا النطق.

_____   _____   _____

(ج)   استخرجوا أسماء الإشارة ولاحظوا طريقة النطق.

_____

_____

_____

اقروا واتناقشوا

(يتطلب الإنتاج اللغوي في هذا الجزء المزج بين الفصحى والعامية.)

١.   في البيت اقروا المقالة دي. وبعدين في الفصل استعملوا المعلومات اللي فيها واعملوا برنامج talk show عن الهجرة غير الشرعية. حتتكلّموا فيه عن أسباب الهجرة ونتائجها وعن اقتراحاتكم لحل المشكلة. البرنامج حيستضيف عدد من الشخصيات اللي ليها علاقة بالموضوع: كل واحد/واحدة من الطلاب حياخد دور: دكتور/دكتورة في علم الاجتماع، وشخص من الاتحاد الأوروبي ضد الهجرة غير الشرعية، وشخص من جامعة الدول العربية، وشخص من المُهاجرين. اعملوا الحوارات واستخدموا بعض العبارات الفصيحة المظللة اللي في المقالة.

هجرة العقول

كتبتُ منذ أيام عن الشباب الذي يحلم بالعمل في أوروبا ويحاول دخولها عن طريق شرعي ولكنه يصطدم بالقوانين الجديدة ويتم ضبطه وترحيله إلي بلده. هذا إذا استطاع أن يفلت بحياته بعد عبور البحر المتوسط بقارب صيد أسماك وهي رحلة وصفها من قام بها بأنها مُرعِبة وعدد ضحاياها أكثر من عدد الناجين منها. وهذه هي هجرة العمال غير المهرة بحثاً عن أسباب للرزق. وهذه مشكلة ... ولكن أفدح منها مشكلة هجرة العقول. وقد دعا خبراء عرب الجامعة العربية إلي إنشاء مكتب خاص لدراسة العوامل التي تؤدي إلي هجرة العقول وإلي محاولة إيجاد الطرق الفعالة للحدّ من هذا النزيف. كما طالب الخبراء بإنشاء وزارات خاصة بشئون المغتربين في بعض العواصم العربية. وجاءت هذه الدعوة خلال مؤتمر علمي احتضنته جامعة عجمان بالتزامن مع دراسة أعدها مركز الخليج للدراسات الاستراتيجية في الإمارات وكانت تشير إلي أن الدول العربية تتكبد خسائر مذهلة لا تقل عن ٢٠٠ مليار دولار سنويًا بسبب ما يعرف بهجرة العقول العربية إلي الخارج. وحذّر تقرير أعدته الجامعة العربية أخيرًا من مخاطر هجرة العقول العربية إلي الدول الغربية معتبرًا هذه الظاهرة بمثابة كارثة إذ قدرت الجامعة عدد العلماء والأطباء والمهندسين ذوي الكفاءات العالية من العرب في بلاد الغرب بما لا يقل عن ٤٥٠ ألفا. وأشار العلماء إلي أن المجتمعات العربية أصبحت بيئات طاردة للكفاءات العلمية الأمر الذي أدي إلي تفاقم ظاهرة هجرة العقول والأدمغة العربية إلي الخارج.

أحمد بهجت، جريدة الأهرام

١٠ أبريل ٢٠٠٥

٢. في الفصل اقروا القصة دي وبعدين قسّموا نفسكو مجموعات من اتنين، واحد يقوم
بدور دكتور نفسي والتاني يقوم بدور صاحب المشكلة.

الرجل الغَريب

مشكلتي باختصار هي أنني واحد من أبناء جيل الهجرة. فلقد سافر أبي للعمل في إحدى الدول
العربية وأنا طفل عمره ثلاث سنوات وشقيقي الأصغر لم يكمل عامه الأول. واستمرّ أبي في عمله
في الخارج لمدة ١٧ سنة لم نكن نراه خلالها سوى شهر واحد كل عامين. فانتقلنا إلى شقة أوسع
وأرقى وأصبحت لي سيارة خاصة . . . وفجأة منذ أربعة أشهر قرر أبي أن يترك عمله في الخارج
وأن يستقر معنا في مصر. فعاد واستقرّ وبدأت المشاكل!! فأنا وأخي نشعر منذ أن عاد أبي أنّ
هناك رجلاً غريبًا يعيش معنا! رجلاً لم نعتد عليه ولم نعتد على الحياة معه! فهو لا يعرف كيف
يتعامل معنا ولا يزال يتصوّر أننا أطفال صغار. فقد طلب منا أن نقترب منه، وبالفعل بدأنا نخرج
سويا ... ولكننا بعد أربعة أشهر من عودته تأكدنا استحالة التأقلم معه وتعاظم لدينا الشعور بالغربة
عنه والكراهية له! إنني أشعر بالذنب لهذا الإحساس لأنه بينما يشعر الجميع بالحب لآبائهم فإني
أشعر تجاهه بالكره والاغتراب ... فماذا تنصحني أن أفعل؟

عبد الوهاب مطاوع (العصافير الخرساء – بتصرّف)
إصدار دار الشروق، الطبعة الرابعة ١٩٩٧

المجموعة الأولى (كَتَب)

الفعل الماضي

CaCaC

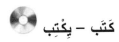

كَتَب – يِكْتِب

الضمير	الإثبات		النفي	
أنا	كَتَبْتْ	katabt	ماكَتَبْتِش	makatabtiš
اِنتَ	كَتَبْتْ	katabt	ماكَتَبْتِش	makatabtiš
اِنتِ	كَتَبْتِ	katabti	ماكَتَبْتِيش	makatabtiiš
هوَّ	كَتَبْ	katab	ماكَتَبْش	makatabš
هِيّ	كَتَبِتْ	katabit	ماكَتَبِتْش	makatabitš
اِحنا	كَتَبْنا	katabna	ماكَتَبْناش	makatabnaaš
اِنتو	كَتَبتوا	katabtu	ماكَتَبْتوش	makatabtuuš
هُمّ	كَتَبوا	katabu	ماكَتَبوش	makatabuuš

أفعال تصرّف على نفس النمط في الماضي: لاحظوا التغيير اللي بيحصل في المضارع.

١. كَسَر، يِكْسَر – كَسَّر، يِكَسَّر – دَفَع، يِدْفَع – رَفَع، يِرْفَع – ضَرَب، يِضْرَب – قَلَع، يِقْلَع – بَعَتْ، يِبعَت – خَبَط، يِخْبَط – خَبَّط، يِخبَّط – قَبَضْ، يِقْبَض – حَفَظ، يِحْفَظ – نَطَق، يِنْطَق – قَطَع، يِقْطَع

٢. شَتَم، يِشْتِم – غَسَل، يِغْسِل – عَمَل، يِعْمِل – رَسَم، يِرسِم – رَكَن، يِركِن – قَلَبْ،

يِقْلِب – قَفَل، يِقْفِل – عَزَم، يِعْزِم – دَرَس، يِدْرِس

٣. دَخَل، يُدْخُل – خَرَجْ، يُخْرُج – قَعَدْ، يُقْعُد – طَلَب، يُطْلُب – شَكَر، يُشْكُر – طَبَخ، يُطْبُخ – هَجَر، يُهجُر

لاحظوا تصريف الفعل دا:

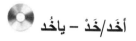

أخَد/خَدْ – ياخُد

الضمير	الإثبات		النفي	
أنا	أَخَدْت/خَدْت	axadt/xadt	ماخَدْتِش	maxadtiš
اِنتَ	أَخَدْتْ/خَدْت	axadt/xadt	ماخَدْتِش	maxadtiš
اِنتِ	أَخَدْتِ/خَدْتِ	axadti/xadti	ماخَدْتِيشْ	maxadtiiš
هوَّ	أَخَدْ /خَدْ	axad/xad	ماخَدْش	maxadš
هِيّ	أَخَدِتْ /خَدِتْ	axadit/xadit	ماخَدِتْشْ	maxaditš
اِحنا	أَخَدْنا /خَدْنا	axadna/xadna	ماخَدْناشْ	maxadnaaš
اِنتو	أَخَدْتوا /خَدْتوا	axadtu/xadtu	ماخَدتوشْ	maxadtuuš
هُمّ	أَخَدوا /خَدوا	axadu/xadu	ماخَدوشْ	maxaduuš

يصرّف على نفس النمط في الماضي والمضارع: أَكَل/كَل

Listen and note the assimilation that happens when the two consonants [d] and [t] meet.

المجموعة التانية

الفعل الماضي

CiCiC

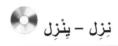 نِزِل – يِنْزِل

النفي		الإثبات		الضمير
manziltiš	مانْزِلْتِشْ	nizilt	نِزِلْت	أنا
manziltiš	مانْزِلْتِشْ	nizilt	نِزِلْتْ	اِنتَ
manziltiiš	مانْزِلْتِيشْ	nizilti	نِزِلْتِ	اِنتِ
manzilš	مانْزِلْشْ	nizil	نِزِلْ	هوَّ
manizlitš	مانِزْلِتْش	nizlit	نِزِلْت	هِيّ
manzilnaaš	مانْزِلْناش	nizilna	نِزِلْنا	اِحنا
manziltuuš	مانْزِلْتوشْ	niziltu	نِزِلْتوا	اِنتو
manizluuš	مانْزْلوشْ	nizlu	نِزْلوا	هُمّ

Listen and note the changes in the pronunciation of the verb when conjugated with the pronouns: أنا – اِنتَ – اِنتِ – اِنتو – اِحنا.

Example:

- nizilt
- ananizilt
- anan zilt

أفعال من نفس النمط في الماضي: لاحظوا التغيير اللي بيحصل في المضارع.

١. لِبِس، يِلْبِس – بِعِد، يِبْعِد – مِسِك، يِمْسِك

٢. لِعِب، يِلْعَب – كِسِب، يِكْسَب – كِبِر، يِكْبَر – سِمِع، يِسْمَع – تِعِب، يِتْعَب – قِلِق، يِقْلَق – شِرِب، يِشْرَب – تِخِن، يِتْخَن – خِلِص، يِخْلَص – عِرِف، يِعْرَف – نِجِح، يِنْجَح – سِهِر، يِسْهَر – نِضِف، يِنْضَف – فِطِر، يِفْطَر – رِجِع، يِرْجَع – غِلِط، يِغْلَط – عِطِش، يِعْطَش – ضِحِك، يِضْحَك – غِرِق، يِغْرَق – زِهِق، يِزهَق – قِرِف، يِقرَف – سِمِع، يِسمَع – قِلِق، يِقلَق

المجموعة الأولى (كَتَب،يِكتِب)

الفعل المضارع

بيكْتِب – مابْيِكْتِبْش

الضمير	الإثبات		النفي	
أنا	باكتِب	baktib	ماباكْتِبْش	mabaktbiš
اِنتَ	بتِكْتِب	bitiktib	مابْتِكْتِبْش	mabtiktibš
اِنتِ	بتِكْتِبي	bitiktibi	مابْتِكْتِبيش	mabtiktibiiš
هوَّ	بيكْتِب	biyiktib	مابْيِكْتِبْش	mabyiktibš
هِيَّ	بتِكْتِب	bitiktib	مابْتِكْتِبْش	mabtiktibš
اِحنا	بنِكْتِب	biniktib	مابْنِكْتِبْش	mabniktibš
اِنتو	بتِكْتِبوا	bitiktibu	مابْتِكْتِبوشْ	mabtiktibuuš
هُمّ	بيِكْتِبوا	biyiktibu	مابْيِكْتِبوشْ	mabyiktibuuš

أفعال تصرّف على نفس النمط في المضارع:

بيشْتِم – بيِغْسِل – بيِعْمِل – بيِرسِم – بيِركِن – بيِقْلِب – بيِقْفِل – بيِعْزِم – بيِذْرِس

المجموعة الأولى (خَرَج، يُخرُج)

الفعل المضارع

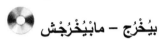

بيُخْرُج – مابْيُخْرُجْش

الضمير	الإثبات		النفي	
أنا	بَاخْرُج	baxrug	مابَاخْرُجْش	mabaxrugš
اِنتَ	بِتُخْرُج	bituxrug	مابْتُخْرُجْش	mabtuxrugš
اِنتِ	بِتُخْرُجي	bituxrugi	مابْتُخْرُجيش	mabtuxrugiiš
هوَّ	بِيُخرُج	biyuxrug	مابْيُخْرُجْش	mabyuxrugš
هِيّ	بِتُخْرُج	bituxrug	مابْتُخْرُجْش	mabtuxrugš
اِحنا	بِنُخرج	binuxrug	مابْنُخْرُجْش	mabnuxrugš
اِنتو	بِتُخْرُجوا	bituxrugu	مابْتُخْرُجوش	mabtuxruguuš
هُمّ	بِيُخْرُجوا	biyuxrugu	مابْيُخْرُجوش	mabyuxruguuš

أفعال تصرّف على نفس النمط في المضارع :

بيُقعُد – بيُدخُل – بيُنْشُر – بيُرْبُط – بيُكْنُس – بيُطْبُخ – بيُطْلُبْ – بيُشْكُر – بيُظْبُط

المجموعة التانية (نِزِل، يِنْزِل)

الفعل المضارع

بِيِنْزِل – مابْيِنْزِلْش

الضمير	الإثبات		النفي	
أنا	بَانْزِل	banzil	مابَانْزِلْش	mabanzilš
اِنتَ	بِتِنْزِل	bitinzil	مابْتِنْزِلْش	mabtinzilš
اِنتِ	بِتِنْزِلي	bitinzili	مابْتِنْزِليش	mabtinziliiš
هوَّ	بِيِنْزِل	biyinzil	مابْيِنْزِلْش	mabyinzilš
هِيّ	بِتِنْزِل	bitinzil	مابْتِنْزِلْش	mabtinzilš
اِحنا	بِنِنْزِل	bininzil	مابْنِنْزِلْش	mabninzilš
اِنتو	بِتِنْزِلوا	bitinzilu	مابْتِنْزِلوش	mabtinziluuš
هُمّ	بِيِنْزِلوا	biyinzilu	مابْيِنْزِلوش	mabyinziluuš

المجموعة التانية (فِهِم، يِفهَم)

الفعل المضارع

بيفْهَم – مابْيِفْهَمْش

الضمير	الإثبات		النفي	
أنا	بَافْهَمْ	bafham	مابَفْهَمْش	mabafhamš
اِنتَ	بِتِفْهَمْ	bitifham	مابْتِفْهَمْش	mabtifhamš

mabtifhamiiš	مابْتِفْهَميش	bitifhami	بِتِفْهَمي	اِنتِ
mabyifhamš	مابْيِفْهَمْش	biyifham	بِيِفْهَمْ	هوَّ
mabtifhamš	مابْتِفْهَمْش	bitifham	بِتِفْهَمْ	هِيّ
mabnifhamš	مابْنِفْهَمْش	binifham	بِنِفْهَمْ	اِحنا
mabtifhamuuš	مابْتِفْهَموش	bitifhamu	بِتِفْهَموا	اِنتو
mabyifhamuuš	مابْيِفْهَموش	biyifhamu	بِيِفْهَموا	هُمّ

أفعال تصرّف على نفس النمط:

بيِلعَب – بيِكْسَبْ – بيِكْبَر – بيِسْمَع – بيِرْكَبْ – بيِسْخَن– بيِزْهَق – بيِتْعَب – بيِقْلَق – بيِشْرَب – بيِتْخَن – بيِخْلَص – بيِعْرَف – بيِنْجَح – بيِسْهَر – بيِنْضَف – بيِفْطَر – بيِرْجَع – بيِغْلَط – بيِعْطَش – بيِضْحَك

النطق

في البيت اسمعوا الجمل اللي على الـ DVD وكرروا، ولاحظوا التغيّر اللي بيحصل في نطق الـ 'ذ' والـ 'ث' والـ 'ق.' في الفصل ناقشوا التغييرات.

أخَد الماجيستير من سنتين وعايز **ياخُد** الدكتوراه.

حذّروني من الأكل التقيل فبقيت أطبُخ بِزيت الدُّرة.

أحمد **ذِكري** هو **أستاذ القانون** الدولي الجديد.

هو بيعْزِف **قانون** في **فِرْقة** مشهورة.

اشترا لي خاتم **دَهَب** جديد.

العربية **اتسرقِت** ورُحنا **القِسْم** نبلّغ.

هو بَقَى رئيس القِسْم دلوقْتِ.

الساعة دلوقْتِ ٩ بتوقيت القاهرة و ١١ بتوقيت لندن.

ما اقدرش أقرا قصّة من غير ما استعمل القاموس.

١. هو بيشتغل قاضي والستات دلوقتِ ممكن يشتغلوا في القضاء.

٢. دا كلام مش مَنْطقي خالص!

٣. فيه مناطِق سكَنية جديدة بتطلع في الصحرا.

الدرس الثاني
أول ليلة في القاهرة

الموضوعات	▪ الفنادق	
	▪ السياحة	
الوظائف اللغوية	▪ الطلب	
	▪ الترحيب بالآخر	
	▪ الشكوى	
	▪ العزومة	
	▪ الاعتذار عن حضور عزومة	
القواعد	▪ تصريف أفعال المجموعة الثالثة (سافر) والمجموعة الرابعة (راح) في الماضي في الإثبات والنفي	
	▪ تصريف أفعال المجموعة الثالثة والمجموعة الرابعة في المضارع في الإثبات والنفي	
	▪ المثنى	
	▪ ضمائر الملكية مع بعض الأسماء	
الثقافة	▪ البقشيش	
	▪ العزومة في البيت (عزومة المراكبية)	
	▪ النزول في الفنادق – البطاقة – جواز السفر – اسم الزوج	
	▪ السلام على حدّ ماشفناهوش من زمان	
	▪ مكالمة تليفونية	
	▪ تغيير الموضوع	
	▪ فتْح موضوع جديد	

النطق	▪ صوت الـ 'ث'– صوت الـ 'ذ' – نطق المثنى – إضافة حركة بين ساكنين
القاموس المصور	▪ فنادق – أوضة النوم – الحاجات اللي في أوضة النوم

الجزء الأول: مسلسل ”رحلة عبد الله“

عامية الحياة اليومية

”رحلة عبد الله“

I.   **اتفرجوا واحكوا (المشاهد الصامتة: الفنادق)**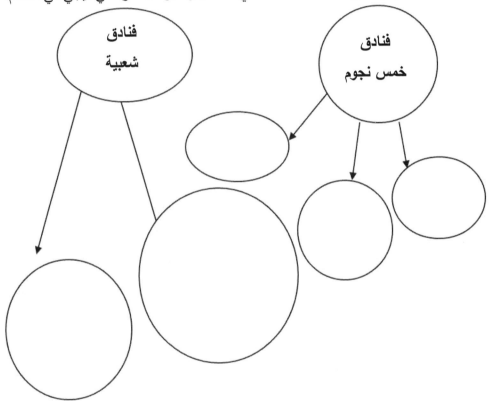

١.   اتفرّجوا على المشاهد الصامتة في الفصل واكتبوا الأفكار اللي تيجي في ذهنكم.

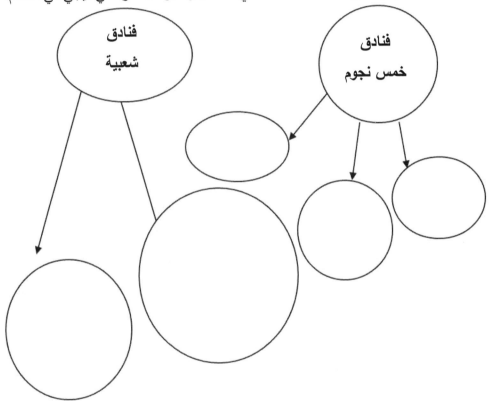

فنادق
شعبية

فنادق
خمس نجوم

٢.   احكوا للفصل عن تجاربكو المختلفة في فنادق فخمة وفنادق شعبية.

II. اتفرجوا على "رحلة عبد الله"

في البيت اتفرجّوا على "رحلة عبد الله" بدون الرجوع إلى المفردات، وبعدين جاوبوا على أسئلة الفهم اللي على الـ DVD.

III. المفردات والتعبيرات من "رحلة عبد الله"

١. في البيت ذاكروا المفردات والتعبيرات واسمعوا الجمل اللي في الـ DVD واكتبوها.
اعملوا تمرين ١ و٢ على الـ DVD.

المفردات

suite	جناح ج. أجنحة ______
room	أوضة ج. أوض ______
to fill in	ملا، يملا ______
(personal) information	بيانات ______
to be of use, to serve; it works	نـَفع، ينْفَع، نـَفْع ______
to finish up, let's finish up (impatience)	خلّص، يخلّص خلّص (حد) ______

to put away; put in order	وضَّب، يوضَّب، توضيب
out of order; broken	بايظ
it appears, it seems . . .	شكل + إضافة/pronominal suffix
repair work, maintenance	الصيانة
to hang (something) up	علَّق، يعَلَّق، تعليق
to send	بَعَتْ، يِبْعَتْ، بَعْتْ
to search for	دَوَّر (على)، يدوّر، تدوير
to find	لقَى، يلاقي
to imagine	اتصوَّر، يتصوَّر
to become	بَقَى، يِبْقَى

pollution	تلوُّث ____________________
car exhaust	عادِم ج. عوادِم ____________________
to imagine; expect Imagine!	تخيّل! ____________________
to be missed (by someone) We missed you!	وَحَشْ، يوحَشْ ____________________
to stay (in a hotel)	نِزِل ينْزِل، نُزول (في الفندق) ____________________
hotel (also: فندق)	لوكندة ج. لوكندات ____________________
to blame	عاتِب، يِعاتِب، عِتاب ____________________
to stay	قَعَدْ، يقعُد، قُعاد ____________________
to rest, to take a break	ريّح، يريَّح ____________________
because; the fact is that	أصْل ____________________

to pass by	عدّى، يعدّي (على شخص/مكان)

التعبيرات

Welcome! (conventional welcoming phrase)	نوّرت
Can I help you?	أوامرك؟/أوامر سيادتك؟
please, if you don't mind	بعد إذنك
At your service! Right away, sir! Sure! (in response to a request)	تحت أمرك
Don't worry about it. It doesn't matter.	ولا يهمّك
It's really hot outside!	الدنيا حرّ
Always	على طول (= دايمًا)
Right away; directly	على طول (= حالاً / فورًا)

at ease, comfortably; at someone's leisure	على راحِة + ضمير ________________
I wish I could blink and find . . .	نفسي أغمَّض عيني وافتحها ألاقي ... ________________
I have never ...	عمري ما ... + فعل ماضي ________________
What a change!	سبحان مغيّر الأحوال ________________
I can't believe it!	مش مِصَدّق! ________________
just, just now We have just arrived.	اِحنا لسّه (واصلين) ________________
We were talking about you yesterday.	كنا في سيرة + pronominal suffix /اسم كنا في سيرتك ________________
Forget about . . . let's talk about . . .	سيبك من ... وخلينا في ... ________________
some other time, next time (declining an invitation)	الأيام جايّة كتير. ________________

٢. في الفصل في مجموعات، راجعوا جمل المفردات والعبارات اللي كتبتوها في البيت.

٣. اختاروا خمس عبارات من جدول التعبيرات اللي في الـ DVD واستخدموها في موقف حاتمثلوه مع زميل / زميلة في الفصل.

٤. خمّنوا معنى التعبيرات دي من السياق:

(أ) (المشهد التاني) سامية كان قصدها إيه لما قالت "نفسي أغمّض عينيّ وأفتحها"؟

(ب) (المشهد التاني) عبد الله كان يقصد إيه لما قال "كنا فين وبقينا فين"؟

(ج) (المشهد التاني) عبد الله كان يقصد إيه لما قال "حاعمل إيه ولاّ إيه!"؟

(د) استخرجوا عبارات المقدمة في المكالمة التليفونية اللي سمعتوها بين عبد الله وأيمن.

٥. مع زميل / زميلة مثلوا مكالمة هاتفية بين اتنين أصحاب ماشافوش بعض من زمان.

٦. اكتبوا كل مفردة وعبارة جديدة على كارت. حُطّوا كل الكروت مع بعض وبعدين كلّ واحد يسحب كارت ويحاول شرح الكلمة أو العبارة اللي فيه لزمايله من غير ما يقول الكلمة أو العبارة. وعلى كل الطلاب الباقيين تخمين الكلمة أو العبارة اللي في الكارت.

٧. اختاروا الكلمة اللي ممكن نستخدمها مع كل فعل في الجدول وبعدين استخدموها في سياق:

ملا – يِملا	نِزِل – ينْزِل	عمل – يعمل	قدّم – يقدّم	
				خطة
				بيانات

				البلد
				استمارة
				في الجامعة
				بنزين في العربية
				عند صاحبه
				مشوار
				الدور اللي تحت
				شاي
				قزازة ميّه
				في فندق

٨. اوصفوا أحسن أو أوحش فندق قعدتوا فيه، حاولوا تستخدموا أكبر عدد ممكن من العبارات اللي في الجدول. اختاروا أحسن وصف في الفصل.

٩. فكّروا في الأفعال اللي ممكن نستخدمها مع الحاجات دي واستخدموها في جمل.

درج	رف	دولاب

مثلاً: فتحت الدرج. فقلت الدرج.

١٠. راجعوا مفردات القاموس المصور الأول وبعدين العبوا لعبة عروستي في الفصل:

<table>
<tr>
<td>

حاجة ممكن تكون كبيرة أو صغيرة.
ممكن نحط فيها أي حاجة. ممكن نفتحها
أو نقفلها. بنحتاج من وقت للتاني إننا
نرتبها وإلا مع الوقت مش ممكن نحط
فيها حاجة. مرّات بتكون فوق بعض أو
جنب بعض أو مرات بيكون فيه واحد
لوحده.

</td>
<td>

حاجة بنحطّها على الأرض، بنمشي عليها
أو بنحطّ عليها حاجات. ممكن تكون من
القطن أو من الصوف أو من الحرير.
ممكن تكون ناعمة أو خِشْنة، وممكن
تكون غالية قوي وممكن تكون رخيصة.

</td>
</tr>
</table>

١١. في مجموعات من اتنين: لو قامت حريقة في البيت وماكانش فيه وقت غير لإنقاذ
تلات حاجات من الشقة، حتحاولوا تنقذوا إيه؟ وليه؟

IV. **في الفصل مثلوا المشاهد اللي اتفرجتوا عليها.**

وزّعوا الأدوار على نفسكو: عبد الله – سامية – موظّف الاستقبال – هبة – أحمد –
أيمن – عامل الصيانة.

V. **أسئلة الفهم الدقيق على "رحلة عبد الله"**

في مجموعات:

١. عبد الله بيقول لابن عمه "مش عايز أتقّل عليك." قصده إيه بالتعبير دا؟

٢. الموظف طلب إيه من عبد الله لما دخل الفندق؟ وليه؟

٣. إيه المشكلة اللي كانت في أوضة هبة وأحمد؟

٤. إيه المشاوير اللي عبد الله لازم يعملها؟

٥. عبد الله وسامية بيقولوا إيه عن القاهرة؟

VI. الإشارات الثقافية من "رحلة عبد الله"

لاحظوا واتناقْشوا حوالين الموضوعات دي:

١. الترحيب: موظف الاستقبال رحّب إزاي بعبد الله؟ قال له إيه؟

٢. البقشيش: سامية وعبد الله دفعوا بقشيش لعامل الصيانة بعد ما صلّح التكييف. تفتكروا ادّوه كام؟ انتو بتدفعوا بقشيش في الموقف دا؟ امتى بتدفعوا بقشيش ولمين؟

٣. إيه معنى عبارة "عزومة المراكبية"؟ وامتى بتُستخدم؟

٤. عبد الله في المشهد التاني استخدم رقم ٦٠ عشان يعبر عن كترة الحاجات اللي لازم يعملها. إيه هو الرقم المُستخدم في ثقافتكو انتو للغرض ده؟

٥. المكالمة التليفونية: إيه الفرق بين أسلوب المكالمة اللي سمعتوها بين عبد الله وابن عمّه وبين الأسلوب المعتاد لمكالمة تلفونية بلغتكو؟

٦. دي كارنيهات خاصة بدخول النادي لناس مصريين. لاحظوا واتناقشوا حوالين البيانات المكتوبة. إيه بعض الاستنتاجات اللي ممكن نتوصل لها عن المجتمع المصري؟

٧. استخرجوا كل الكلمات والتعبيرات الإنجليزي اللي سمعتوها في المشاهد، زي 'ويك إند،' وناقشوا استخدامها.

القواعد

في البيت ذاكروا القواعد من الـ DVD. في الفصل اعملوا التمارين على القواعد (التركيز على الصحة اللغوية).

I. تصريف أفعال المجموعة الثالثة والرابعة

المجموعة الثالثة:

وهي الأفعال التي تنتهي بصامت (consonant) وتحتوي على مد (long vowel) على نمط 'سافر.' وليس لهذا التقسيم علاقة بالوزن في الفصحى.

ذاكِر، يِذاكر، مُذاكرة

شاور، يِشاوِر، مِشاورة

اتْخانِق، يِتخانق، خناق

ساعِد، يِساعِد، مُساعدة

المجموعة الرابعة:

وهي مجموعة الأفعال التي تنتهي بصامت (consonant) وتحتوي على مد (long vowel) على نمط 'راح.' وليس لهذا التقسيم أيضًا علاقة بالوزن في الفصحى.

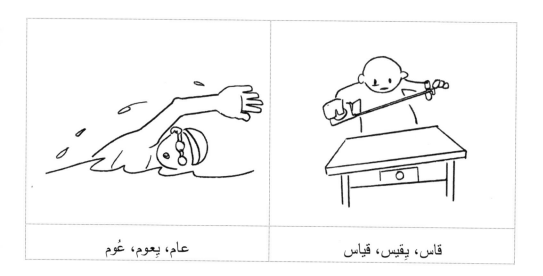

قاس، يِقيس، قياس	عام، يِعوم، عُوم

طار، يِطير، طَيَران

ساق، يُسوق، سواقة

نام، يِنام، نوم

جاع، يجوع، جوع

باس، يبوس، بوس

شال، يِشيل، شِيل

في مجموعات من اتنين:

١. اسألوا زمايلكو: إيه أوحش خمس حاجات عملتها؟ (استخدموا أفعال على نمط
'سافر'، 'راح'.) بعد ما تتبادلوا اللي عملتوه احكوا للفصل عن بعض.

٢. في مجموعات من اتنين: شوفوا الصورة اللي تحت واعملوا مع بعض حوار يمشي
معاها. حاولوا بقدر الإمكان تستخدموا الأفعال اللي درسناها من مجموعة الأولى
إلى المجموعة الرابعة.

مين الراجل دا؟ ومين اللي معاه؟ همّ قاعدين فين؟ بيقولوا إيه؟

٣. اكتبوا لبعض ورقة حظ، كل واحد حيقرا اللي حيجيلُه ويكمّل حيعمل إيه بعد كدا.

ورقة الحظ:

> حتكون فقير جدًا.

واللي حتطلع له الورقة دي ممكن يقول:

- حاكون فقير وحاروح ... وحـ ...

٤. احكوا عن خبر قريتوه في الجرنال أثار اهتمامكو. حاولوا تستخدموا أفعال من اللي درسناها في الماضي والمستقبل في الإثبات والنفي.

المجموعة الأولى:

كَسَر - رَفَع - ضَرَب - قَلَع - خَبَط - قَطَع - شَتَم - غَسَل - عَمَل - رَسَم- قَلَبْ - قَفَل - دَرَس- دَخَل- خَرَجْ - قَعَدْ - طَلَب - شَكَر - طَبَخ - اتفرّج على

المجموعة الثانية:

غِرِق - سِكِر - لِبِس - بِعِد - لِعِب - كِسِب - كِبِر - سِمِع - تِعِب - قِلِق - شِرِب - تِخِن - عِرِف - نِجِح - سِهِر - رِجِع - غِلِط - عِطِش - ضِحِك - سِكِن

المجموعة الثالثة:

ذاكِر- ناقِشْ - قابِلْ - عاكِسْ - حارِبْ - عامِلْ - ساعِد - اتخانِق - راجع - حاوِل - سامِح - لاحِظ - عاتِب

المجموعة الرابعة:

شاف - قال - راح - داخ - قام - باظ - عام - كان - زار - باس - جاع - داس (على) - عاش - جاب - ساب - طار- فاد - خاف - بات

II. المثنّى

The dual is formed by adding [een] to a noun:

المفرد		المثنّى		لاحظوا:
ولد	walad	ولدين	waladeen	
كتاب	kitaab	كتابين	kitabeen	Shortening of the long vowel
شنطة	šanTa	شنطتين	šantiteen	The feminine ending [a] changes to [it] before the dual ending.
كرسي	kursi	كرسيين	kursiyyeen	If the word ends in [i], the dual ending is [yyeen].

Unlike Fusha, the dual form exists only used with nouns, not in pronouns and verbs. When a noun is in dual form, the demonstratives, adjectives and verbs that go with it are in the plural.

الفصحى	العامية
هذان الدرسان صعبان.	الدرسين دول صَعبين.
البيتان الجديدان بُنيا.	البيتين الجداد اتبنوا.

The dual form is used for things, for two persons the number two is used with the plural form of the noun:

اتنين مدرسين – اتنين ستات – اتنين طلبة

Exceptions are family members like:

أختين – أخّين – ولدين – بنتين

Dual nouns do not take a possessive suffix; possession is expressed with 'بتاع,' e.g.:
my two houses = البيتين بتوعي

The exceptions are some parts of the body that come in pairs:

المثنّى + الضمير		المثنّى	
riglayya	رجليّ	rigleen	رجلين
ع inayya	عينيّ	ع ineen	عينين
ء idayya	ايديّ	ء ideen	ايدين

Note that 'رجلين' is used for plural too, e.g.:
four legs = أربع رجلين

Unlike Fusha, dual nouns do not lose the ending in الإضافة, e.g.:
the two keys of the house = مفتاحين البيت

Some dual forms are used to express an unidentified quantity:

قرشين = some money: عمل قرشين في الخليج.

كلمتين = a few words: عايز أقول لك كلمتين.

يومين = a few days: حنقعد يومين في اسكندرية.

فكروا في الحاجات اللي مهم يكون عندكو منها اتنين في البيت، وليه.

مثلاً: لازم يكون عندنا في البيت عربيّتين. ليه؟ عشان ________________

ولازم يكون عندنا في الشقة حمّامين. ليه؟ عشان ________________

III. ضمائر الملكية مع الأسماء

أولاً: أسماء بها مد وتنتهي بصامت

اسمعوا ولاحظوا:

While listening, note the fact that those nouns have a long vowel in the middle. The long vowel in the noun changes into a short one with the following consonantal pronouns: هي – احنا – انتو– هم

kitaabu	كِتابُه	هو	كِتاب +
kitabha	كِتابْها	هي	
kitabhum	كِتابْهُمْ	همّ	
kitaabi	كِتابِي	أنا	
kitabna	كِتابْنا	اِحنا	
kitaabak	كِتابَكْ	اِنتَ	
kitaabik	كِتابِكْ	اِنتِ	
kitabku	كِتابْكو	اِنتو	

كلمات على نفس النمط:

أستاذ – قميص – بيت – سرير – شباب – شبّاك – باب – تليفون – قاموس – مدير – سفير – عريس – مفتاح – عريس – فوق

ثانيًا: أسماء تنتهي بصامت واحد

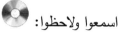

اسمعوا ولاحظوا:

Words ending with one single consonant: Note the shortening of the vowels.

maktabu	مَكْتَبُه	هو	مكتَبْ +
maktabha	مَكْتَبْها	هي	
maktabhum	مَكْتَبْهُمْ	همّ	
maktabi	مَكْتَبِي	أنا	
maktabna	مَكْتَبْنا	اِحنا	
maktabak	مَكْتَبَكْ	اِنتَ	
maktabik	مَكْتَبِكْ	اِنتِ	
maktabku	مَكْتَبْكو	اِنتو	

كلمات على نفس النمط:

قلم - مَطبَخ - ملعب - مدخل - متحف - مشتل

ثالثًا: أسماء تنتهي بصامتين

اسمعوا ولاحظوا:

Words ending with two consonants: Note the insertion of vowels to avoid three consonants.

šuġlu	شُغْلُه	هو	شُغْل +
šuġlaha	شُغْلَها	هي	
šuġluhum	شُغْلُهُم	همّ	
šuġli	شُغْلي	أنا	
šuġlina	شُغْلِنا	اِحنا	
šuġlak	شُغْلَك	اِنتَ	
šuġlik	شُغْلِك	اِنتِ	
šuġluku	شُغْلُكو	اِنتو	

كلمات على نفس النمط:

اسْم – تحْت – جنْب – شَكْل – فِكْر – دُرْج – رُكْن – بِنْت – قلب – عُقْد – درس – فيلم – مشط

رابعًا: أسماء على وزن فاعِل

تُحذف الكسرة من الكلمة وتُقصر الحركة مع الضمائر: هو، أنا، اِنتَ، اِنتِ.

اسمعوا ولاحظوا:

صاحِب +	هو	صاحْبُه	saHbu
	هي	صاحِبْها	saHibha
	همّ	صاحِبْهُم	saHibhum
	أنا	صاحْبي	saHbi
	اِحنا	صاحِبْنا	saHibna
	اِنتَ	صاحْبَكْ	saHbak
	اِنتِ	صاحْبِكْ	saHbik
	اِنتو	صاحِبْكو	saHibku

كلمات تتبع نفس النمط:

شارِع – واجب

خامسًا: كلمات تنتهي بحركة

اسمعوا ولاحظوا:

Words ending with a vowel: Note the lengthening of the vowel.

كرسي +	هو	كُرسيه	kursiih
	هي	كُرسيها	kursiiha
	همّ	كُرسيهُم	kursiihum
	أنا	كُرسيّ	kursiia
	اِحنا	كُرسينا	kursiina
	اِنتَ	كُرسيكْ	kursiik
	اِنتِ	كُرسيكِ	kursiiki
	اِنتو	كُرسيكو	kursiiku

أبو +	هو	أبوه	ءabuuh
	هي	أبوها	ءabuuha
	همّ	أبوهم	ءabuuhum
	أنا	أبويا	ءabuuia
	اِحنا	أبونا	ءabuuna
	اِنتَ	أبوكْ	ءabuuk
	اِنتِ	أبوكِ	ءabuuki
	اِنتو	أبوكو	ءabuuku

كلمات على نفس النمط:

أخو – ورا

سادسًا: كلمات مؤنثة بها حركة طويلة (مدّ)

تتحول هذه الكلمات في حالة الإضافة إلى وزن 'فاعِل' فتُحذف الكسرة وتُقصر الحركة مع الضمائر: هو، أنا، اِنتَ، اِنتِ.

اسمعوا ولاحظوا:

Note the assimilation that happens between the sound [d] and the sound [t] in the word 'ʔuDa':

ʔuDtu	أوضتُه	هو	
ʔuDitha	أوضِتْها	هي	
ʔuDithum	أوضِتْهُم	هّم	
ʔuDti	أوضتي	أنا	أوضة
ʔuDitna	أوضِتْنا	إحنا	
ʔuDtak	أوضتَكْ	اِنتَ	
ʔuDtik	أوضِتكْ	اِنتِ	
ʔuDitku	أوضِتْكو	اِنتو	

كلمات على نفس النمط:

تلاجة – تربيزة – سجادة – صورة – عمارة – ساعَة – فوطة – نضارة – غسالة – فتاحة – شماعة

اسمعوا ولاحظوا:

šaءءitu	شَقِّتُه	هو	شقّة
šaءءitha	شَقِّتْها	هي	
šaءءithum	شَقِّتْهُمْ	همّ	
šaءءiti	شَقِّتِي	أنا	
šaءءitna	شَقِّتْنَا	اِحنا	
šaءءitak	شَقِّتَكْ	اِنتَ	
šaءءitik	شَقِّتِكْ	اِنتِ	
šaءءitku	شَقِّتْكو	اِنتو	

كلمات على نفس النمط:

شنطة – مجلّة – مُحاضْرة – رحلة – قهوة – حفلة – جزمة – نمرة

Long vowels do not occur before two consonants. When the consonant suffix is added to words with long vowel, shortening occurs:

b**ii**t	بيت	kit**aa**b	كتاب
b**i**tna	بيتنا	kit**a**bha	كتابها

When [ha] is added to words ending in [ع], both are assimilated to [HHa]:
mašruHHa = مشروع + ها

راجعوا مفردات القاموس المصوّر من الـ DVD وحضّروا كروت عليها أسماء حاجات من أوضة النوم أو من السفرة. كل واحد ياخُد كارت ويسأل دا بتاع مين. مثلاً:

- المفرش دا بتاع مين؟ دا بتاع ... ؟
- لأ دا مش بتاع ... . دا بتاعها.

المشاهد الإضافية:

١ - اتفرّجوا على المشهد الإضافي الأول اللي في الـ DVD واحكوا عن شريف الغمراوي. مين هو؟ عايش فين؟ بيعمل إيه؟ وبعدين احكوا عن عيلتُه.

"أصعب شيء إنك تعيش ببساطة!" دي الجملة اللي أنهى بيها شريف الغمراوي كلامه. اتفقوا معاه أو اختلفوا معاه ووضحوا الأسباب.

المحادثة في الفصل: عامية الحياة اليومية

راجعوا المفردات الجديدة ومفردات القاموس المصوّر واستخدموها في التمارين.

١. في مجموعات: احكوا لبعض عن رحلة جميلة انتو فاكرينها وبعدين عن رحلة ماتبسطّوش فيها خالص. كانت فين؟ ومع مين؟ إيه الأحداث اللي كانت فيها؟ اوصفوها بالتفصيل وبعدين اختاروا أحسن وصف في الفصل.

٢. في مجموعات: احنا دلوقتِ في الصيف. اختاروا رحلة من اللي في الصور دي ممكن تطلعوها في مصر مع بعض. إيه أسباب الاختيار؟ وحتعملوا إيه في الرحلة؟

٣. لو عندكو فرصة تسافروا بلد أجنبي، تحبوا تسافروا فين؟ وليه؟ تحبوا تسافروا لوحدكوا ولاّ في رحلة منظمة مع شركة سياحة؟ وليه؟

٤. اتنين من الفصل يمثلوا الحوار اللي دار بين الراجل والستّ اللي في الصورة. وباقي الطلاب في الفصل يعملوا قصة عن الراجل والستّ دول. همّ مين؟ بيشتغلوا إيه؟ همّ فين؟ إيه العلاقة اللي بينهم؟ إيه اللي حصل قبل المكالمة؟ إيه اللي حيحصل بعدها؟

٥. بالكاميرا اللي عندكو، صوّروا أربع أو خمس لقطات لأوضة النوم وبعدين اعرضوا الصور دي في الفصل. احكوا عن الأوضة لما سكنتوا الشقة وعن انطباعاتكم عنها. استخدموا مفردات من القاموس المصور.

الجزء الثاني: عامية المثقّفين

اللقاءات

I. **لقاء ١ مع د. محمود عبد المنعم القيسوني**

١. اتفرجوا على لقاء ١ مع د. محمود عبد المنعم القيسوني وذاكروا المفردات والتعبيرات.

المفردات والتعبيرات

to show interest in	أقبل على
floating	عائم
yacht	يخت ج. يخوت لما أعمل فلوس حاشتري يختْ عشان اركبه مع أصحابي في البحر الأحمر.
assortment	تشكيلة دخلنا مطعم جديد ولقينا عندهم تشكيلة سلطة هايلة.

٢. أسئلة الفهم:

(أ) المتحدّث اتكلّم عن أنواع الفنادق في مصر، إيه هيّ؟ وقال إيه عنها؟

(ب)   تفتكروا إيه هي الأسئلة اللي اتوجهّت للمتحدث؟

_____

_____

(ج)   المتحدث قال إيه عن أسعار الفنادق في مصر؟

_____

_____

٣.   لاحظوا مستوى اللغة:

(أ)   استخرجوا العبارت الفصحى بدون تغيير، مثلاً: فنادق عائمة.

تفتكروا ليه المتحدث احتفظ بالشكل الفصيح هنا؟ _____

_____

_____

(ب)   استخرجوا الكلمات اللي نطق فيها المتكلم صوت الـ 'ق' واللي اتحوّل فيها
صوت الـ 'ق' لهمزة:

تحوّل صوت الـ 'ق' إلى همزة	صوت الـ 'ق'

(ج) لاحظوا استخدام 'قد.' اكتبوا الجملة اللي قال فيها المتحدث "قد يكون ... "

_____

_____

_____

II. لقاء ٢ مع د. محمود عبد المنعم القيسوني

١. في البيت اتفرجوا على لقاء ٢ مع د. محمود عبد المنعم القيسوني وذاكروا المفردات والتعبيرات.

المفردات والتعبيرات

particularly	بالذات
the Kaaba	كعبة
drought	جفاف
to wrap	لفّ، يلفّ

٢. أسئلة الفهم:

(أ) اتكلموا عن تطور السياحة في مصر حسب المتحدث.

_____

_____

_____

(ب) يقصد إيه المتحدث بـ 'كعبة'؟

_____

_____

_____

(ج) إيه أكبر حدث أثّر على تطور السياحة في مصر في رأي المتحدث؟

_____

_____

_____

٣. لاحظوا مستوى اللغة:

من دقيقة ٢:٠٠ لدقيقة ٣:٠٠، استخرجوا الكلمات اللي نطق فيها المتحدث صوت الـ 'ق' واللي اتحول فيها صوت الـ 'ق' لهمزة.

تحوّل صوت الـ 'ق' إلى همزة	صوت الـ 'ق'

III. لقاء ٣ مع د. محمود عبد المنعم القيسوني

١. اتفرجوا على لقاء مع د. محمود عبد المنعم القيسوني وذاكروا المفردات والتعبيرات.

المفردات والتعبيرات

ذوّق، يذوّق، تذويق	to decorate
كِذِب، يِكذِب، كِذْب	to lie
أساء، يُسيء، إساءة لـ ...	to be harmful
نَصَب، يُنصُب، نَصْب	swindling

٢. **أسئلة الفهم:**

(أ) إيه الموضوع اللي بيطرحه المتحدّث في اللقاء دا؟ ________________

____

(ب) إيه علاقة الطفل بكلام المتحدث؟ ____________________

____

(ج) المتحدث قال إيه عن السايح العربي؟ وتفتكروا هو ليه اتكلم عن دا بالتحديد؟

____

____

(د) اسألوا، إزاي نقول 'مُتَسوّلين' بالعامية؟ __________________

٣. **لاحظوا مستوى اللغة:**

(أ) استخرجوا الكلمات اللي نطق فيها المتكلّم صوت 'ث' واللي اتحوّل فيها لـ 'س' و 'ت'.

صوت الـ 'ث'	تحوّل صوت الـ 'ث'

(ب) استخرجوا الأفعال المنفية اللي قالها المتحدث واكتبوها:

IV. **لقاء ٤ مع د. محمد عبد الباقي إبراهيم**

١. **في البيت اتفرّجوا على لقاء ٤ مع د. محمد عبد الباقي إبراهيم وذاكروا المفردات والتعبيرات.**

المفردات والتعبيرات

جَذَب، يِجذِب، جَذْب	to attract
طَرَد، يُطرُد، طَرْد	to repel

٢. **أسئلة الفهم:**

(ج) إيه المشكلة الرئيسية في القاهرة في رأي الدكتور عبد الباقي؟

(د) إيه الإيجابيات والسلبيات بتاعة السكن في القاهرة في رأي المتحدث؟

٣. لاحظوا مستوى اللغة:

استخرجوا الكلمات اللي نطق فيها المتكلّم صوت 'ذ' واللي اتحوّل فيها لـ 'ز' و 'د.'

صوت الـ 'ذ'	تحوّل صوت الـ 'ذ' لـ 'د'

اقروا واتناقشوا

١. في البيت اقروا الخبر دا. وفي الفصل احكوا عن اللي حصل وناقشوا قضية تهريب وسرقة الآثار المصرية. استخدموا العبارات المظللة من المقالة ولاحظوا استخدام الفصحى والعامية أثناء عملية الحكي.

بعد ضبطهم مُتلبّسين بتجارة الآثار، إخلاء سبيل منتج سينمائي وممثلة شابّة بكفالة مالية.

كتبت – سهام عبد العال:

أمرت نيابة العجوزة بإخلاء سبيل منتج سينمائي وممثلة شابة بكفالة مالية قدرها ٥٠٠ جنيه لكلٍ منهما لقيامهم بالاتجار في الآثار. وذلك بعد ضبطهم متلبسين في أثناء عرضهم قطعة أثرية على السياح الأجانب والعرب داخل أحد الفنادق الكبرى بالمهندسين. وكان قد تم ضبط الممثلة متلبسة بحيازة ثلاثة تماثيل فرعونية بالإضافة إلى خاتم فرعوني. وقد اعترفت بترويجها لحساب المنتج السينمائي. وكان المستشار هشام الدرندلي – المحامي العام لنيابة شمال الجيزة – قد تلقى بلاغًا بضبط ممثلة شابة بأحد الفنادق الكبرى بالمهندسين أثناء دخولها من بوابة الفندق تحمل حقيبة وكشف جهاز الإنذار على البوابة عن وجود مواد صلبة بها. وبسؤالها أنكرت وجود أي مواد صلبة بالحقيبة فقام الأمن بتفتيش الحقيبة، حيث عُثر بداخلها على ثلاث قطع أثرية حجرية فرعونية وخاتم فرعوني. واعترفت الممثلة بأنها حضرت إلى الفندق لترويج القطع الأثرية على

السياح الأجانب والعرب بالفندق مقابل حصولها على مبلغ مالي. وأسفرت تحريات المباحث عن قيام المنتج السينمائي المشهور بالاعتراف بالإتجار في الآثار وأن القطع الاثرية المضبوطة مِلكًا له، وأنه يستخدم الممثلة الشابة في ترويجها. تمّ القبض على المنتج الذي أنكر أمام مدير نيابة العجوزة اتجاره في الآثار، بينما اعترفت الممثلة بقيامها بنقل وتوصيل الآثار لمصلحة المنتج. وقررت النيابة عرض الآثار على لجنة من هيئة الآثار.

جريدة الأهرام، ٨ مايو ٢٠٠٧

٢. اقروا الخبر دا في البيت وبعدين نظّموا مناقشة في الفصل عن موضوع "عجائب الدنيا." قسّموا نفسكو مجموعات، كل مجموعة تختار عجيبة واحدة من عجائب الدنيا السبعة المرشحة للمسابقة وتحاول تقنع الباقيين في الفصل بالاختيار دا. أهمّ حاجة، إزاي كل مجموعة حتبرّر اختيارها وحتدافع عنه. استخدموا مفردات وتعبيرات من الخبر نفسه بقدر الإمكان.

الأهرامات خارج المنافسة

لأن الأهرامات هي العجيبة الوحيدة الباقية من عجائب الدنيا السبع التي تم اختيارها طبقًا لأسس ومعايير علمية، فإنه من العبث أن يأتي فريق من الهواة يريدون تزييف الحقائق والتاريخ وتحويل القضية إلى مجرّد برنامج مسابقات. عموما اللجنة المذكورة لم تضف جديدًا حينما أكدت أن الأهرامات على قمة عجائب الدنيا الجديدة والقديمة. وهي بهذا إنما تحاول أن تضفي قدرًا من

المصداقية على نفسها. إلا أنه وبغضّ النظر عن ذلك القرار لا يمكن أن يكون اختيار عجائب الدنيا بتلك السذاجة وبنظام التصويت على غرار برامج التسالي.

لمتابعة هذه المسابقة زوروا هذا الموقع: http://www.newwonders.com

يبقى أن نعرف ما هي المواقع المرشّحة للتصويت كعجائب للدنيا على موقع المؤسسة: **معبد الأكروبولوس** في اليونان، **وقصر الحمراء** في غرناطة بأسبانيا، **ومدينة أنجور** في كمبوديا، **وهرم شيشت** إيتزا في المكسيك، **وتمثال يسوع المسيح** المُنقِذ في ريو دي جانيرو بالبرازيل، **ومبنى الكوليسيوم** في روما، **ومجسمات إيستر لاند** في شيلي، **وبرج إيفل** في فرنسا، **وسور الصين العظيم**، **ومسجد آيا صوفيا** في اسطنبول بتركيا، **ومعبد كويميزو** بكيوتو في اليابان، **وقصر الكرملين** في موسكو، **ومدينة ماشوبيشو الأثرية** في بيرو، **وقلعة فويسجوا تستاين** في ألمانيا، **ومدينة البتراء** في الأردن، **وتمثال الحرية** في نيويورك، **ومعالم ستون هينج** في بريطانيا، **ودار الأوبرا** في سيدني بأستراليا، **وضريح تاج محل** في الهند، **وقلعة تاميكتو** في مالي.

جريدة الأهرام، ١٢ مايو ٢٠٠٧

القواعد

المجموعة الثالثة:

المجموعة الثالثة هي الأفعال اللي بتنتهي بصامت consonant ، وهي على نمط ’سافِر.‘

المجموعة الثالثة (سافِر)

الفعل الماضي

CaaCiC

سافِر – يسافِر

الضمير	الإثبات		النفي	
أنـا	سافِرْتْ	safirt	ماسافِرْتِشْ	masafirtiš
اِنـتَ	سافِرْتْ	safirt	ماسافِرْتِشْ	masafirtiš
اِنـتِ	سافِرْتِ	safirti	ماسافِرْتيشْ	masafirtiiš
هوَّ	سافِر	saafir	ماسافِرْشْ	masafirš
هِـيّ	سافْرِتْ	safrit	ماسافْرِتْشْ	masafritš
اِحنـا	سافِرْنا	safirna	ماسافِرْناشْ	masafirnaaš
اِنتـو	سافِرْتوا	safirtu	ماسافِرْتُوشْ	masafirtuuš
هُمّ	سافْروا	safru	ماسافْروشْ	masafruuš

أفعال تصرّف على نفس النمط :

ذاكِر – ناقِش – قابِل –عاكِس– حارِب – عامِلْ – ساعِد – اتخانِق – راجع – حاوِل – سامِح – لاحِظ – عاتِب – اتعامل – اتقابل – اتناقش

المجموعة الرابعة:

المجموعة الرابعة هي الافعال اللي بتنتهي بصامت **consonant** ، وهي على نمط 'راح.'

المجموعة الرابعة (راح)

الفعل الماضي

CaaC

راح - يروح

الضمير	الإثبات		النفي	
أنا	رُحْتْ	ruHt	مارُحتِش	maruHtiš
اِنتَ	رُحْتْ	ruHt	مارُحتِش	maruHtiš
اِنتِ	رُحْتِ	ruHti	مارُحْتيش	maruHtiiš
هوَّ	راحْ	raaH	ماراحْشْ	maraHš
هِيّ	راحِتْ	raaHit	ماراحِتْشْ	maraHitš
اِحنا	رُحْنا	ruHna	مارُحْناش	maruHnaaš
اِنتو	رُحْتوا	ruHtu	مارُحْتُوشْ	maruHtuuš
هُمّ	راحُوا	raaHu	ماراحُوشْ	maraHuuš

أفعال تصرف على نفس النمط في الماضي:

شاف - قال - مات - داخ - قام - فات - باظ - لام - عام - كان - عاز - زار - باس - جاع - داس (على) - عاش - جاب - ساب - زاد - طار - فاد - خاف - بات - بانْ

المجموعة التالتة (سافِر)

الفعل المضارع

بيسافِر - مابيسافِرْش

الضمير	الإثبات		النفي	
أنا	بَاسافِرْ	basaafir	مابَاسافِرْش	mabasafirš
اِنتَ	بِتْسافِرْ	bitsaafir	مابِتْسافِرْش	mabitsafirš
اِنتِ	بِتْسافْري	bitsafri	مابِتْسافْريش	mabitsafriiš
هوَّ	بِيْسافِرْ	biysaafir	مابِيْسافِرْش	mabiysafirš
هِيّ	بِتْسافِرْ	bitsaafir	مابِتْسافِرْش	mabitsafirš
اِحنا	بِنْسافِرْ	binsaafir	مابِنْسافِرْش	mabinsafirš
اِنتو	بِتْسافْروا	bitsafru	مابِتسافْروشْ	mabitsafruuš
هُمّ	بِيْسافْروا	biysafru	مابِيْسافْروشْ	mabiysafruuš

أفعال تصرّف على نفس النمط في الماضي وفي المضارع:

ذاكر، يذاكر - ناقش، يناقِشْ - راجِع، يراجِع - اتناقِش، يتناقِش مع - عامِل، يعامِل - اتعامِل، يتعامِل مع - عاتِب، يعاتِب - صالح، يصالِح - ساعِد،بيساعِد - شاور، يشاور - اتصالِح، يتصالِح مع - قابل، يقابِل- اتقابل، يتقابل مع - اتواعِد، يتواعِد مع - اتصاحِب، يتصاحِب مع - صاحِب، يصاحِب- جاوب، يجاوب - اتضايق، يتضايق - اتشائم، يتشائم

المجموعة الرابعة (راح)

الفعل المضارع

بيروح – مابيرُحشْ

الضمير	الإثبات		النفي	
أنا	بَاروحْ	baruuH	مابارُحْشْ	mabaruHš
اِنتَ	بِتْروحْ	bitruuH	مابِتْرُحْشْ	mabitruHš
اِنتِ	بِتْروحي	bitruuHi	مابِتْرُحيشْ	mabitruHiiš
هوَّ	بِيْروحْ	biyruuH	مابيرُحْشْ	mabiyruHš
هِيّ	بِتْروحْ	bitruuH	مابِتْرُحْشْ	mabitruHš
اِحنا	بِنْروحْ	binruuH	مابِنْرُحْشْ	mabinruHš
اِنتو	بِتْروحوا	bitruuHu	مابِتْرُحوشْ	mabitruHuuš
هُمّ	بِيْروحوا	biyruuHu	مابيرُحوشْ	mabiyruHuuš

أفعال تصرّف على نفس النمط في الماضي وفي المضارع:

شاف، يشوف – مات، يموت – قال، يقول – فات، يفوت – كان، يكون – عام، يعوم – داس، يدوس – فات، يفوت – قام، يقوم – زار، يزور – صام، يصوم – عاز، يعوز

المجموعة الرابعة (راح)

الفعل المضارع

بينام – مابينامْش

الضمير	الإثبات		النفي	
أنا	بَانام	banaam	ماباناْمْش	mabanamš
اِنتَ	بِتْنامْ	bitnaam	مابِتْنامْش	mabitnamš
اِنتِ	بِتْنامي	bitnaami	مابِتْناميش	mabitnamiiš
هوَّ	بِيْنام	biynaam	مابِيْنامْش	mabiynamš
هِيّ	بِتْنامْ	bitnaam	مابِتْنامْش	mabitnamš
اِحنا	بِنَّام	binnaam	مابِنَّامْش	mabinnamš
اِنتو	بِتْناموا	bitnaamu	مابِتْناموش	mabitnamuuš
هُمّ	بِيْناموا	biynaamu	مابِيْناموش	mabiynamuuš

أفعال تصرّف على نفس النمط في الماضي والمضارع:

خاف، يخاف – بات، يِبات – بان، يِبان – بات، يبات

المجموعة الرابعة (راح)

الفعل المضارع

بيسيب – مابيسيبْش

الضمير	الإثبات		النفي	
أنا	بَاسيبْ	basiib	مابَاسيبْش	mabasibš
اِنتَ	بِتْسيبْ	bitsiib	مابِتْسيبْش	mabitsibš
اِنتِ	بِتْسيبي	bitsiibi	مابِتْسيبيش	mabitsibiiš
هوَّ	بِيْسيبْ	biysiib	مابِيْسيبْش	mabiysibš
هِيّ	بِتْسيبْ	bitsiib	مابِتْسيبْش	mabitsibš
اِحنا	بِنْسيبْ	binsiib	مابِنْسيبْش	mabinsibš
اِنتو	بِتْسيبوا	bitsiibu	مابِتْسيبوش	mabitsibuuš
هُمّ	بِيْسيبوا	biysiibu	مابِيْسيبوش	mabiysibuuš

أفعال تصرّف على نفس النمط في الماضي والمضارع:

عاش، يعيش – جاب، يجيب – زاد، يزيد – طار، يطير – فاد، يفيد – غار، يغير – باع، يبيع – شال، يشيل – قاس، يقيس –غاب، يغيب – استقال، يستقيل – استفاد، يستفيد – استعاد، يستعيد – عاد، يعيد

تمرينات مجموعات في الفصل:

١. احكوا لبعض عن حياتكو السنة اللي فاتت قبل ما تبتدوا الدراسة. حاولوا تستخدموا

أفعال من الأنماط اللي درسناها.

٢. تخيلوا حياتكو في القاهرة بعد ست شهور من دلوقتِ. حتخرجوا فين؟ حتعملوا إيه؟ حاولوا تستخدموا أفعال من الأنماط اللي درسناها.

النطق

١. في البيت اسمعوا الجمل اللي على الـ DVD وكرروا، ولاحظوا التغيّر اللي بيحصل في نطق الـ 'ت' والـ 'ث.'

(أ) المجتمع المصري اتغيّر بعد ثورة يوليو.

(ب) استناني شوية، حاكون جاهزة في ثواني.

(ج) حاكلمك تاني بعد تلت ساعة.

(د) مين أكتر ممثّل بتحبّه؟

(هـ) صاحبي عمل فلوس كتير ودلوقتِ عايز يستثمرها.

٢. اسمعوا وكرروا ولاحظوا نطق الكلمة في المثنّى.

(أ) أحمد عنده **أخّين وأُختين**.

(ب) أنا مسافرة لمدة طويلة ولازم أوضّب **شَنطتين**.

(ج) عايز **أوضتين** دابل لو سمحت.

(د) أجّر شقة حلوة فيها **أوضَتين وحمّامين**.

(هـ) دخلت المكتبة واشتريت **كتابين**.

٣. اسمعوا وكرروا ولاحظوا الـ insertion of the vowel.

(أ) مافيش **فرق بين** القاهرة بالليل وبالنهار.

(ب) **كنت حتعمل** حادثة!

(ج) حنحطّ مبلغ في مشروع الكوفي شوب.

(د) عندنا ساعة **ونص بسّ** ولازم نروّح.

(ه) المشروع **حيسدّ شوية** من المصاريف.

Note:

- In Egyptian Colloquial no pauses are made between words in continuous speech, instead the pauses are made between the syllables.
- The cluster of three consonants is not possible in the Egyptian Colloquial. Notice point 4 in the last set of listening examples:

نصّ بسّ = nuss bass

It cannot be pronounced as one word because a cluster of three consonants is no possible, it will have to be [nuss - bass].

الدرس الثالث

الشقة الجديدة

الموضوعات	▪ إيجار البيت ▪ مشاكل السكن
الوظائف اللغوية	▪ إعطاء مواصفات ▪ شكوى وتعبير عن الاستياء ▪ التوصّل إلى اتفاق
القواعد	▪ تصريف أفعال المجموعة الخامسة (قرأ) والمجموعة السادسة (نسي) في الماضي في الإثبات والنفي ▪ المبني للمجهول
الثقافة	▪ العمولة ▪ انقطاع الكهربا ▪ البوّاب ▪ الشمع ▪ أساليب المخاطبة ▪ مكونات الشقة ▪ العرب بالنسبة للمصريين والأمريكان
النطق	▪ نطق الأرقام
القاموس المصور	▪ الحمّام – أوضة القُعاد – المطبخ

الجزء الأول: مسلسل "رحلة عبد الله"

عامية الحياة اليومية

"رحلة عبد الله"

I.   اتفرجوا واحكوا (المشاهد الصامتة)

١.   اتفرّجوا على المشاهد الصامتة في الفصل واكتبوا الأفكار اللي تيجي في ذهنكم.

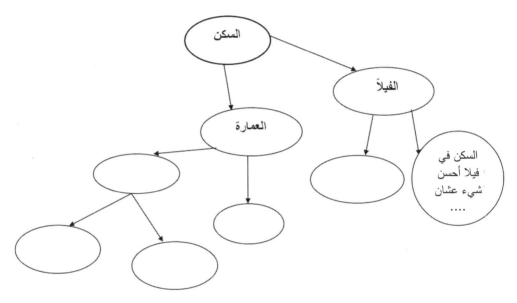

في مجموعات اسألوا زمايلكو:

- إيه هي تجاربهم مع إيجار الشقة في مصر؟

- بيتهم شكله إيه؟ عايزين يغيروا إيه في البيت؟

- إيه أحسن سكن بالنسبة لهم؟ وفين؟

II. في البيت اتفرجوا على "رحلة عبد الله"

اتفرجّوا على "رحلة عبد الله" بدون الرجوع إلى المفردات، وبعدين جاوبوا على أسئلة الفهم اللي على الـ DVD.

III. المفردات والتعبيرات من "رحلة عبد الله"

١. في البيت ذاكروا المفردات والتعبيرات واسمعوا الجمل اللي في الـ DVD واكتبوها.
اعملوا تمرين ١ و٢ على الـ DVD.

المفردات

apartment privately owned apartment, condominium furnished apartment (for rent)	شقة ج. شُقَق شقة تمليك شقة مفروشة __________ __________
completely finished	متشطّب __________ __________
rent	إيجار ج. إيجارات __________
out of order	عطلان، عطلانة __________

wall	حيطة ج. حيطان
painted	اتدّهن
house painter	نقّاش ج. نقّاشين
to give	اِدّى، يِدّي
water heater	سخّان ج. سخّانات
cylinder (of butane gas)	أنبوبة ج. أنابيب
in a bad condition	واقِع – واقْعة
fixed	اتظَبّط
direction	اتّجاه ج. اتّجاهات

a steal, a great deal	لُقطة ج. لُقَط (لاحظوا إن كلمة 'لقطة' تستخدم لوصف المذكر والمؤنث والجمع.) _____ _____
to take, deliver	ودّى، يودّي _____ _____
skyscraper, tower	بُرج ج. أبراج _____ _____
commission	عُمولة ج. عمولات _____ _____
to feel sorry, regret	نِدِم، يِنْدم، نَدَم _____ _____
to overlook	بيطُلّ على _____ _____

downpayment	مُقَدّم
to install	ركّب، يركّب
to be bored, to be fed up (with sth.)	زِهِق، يِزْهَق، زَهَق (من)
plumbing	سِباكة
plumber	سبّاك ج. سبّاكين
clogged	مَسدود
to buy, to get	جاب، يجيب (حاجة)

التعبيرات

at your service.	في خدمتك، في خدمة حضرتك/سعادتك

to excuse oneself	استأذن أستأذِنَك ——————— ———————
not good, pretty bad	ماهوّاش قدّ كدا ——————— ———————
for the sake of . . .	عشان خاطِر + اسم/pronominal suffix ——————— ———————
kind face	وِشّ سِمِح ——————— ———————
at the peak of . . .	في عزّ ——————— ———————
wonderful, excellent	ماحَصَلْش ——————— ———————
What happened? Is anything wrong?	خير ! ———————

awful	زي الزفت ـــــــــــــ ـــــــــــــ
This is disgusting!	إيه القَرَف دا! ـــــــــــــ ـــــــــــــ
it is only + time duration + event It's only one more year before he graduates.	كلّها + كلمة تحدّد المدّة + و + فعل مضارع ـــــــــــــ

٢. في مجموعات راجعوا الجمل اللي كتبتوها وانتو بتذاكروا المفردات والعبارات من على الـ DVD في البيت.

٣. اختاروا خمس عبارات من الجدول اللي في الـ DVD واستخدموها في موقف حاتمثلوه مع زميل/زميلة في الفصل. مثلاً: مشهد عند السمسار، فُرجة على شقة حلوة أو وحشة.

٤. اكتبوا كل مفردة وعبارة جديدة على كارت. حطوا كل الكروت مع بعض وبعدين كلّ واحد يسحب كارت ويحاول يشرح الكلمة أو العبارة اللي فيه لزمايله من غير ما يقول الكلمة أو العبارة. وعلى كل الطلاب الباقيين تخمين الكلمة أو العبارة اللي في الكارت.

٥. في مجموعات صغيرة اكتبوا على كروت العبارات دي:

الله! حلو قوي.	يعني مش بطّال.	لأ، مش حلو.	طيب، ماشي.	عظيم! هايل!

وكل مجموعة تبدأ حوار ولازم ينتهي بالتعبيرات اللي على الكارت.

٦. اختاروا الكلمة اللي ممكن نستخدمها مع كل فعل في الجدول وبعدين استخدموها في سياق:

	ركّب	صلّح	ودّى
شقة ج. شُقَق			
الحنفيّة ج. الحنفيات			
العلاقة ج. العلاقات			
شخص ج. أشخاص			
الدّشّ ج. الادشاش			
أوضة ج. أوض			
التكييف ج. التكييفات			
الهدوم			
كُرسي ج. كراسي			

٧. بالكاميرا اللي عندكو صوّروا أوضة القُعاد اللي في شقّتكو واعرضوها في الفصل واحكوا عن الأوضة واوصفوها. احكوا بتحبوا إيه فيها ومش بتحبوا إيه فيها، وليه؟

٨. (في الفصل) مثلوا المشاهد اللي اتفرجتوا عليها، وزّعوا الأدوار على نفسكو: عبد الله، سامية، السمسار، هبة، أحمد.

IV. أسئلة الفهم الدقيق على رحلة عبد الله

ناقشوا في مجموعات:

١. إيه مواصفات الشقة اللي عبد الله عايزها؟

٢. السمسار بيتكلم عن موسم العرب. تفتكروا قصدُه إيه؟

٣. إيه هي الإيجابيات والسلبيات في الشقة اللى سامية وعبد الله بيتفرجوا عليها؟

٤. عبد الله بيجيب سيرة الهرم ليه؟

٥. السمسار غيَّر موضوع الكلام ليه؟

٦. في الآخر، عبد الله والسمسار اتفقوا على إيه؟

٧. وهبة عايزة إيه؟

٨. سامية مش مبسوطة من الشقة. ليه؟

٩. إيه المشاكل اللي في الشقة؟

١٠. إيه هو الحلّ للمشاكل دي في رأي سامية؟

V. الإشارات الثقافية من "رحلة عبد الله"

لاحظوا واتناقشوا حوالين:

١. أنواع إيجار الشقق في مصر: إيجار قديم/جديد/مفروش، واتكلموا عن عيوب ومميّزات كل نوع منهم.

٢. الاختلاف بين السمسار في القاهرة والسمسار في أمريكا من ناحية دوره، عمولته،مكانه، إلخ

٣. الفصال في السعر: بتفاصلوا ازاي؟ مثلوا الموقف.

٤. مين همّ العرب بالنسبة للمصريين ومين همّ بالنسبة للأمريكان بشكل عام؟ إيه هي

الصورة النمطية للعرب في أمريكا وإيه هي في مصر؟

٥. الاستخدامات المختلفة للشمع: قارنوا بين استخدامه في بيت عبد الله مثلاً وفي بيوت وثقافات تانية.

٦. 'الحلفان' أو القسم في كلام المصريين: اتناقشوا في الفصل عن المناسبات اللي بيحلفوا فيها المصريين اللي تعرفوهم، وبيحلفوا بإيه. واتكلموا عن أسباب الحلفان في ثقافاتكو.

٧. كلمة 'باشا' مين اللي بيقولها؟ بيقولها لمين؟ وامتى بتتقال؟

٨. توزيع السكان في الأحياء المختلفة في القاهرة

٩. الدِّش: مين اللي عنده دِش؟ مين ماعندوش؟ وتفتكروا ليه؟

القواعد

في البيت ذاكروا القواعد من الـ DVD. في الفصل اعملوا التمارين على القواعد (التركيز على الصحة اللغوية).

I. تصريف أفعال المجموعة الخامسة والسادسة

المجموعة الخامسة

المجموعة الخامسة هي الأفعال اللي بتنتهي بمد [a]، ممكن يكون المد دا أصله في الفصحى همزة زي الفعل 'قرا،' وممكن يكون ألف مقصورة زي الفعل 'اشترى.'

المجموعة السادسة

المجموعة السادسة هي الأفعال اللي بتنتهي بصوت [i] زي الفعل (نِسي).

الماضي والمستقبل

١. في مجموعات من اتنين كل واحد يحكي لزميلُه حكاية صغيرة تبتدي بـ "اشتريت ..." وبعدين كرروا الحكاية اللي سمعتوها من زميالكم للفصل. حاولوا تستخدموا أكبر عدد من أفعال المجموعة الخامسة والسادسة.

خَبَّا، يخبي استَخَبّى، يستخبي	اشتَرى، يِشْتِري
شَوَى، يِشْوِي	رَمَى، يِرمِي

كوَى، يِكْوِي

هو صِحِي، يِصْحَى

المنبه صَحّى، يصَحّي

مَشّى، يمَشّي

اِستَحَمّى، يستَحمّى

قَرا، يِقْرا

اِتعَشّى، يتعَشّى

غنّى، يغَنّي

اشتَكَى، يشتِكي

عَلَّى، يِعَلِّي

وَطَّى، يوَطِّي

٢. كرروا تدريب واحد واستخدموا المستقبل في الحكاية. كل واحد يحكي لزميله حكاية صغيرة تبتدي بـ "حاشتِري . . . وبعدين . . . ."

٣. كل واحد يحضّر خبر قصير من الجرنال أثار اهتمامه. حاولوا تستخدموا أفعال من المجموعة الأولى لحد المجموعة السادسة في الماضي والمستقبل بالإثبات وبالنفي.

(١) كَسَر – رَفَع – ضَرَب – قَلَع – خَبَط – قَطَع – شَتَم – غَسَل – عَمَل – رَسَم – قَلَبْ – قَفَل – دَرَس – دَخَل – خَرَجْ – قَعَدْ – طَلَب – شَكَر – طَبَخ

(٢) غِرِق – سِكِر – لِبِس – بِعِد – لِعِب – كِسِب – كِبِر – سِمِع – تِعِب – قِلِق – شِرِب – تِخِن – عِرِف – نِجِح – سِهِر – رِجِع – غِلِط – عِطِش – ضِحِك – سِكِن

(٣) ذاكِر – ناقِشْ – قابِلْ – عاكِسْ – حارِبْ – عامِلْ – ساعِد – اتخانِق – راجِع – حاوِل – سامِح – لاحِظ – عاتِب – دافِع

(٤) شاف – قال – راح – داخ – قام – باظ – عام – كان – زار – باس – جاع – داس (على) – عاش – جاب – ساب – طار – فاد – خاف – بات – خاف – مات

(٥) اشترى – رَمَى – اتعشّى – اتغَدّى – اتمَشّى – ربّى – اترَبّى – حَمّى – استَحَمّى – استخَبّى – خبّا – عَلَّى – وَطّى – سَمّى – حلّى – اشْتَكى – ملا – كَوَى – اترَمَى – شَوَى – ساوَى – قضّى – عدّى – مَضَى – اِدّى – وَدّى – صَحَّى – فَضّى

(٦) صِحي – عِلي – وِطي – غِلي – فِضي – رِضي – مِشي

II.   المبني للمجهول

To form passive or reflexive, the prefix [it] is added to the perfect stem:

$$\text{اتـ} + \text{stem}$$

- تتحول الأفعال اللي زي 'كَتَب' وزي 'شِرِب' وزي 'قرا' إلى 'اِتْفَعَل، يِتْفِعِل' ('فتحة – فتحة' في الماضي و'كسرة – كسرة' في المضارع.) مثلاً:
- اِتْشَرَب، يِتْشِرِب – اِتْكَتَب، يِتْكِتِب – اِتْقَرا، يِتْقِري
- االفعل الأجوف زي 'باع' بيكون على وزن 'اِتْفَعَل' في الماضي، وبيتحول في المضارع إلى:

  يِتْبَاع – يِتْقَال – يِتْشَاف
- الفعل المُضَعف زي 'حَبّ' بيكون في الماضي وفي المضارع 'فتحة – فتحة.' مثلاً:

اِتْحَبّ، يِتْحَبّ – اِتْشَدّ، يِتْشَدّ

اسمعوا ولاحظوا:

المبني للمعلوم (هو)		المبني للمجهول	
فَتَحْ الباب.	fataH	الباب اِتْفَتَحْ.	itfataH
شِرِب العصير.	širib	العصير اِتْشَرَبْ.	itšarab
قَالْ الكلام.	ءaal	الكلام اِتْقال.	itءaal
بَاعْ الكتاب.	baaع	الكِتاب اِتْباعْ.	itbaaع
بَنَى البيت.	bana	البيت اِتْبَنَى.	itbana
نِسِي المعاد.	nisi	المعاد اِتْنَسَى.	itnasa

Notice the assimilation of the [t] sound in the roots starting with:

ت – ط – د – ض – ز – ظ – ج – ك

المبني للمجهول		المبني للمعلوم	
iTTabax	الأكل اِتْطَبَخ	Tabax	طَبَخْ الأكل.
iDDarab	الصُّرصار اِتْضَرَب.	Darab	ضَرَبْ الصُّرصار.
iggaddid	البيت اِتْجَدِّد.	gaddid	جَدِّدْ البيت.
ikkatab	الدرس اِتْكَتَب.	katab	كَتَبْ الدرس.
iZZabaT	الفستان اِتْظَبَط.	ZabaTit	ظَبَطت الفستان.

Note the following sounds [t + D], [t + k]:
itDarab “ i**DD**arab
itkatab “ i**kk**atab

١. شوفوا الصور دي وكملّوا الجمل، وبعدين احكوا حكاية عن كل صورة. استخدموا المبني للمجهول بعد مذاكرته من الـ DVD:

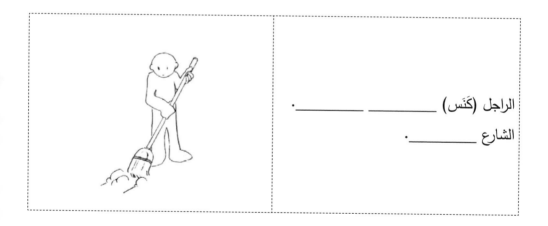

الراجل (كَنَس) ________ ________.
الشارع ________.

العربية (خَبَط) ________ ________.

الراجل________.

الكلب (عضّ) ________ ________.

الراجل________.

شخص (عمل) ________ ________.

الصاروخ ________.

الترزي (فصّل) ________ ________.

البنطلون ________.

النجّار (عمل) ________ ________.

التربيزة ________.

المهندس (بَنَى) ________ ________.

البيت ________.

المحادثة في الفصل: عامية الحياة اليومية

راجعوا المفردات الجديدة ومفردات القاموس المصوّر واستخدموها. في مجموعات، احكوا لبعض قصة استخدموا فيها أكبر عدد ممكن من الأفعال في الماضي (المثبت والمنفي) والمفردات والعبارات الجديدة. احكوا لبعض عن تجاربكو الشخصية إذا كان عندكو مشاكل في السباكة أو في الكهربا في الشقة.

الجزء الثاني: عامية المثقّفين

اللقاءات

I. **لقاء ١ مع مستأجرة**

١. اسمعوا لقاء ١ مع مُستأجرة اللي في الـ DVD وذاكروا المفردات والتعبيرات.

 **المفردات والتعبيرات**

father-in-law my father-in-law	حما – حماة أبو جوزي، حمايا عايش معانا.
to pass away	اتوفّى جارنا اتوفى الأسبوع اللي فات.
expulsion	طرْد صاحب البيت رفع قضية طرد على السكان.
to deviate	انحرف، ينحرف، انحراف كتير من الشباب بينحرفوا ويتجهوا للمخدرات.
cruelty	قسوة فيه ناس بيعاملوا الحيوانات بقسوة، بيضربوها أو . . .
objective	(شخص) حيادي الحكم اللي في ماتش الكورة لازم يكون حيادي. مش مع الفريق دا ولا دا.

implemented	اتطبّق
	القانون الجديد اتطبق السنة اللي فاتت.
We treat each other with the utmost respect.	بنتعامل بمنتهَى الاحترام مع بعض.
They are helpless.	(ناس) واخدين على دماغهم
	هم واخدين على دماغهم، مساكين مش قادرين يغيروا حاجة.

٢. **أسئلة الفهم:**

(أ)   عرفنا إيه عن المتحدثة (المستأجرة)؟ _____

_____

(ب)   عرفنا إيه عن ابنها؟ _____

_____

(ج)   إيه مشكلتها هي وابنها بالظبط؟ _____

_____

(د)   هيّ بتطلب إيه من الريّس؟ _____

_____

٣. **لاحظوا مستوى اللغة:**

(أ)   استخرجوا النفي ولاحظوا طريقة استخدامه في الفصحى والعامية.

الجُمَل المنفية	طريقة النفي

(ب) استخرجوا كلّ الأفعال اللي في المستقبل.

__________ __________ __________ __________

II. لقاء ٢ مع الأستاذ صبري سويلم

١. اتفرّجوا على لقاء ٢ مع الأستاذ صبري سويلم وذاكروا المفردات والتعبيرات.

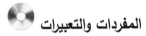

المفردات والتعبيرات

ميه عِكرة	turbid water
متوفّرة	available
مياه قابلة للشُّرب	potable
الشيء الفلاني	considerable amount of money
الإسراف	squandering, waste
العُمر الافتراضي	life expectancy
ترشيد	rationalizing
حملة توعية	awareness campaign
نتائج باهرة	impressive results

٢. **أسئلة الفهم:**

(أ)   المتحدث بيقول إيه على استخدام الميه؟ ــــــــــــــــ

ــ

(ب)   وإيه الاقتراح اللي اقترحه للمستقبل؟ ــــــــــــــــ

ــ

٣. **لاحظوا مستوى اللغة:**

(أ)   استخرجوا الكلمات اللي نطق فيها المتكلّم صوت الـ 'ق' والكلمات اللي اتحوّل

فيها لهمزة.

تحوّل صوت الـ 'ق' إلى همزة	صوت الـ 'ق'

(ب)   لاحظوا استخدام 'قد.' ــــــــــــــــــــــــــ

ــ

III.   **لقاء ٣ مع د. محمد عبد الباقي إبراهيم**

١.   اتفرّجوا على لقاء ٣ مع د. محمد عبد الباقي إبراهيم وذاكروا المفردات والتعبيرات.

المفردات والتعبيرات

هلُمّ جَرّا	and so on
الاستيطان	settling in
المرافِق	public utilities
الصرف الصحّي	sewage
قصور في	inadequacy, shortcoming
إعفاءات ضريبية	tax exemption

٢. أسئلة الفهم:

(د) المتحدث اتكلم عن أجيال مختلفة من المدن الجديدة حوالين القاهرة. عرفنا إيه عنهم؟ ________________________________

____

(هـ) إيه المشاكل اللي بيعرضها المتحدّث؟ ________________________

____

٣. لاحظوا مستوى اللغة:

(أ) استخرجوا الكلمات اللي نطق فيها المتكلّم صوت الـ 'ق' والكلمات اللي اتحوّل فيها صوت الـ 'ق' لهمزة.

صوت الـ 'ق'	تحوّل صوت الـ 'ق' إلى همزة

(ب) استخرجوا أسماء الإشارة ولاحظوا طريقة النطق.

____

IV. لقاء ٤ مع د. محمد عبد الباقي إبراهيم

١. اتفرّجوا على لقاء ٤ مع د. محمد عبد الباقي إبراهيم وذاكروا المفردات والتعبيرات.

المفردات والتعبيرات

slums	مناطق عشوائية
distant regions	مناطق نائية
rural and urban areas	الريف والحَضَر
obvious injustice	ظُلْم بيّن
injustice	إجحاف
real estate	عقار ج. عقارات
shelters	سكن الإيواء
to encroach upon, infringe	تعدّى، يتعدّى (على)

٢. أسئلة الفهم:

(أ) إيه الظاهرة اللي المتحدث بيتكلم عنها؟ ____________________

____

(ب) وإيه تفسيره للظاهرة دي؟ ____________________

____

٣. لاحظوا مستوى اللغة:

(أ) استخرجوا الكلمات اللي نطق فيها المتكلّم صوت الـ 'ق' والكلمات اللي اتحوّل فيها صوت الـ 'ق' لـهمزة.

صوت الـ 'ق'	تحوّل صوت الـ 'ق' إلى همزة

(ب) استخرجوا الكلمات اللي نطق فيها المتكلّم صوت الـ 'ذ' ولاحظوا التغيير.

صوت الـ 'ذ'	التغيير الذي تمّ

(ج) استخرجوا الجمل المنفيّة ولاحظوا طريقة النفي.

الجُمَل المنفية	طريقة النفي

اقروا واتناقشوا

١. في البيت اقروا الجوابات دي، وبعدين احكوا عن اللي قريتوه لزمايلكو في الفصل بالعامية من غير ما ترجعوا للنص، وبعدين اتناقشوا في الموضوع:

الرسالة الأولى:

يبدو أن الحديث عن التعديل المرتقب لقانون الإيجارات القديمة سيظل مجرد 'حبر على ورق' فلا الحكومة اتخذت أي إجراءات ولا مجلس الشعب، وإني أتساءل هنا عن دور مجلس الشعب. فعند إصدار هذا القانون لم يؤخذ لا رأي الشعب ولا نوابه. وأرى أن تأخذ الحكومة هذا الموضوع بخطى ثابتة طويلة المدى وأعتقد أنّ هذه المقترحات قد تجد آذانًا صاغية.

١. رفع القيمة الإيجارية على أساس متوسط استهلاك الكهرباء والمياه والتليفونات والغاز فلا يُعقل أن يدفع ساكن فاتورة تليفونه بـ ٣٠٠ جنيه في ٣ أشهر ويدفع ايجارًا ٩ جنيهات في المدة نفسها.

٢. عدم التوريث بحيث يكون انتهاء العقد بوفاة المؤجر وزوجته في حالة عدم وجود أبناء مقيمين. وفي حالة وجود أبناء مقيمين غير متزوجين يستمر العقد حتى زواجهم في مسكن آخر ولا يسمح لهم بالإقامة في منزل ذويهم إلا بعد تحرير عقد جديد طبقًا للقانون الجديد.

د. محمد عيسى دويدار، مستشفى معهد ناصر

بريد الأهرام، يونيو ٢٠٠٦

الرسالة الثانية:

المالك مظلوم بالتأكيد ومن حقه أن تتناسب القيمة الإيجارية لعقاره مع أسعار السوق. وهذا ما قامت به الدولة عندما أصدرت قانون الإيجار الجديد، والخاص بالوحدات الجديدة. والفكرة ببساطة إنه إذا استطاعت الدولة ضخ هذه الثروة العقارية إلي السوق وتفعيل دور التمويل العقاري، فإن الساكن سوف يستطيع تملّك الوحدة التي يسكنها بسعر السوق وبالرضاء الكامل للمالك أو يقبل الساكن تعويضا مناسبًا مُقنّنًا يدفعه له المالك من جيبه الخاص أو من خلال آليات التمويل العقاري، ويتسلم المالك الوحدة السكنية ويعيد تأجيرها بالقانون الجديد وهذا يحدث وديًّا بالفعل ولكن في حدود ضيقة جدًا. وعلي الدولة أن تعيد النظر في تسعير مواد البناء وخاصة الأسمنت وحديد التسليح مع استحداث مواد بناء رخيصة من البيئة تختلف من منطقة الي أخري.

توفيق ميخائيل جرجس، مهندس استشاري
بريد الأهرام، يونيو ٢٠٠٦

الرسالة الثالثة:

إنّ الحكومة المصرية الآن تتشكل من رجال الأعمال وأصحاب المصالح ونخشي أن يحرم المواطن محدود الدخل ومتوسط الدخل (وكلهم تحت خط الفقر) من حق السكن. إنني أطلق صيحة تحذير من أن المساس بالعلاقة بين المالك والمستأجر الآن من شأنه أن يتسبب في قيام ثورة حقيقية من المستأجرين لأن البديل هو النوم في الشوارع. ويجب عرض مشروع قانون العلاقة الجديد بين المالك والمستأجر علي الشعب ليقول كلمته فيه.

وائل علي، محاسب قانوني
بريد الأهرام، يونيو ٢٠٠٦

أنشطة للتحدث في الفصل:

١. في مجموعات، زوروا موقع http://www.echr.org وهو موقع المركز المصري لحقوق السكن. وتتولى كل مجموعة تقديم جزء من مادته للصف. ناقشوا كمان مسألة مسؤولية الدولة عن توفير السكن.

٢. قسّموا نفسكو مجموعات، مجموعة حتكون من المُلاّك، ومجموعة من المستأجرين، ومجموعة حتكون مسؤولة عن تشريع قانون يلاقي حلّ للمشكلة اللي بين المالك والمستأجر.

القواعد

المجموعة الخامسة:

المجموعة الخامسة هي الأفعال اللي بتنتهي بمد [a]، ممكن يكون المد دا أصله في الفصحى همزة زي الفعل 'قرا' وممكن يكون ألف مقصورة زي الفعل 'اشترى.'

المجموعة الخامسة (قرا)

الفعل الماضي

CaCa

قَرَا – يِقرَا

الضمير	الإثبات		النفي	
أنا	قَريتْ	ءareet	ماقَرِتْشْ	maءaritš
اِنتَ	قَريتْ	ءareet	ماقَرِتْشْ	maءaritš
انتِ	قَريتِ	ءareeti	ماقَرِتيشْ	maءaritiiš
هوَّ	قَرا	ءara	ماقَراشْ	maءaraaš
هِيّ	قَرِتْ	ءarit	ماقَرِتْشْ	maءaritš
اِحنا	قَرينا	ءareena	ماقَرِناشْ	maءarinaaš
اِنتو	قَريتوا	ءareetu	ماقَرِتُوشْ	maءarituuš
هُمّ	قَروا	ءaru	ماقَروشْ	maءaruuš

أفعال تصرّف على نفس النمط في الماضي:

اشترى – رَمَى – خبّا – ملا – كَوَى – اتْرَمَى– شَوَى – لقى– ساوَى – مَضَى – اِدّى – وَدّى – سَقَى – اتعشّى – اتغَدّى – اتمَشّى – ربّى – اتربّى – حَمّى – استَحَمّى – استخَبّى – عَلّى – وَطّى – سَمّى – حلّى – اشْتَكَى – قضّى – عدّى

المجموعة السادسة (نسي)

الفعل الماضي

CiCi

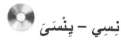

نِسِي – يِنْسَى

اسمعوا كويس ولاحظوا التصريف بالضمير ومن غير الضمير:

الضمير	الإثبات		النفي	
أنا	نِسِيتْ	nisiit	مانْسيتْش	mansitš
اِنتَ	نِسِيتْ	nisiit	مانْسيتْش	mansitš
اِنتِ	نِسِيتِ	nisiiti	مانْسيتيش	mansitiiš
هوَّ	نِسِي	nisi	مانْسيش	mansiiš
هِيَّ	نِسْيِتْ	nisyit	مانِسْيِتْش	nanisyitš
اِحنا	نِسِينا	nisiina	مانْسيناش	mansinaaš
اِنتو	نِسِيتوا	nisiitu	مانْسيتوش	mansituuš
هُمّ	نِسْيوا	nisyu	مانِسْيوش	manisyuuš

أفعال تصرّف على نفس النمط في الماضي:

صِحي – عِلِي – وِطِي – فِضِي – رِضِي – غِلي – مِشِي

- Note the vowel [i] when we say [nisiit], the verb is without a pronoun.
- Note the vowel when we pronounce the verb with a pronoun:

[anan siit]

The first vowel in the verb is omitted. This happens with the following pronouns:

أنا، اِنتَ، اِنتِ، اِحنا، اِنتو

المجموعة الخامسة (قرا)

الفعل المضارع

بيقَرا – مابيقْراشْ

الضمير	الإثبات		النفي	
أنا	بَاقْرا	baءra	مابَاقْراش	mabaءraaš
اِنتَ	بِتـقْرا	bitiءra	مابْتِقْراشْ	mabtiءraaš
اِنتِ	بِتقْرِي	bitiءri	مابْتِقرِيشْ	mabtiءriiš
هوَّ	بِيِقْرا	biyiءra	مابْيِقْراشْ	mabyiءraaš
هِيّ	بِتِقْرا	bitiءra	مابْتِقراشْ	mabtiءraaš
اِحنا	بِنِقْرا	biniءra	مابْنِقْراشْ	mabniءraaš
اِنتو	بِتْقْروا	bitiءru	مابْتِقْروشْ	mabtiءruuš
هُمّ	بِيِقْروا	biyiءru	مابْيِقْروشْ	mabyiءruuš

أفعال تصرّف على نفس النمط في الماضي والمضارع:

قرا، يقْرا – اتغدّى، يتغَدّى – اتعشّى، يتعَشّى – استحمّى، يستَحَمّى – مَلا، يملا – اتمشّى، يتمَشّى – استنّى، يستَنّى – استخبّا، يستخبّى

المجموعة الخامسة (قرا)

الفعل المضارع

بيشْتِري – مابيشْتِريش

الضمير	الإثبات		النفي	
أنا	بَاشْتِري	baštiri	مابَاشتِريش	mabaštiriiš
اِنتَ	بتِشْتِري	bitištiri	مابْتِشْتِريش	mabtištiriiš
اِنتِ	بتِشْتِري	bitištiri	مابْتِشْتِريش	mabtištiriiš
هوَّ	بيِشْتِري	biyištiri	مابْيِشْتِريش	mabyištiriiš
هِيّ	بتِشْتِري	bitištiri	مابْتِشْتِريش	mabtištiriiš
اِحنا	بنِشْتِري	bništiri	مابْنِشْتِريش	mabništiriiš
اِنتو	بتِشْتِروا	bitištiru	مابْتِشْتِروش	mabtištiruuš
هُمّ	بيِشْتِروا	biyištiru	مابْيِشْتِروش	mabyištiruuš

أفعال تصرّف على نفس النمط في الماضي والمضارع:

بنى، يبني – رمى، يرمي – شوى، يشوِي – كَوَى، يِكوي – اشتكَى، يشتكي – ربّى، بيرَبّي –
حمّى، يحمّي – علّى، يعلّي – وطّى، يوَطّي – عدّى، يعَدّي – قضّى، يقَضّي – ساوى، يساوي
– قَضَى، يقْضّي – مَضَى، يمضِي – ودّى، يوَدّي – ادّىَ، يِدّي – حمى، يِحْمِي – حَكَى، يِحْكي

المجموعة السادسة (نِسي)

الفعل المضارع

بينْسَى – مابينْساشْ

الضمير	الإثبات		النفي	
أنا	بَانْسى	bansa	مابَنْساش	mabanaaš
اِنتَ	بتِنْسَى	bitinsa	مابْتِنْساش	mabtinsaaš
اِنتِ	بتِنْسي	bitinsi	مابْتِنْسيش	mabtinsiiš
هوَّ	بيِنْسَى	biyinsa	مابْيِنْساشْ	mabyinsaaš
هِيّ	بتِنْسَى	bitinsa	مابْتِنْساشْ	mabtinsaaš
اِحنا	بنِنْسَى	bininsa	مابْنِنْساشْ	mabninsaaš
اِنتو	بتِنْسوا	bitinsu	مابْتِنْسوشْ	mabtinsuuš
هُمّ	بيِنْسوا	byinsu	مابْيِنْسوشْ	mabyinsuuš

العدد والعدّ

مع الأعداد من ثلاثة إلى عشرة يكون المعدود جمع. ومع الأعداد من حداشر إلى ما لا نهاية يكون المعدود مفرد، مثلاً:

- تلات كُتُب

تلاتة ← تلات + جمع المعدود (بغض النظر عن إذا ما كان المعدود مذكر أو مؤنث.)

تلاتة + كتاب	←	تَلات كُتُب
أربَعَة + كِتاب	←	أرْبَعْ كُتُب
خَمسة + كتاب	←	خَمَس كُتُب
سِتّة + كتاب	←	سِتّ كُتُب
سَبْعة + كتاب	←	سَبَعْ كُتُب
تمانية + كتاب	←	تَمَنْ كُتُب
تِسْعَة + كتاب	←	تِسَعْ كُتُب
عَشَرَة + كتاب	←	عَشَر كُتُب
حِداشَر + كتاب	←	حِداشَر كتاب

العدد + العملة/المقاس/الوزن

The number does not change and unit of measurement takes the singular form all the time.

العدد + الوحدة (مفرد)

- ساندويتش الفول **بخمسة جنيه**.
- الأوضة **بمِيّة وأربعين جنيه** في الليلة.
- اِشْتَرى **تلاتة كيلو** برتقال.
- مساحة الأوضة **عشرين متر** مُربَّع.

لاحظوا:

- لوصف كلمة 'ناس' ممكن نستخدم الصفة **الجمع أو المفرد**.
- مثلاً: فيه ناس **واقعة / واقعين** ساكنين في المنطقة دي.
- لكن زي الفصحى، لوصف جمع غير العاقل، بتكون الصفة **مفرد مؤنث**.

مثلاً: الشقق **واقعة**.

النطق

في البيت اسمعوا الجمل اللي على الـ DVD وكرروا، ولاحظوا نطق الأفعال المبنية للمجهول دي:

Note the assimilation:

١. الاشتراك في الجراج لازم **يتجدّد** الشهر دا.

٢. الأكل **اتطبخ** كويس.

٣. فيه كتير من العمارات **اتضربت** في بيروت الصيف اللي فات.

٤. الأكل كلّه **اتاكِل** امبارِح. كان حلو قوي.

٥. نفسيّتي **اتدمرت** لما اتفرّجت على الأخبار.

اسمعوا وكرروا ولاحظوا نطق الأرقام:

واحد	اتنين	تلاتة	أربعة	خمسة
سِتّة	سَبعة	تَمانية	تِسعة	عَشرة
حِداشر	اِتناشر	تَلَتّاشر	أربعتاشر	خَمستاشر
سِتّاشر	سَبَعتاشر	تَمَنتاشَر	تِسَعتاشر	عِشرين

talat kutub	تلات كُتب
ءarbaع kutub	أرْبَعْ كُتُب
xamas kutub	خَمَس كُتُب
sitt kutub	سِتّ كُتُب
sabع kutub	سَبَعْ كُتُب
taman kutub	تَمَنْ كُتُب
tisaع kutub	تِسَعْ كُتُب
عašar kutub	عَشَر كُتُب
Hidaašar kitaab	حِداشَر كتاب

الدرس الرابع

عزومة الغدا

الموضوعات	▪ العزومة ▪ تجمُّعات عائلية ▪ ماتشات الكورة
الوظائف اللغوية	▪ المجاملة على السفرة ▪ التعبير عن الإعجاب بالأكل ▪ وصفات لعمل أكلات ▪ وصف أشخاص – صفات خارجية
القواعد	▪ تصريف أفعال المجموعة السابعة (حبّ) في الماضي والمضارع في الإثبات والنفي ▪ الأمر والنهي
الثقافة	▪ العزومة ▪ الدادا اللي بتساعد في البيت ▪ الأكلات المصرية ▪ دردشة الستات على السفرة ▪ تجمع الرجالة على ماتش الكورة ▪ الثانوية العامة والقلق منها
النطق	▪ مدّ الـ vowel الأخير من الاسم والفعل
القاموس المصور	▪ أسماء الخضار والفاكهة ▪ بعض الأكلات المصرية

الجزء الأول: مسلسل "رحلة عبد الله"

عامية الحياة اليومية

"رحلة عبد الله"

I. اتفرجوا واحكوا (المشاهد الصامتة)

١. اتفرّجوا على المشاهد الصامتة في الفصل واكتبوا الأفكار اللي تيجي في ذهنكم.

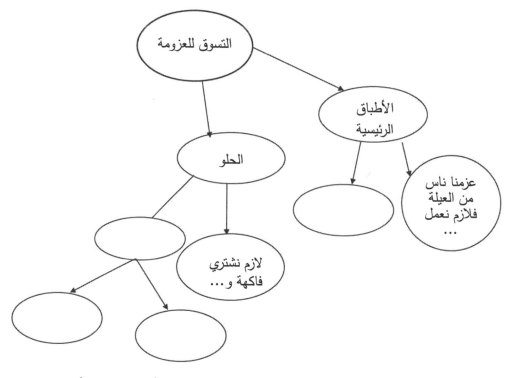

٢. في مجموعات احكوا عن ترتيبات العزايم. احكوا عن أحلى عزومة وأوحش عزومة عائلية فاكرينها، واوصفوا إيه اللي حصل فيها.

٣. تبادلوا الأفكار والخبرات حوالين مناسبات العزايم. امتى العيلات بتجتمع على الأكل؟

II. **في البيت اتفرجوا على "رحلة عبد الله"**

اتفرجّوا على "رحلة عبد الله" بدون الرجوع إلى المفردات، وبعدين جاوبوا على أسئلة الفهم اللي على الـ DVD.

III. **المفردات والتعبيرات من "رحلة عبد الله"**

١. في البيت ذاكروا المفردات والتعبيرات واسمعوا الجمل اللي في االـ DVD واكتبوها. واعملوا تمرين ١ و ٢ على الـ DVD.

المفردات

Interjection used to introduce questions expressing surprise or disbelief.	أُمّال . . . ؟
to stay overnight; to sleep over	بَات، يِبات، بِيَات
آخر سنة في التعليم المدرسي – قبل الجامعة	الثانوية العامة
to pray for	دَعا، يِدْعِي لـ (حدّ)

Total marks in an exam, expressed as a percentage (corresponding to GPA).	مَجْموع ج. مَجَاميع
shy, embarrassed	مَكْسوف، مكسوفة ج. مكسوفين
to imagine	تصَوّر، تصوّري، تصَوَّروا
stuffed wine leaves	ورق عنب
Middle-Eastern dish	كُبيبَة
by order	بالطَّلَب
Middle-Eastern dish	مِسقّعَة

awesome	هايِل، هايْلة
great, wonderful	يِجَنِّن، تِجنِّن
because, since	أصْل
readymade	جاهِز، جاهْزَة
to get engaged (girls)	اِتْخَطَبِتْ
to have children	خَلّف، يخلّف
to deserve	استاهِل، يستاهِل

to retire	طِلِع، يِطْلَع معاش
to expose	فَضَح، يِفْضَح، فضيحة

التعبيرات

Expression used to show appreciation for something handmade.	pronominal suffix + تِسْلَم إيدِ تسلم إيدِكْ.
Expression used after a home/family meal (not used after a restaurant meal).	سُفرة دايمة!
Expression indicating the passing of time: it's been a week/a month since . . .	pronominal suffix + بقى لـ
Ought to be, should be, expected to . . . any time now.	زمان + الضمير + اسم فاعل زمانُه جايّ.

to be on a diet	عامِل/عامْلَة ريجيم ________________ ________________
Used when saying, seeing or hearing something that causes admiration or satisfaction to ward off the evil eye.	باسم الله ما شاء الله! ________________ ________________
hopefully, I wish . . .	يا ريت! ________________ ________________
since	من ساعِة ما + ماضي + ما + ماضي ________________ ________________
response to compliment on food	ألف هَنا وشِفا/بالهَنا والشِّفا ________________ ________________
expression of admiration of beauty (to a person)	زيّ القمر ________________ ________________
by the way	على فِكرة ________________ ________________

for expressing surprise	الله! _____ _____
nice person	ابن حلال، بنت حلال ج. ولاد حلال _____ _____
A phrase used to wish a sick person to get well.	ربنا يقوِّم (حدّ) بالسلامة _____ _____
time flies	الأيام بتجري بسرعة! _____ _____
to retire	طِلِع، يِطْلَع، (على) المعاش _____ _____

٢. في مجموعات راجعوا الجمل اللي كتبتوها وانتو بتذاكروا المفردات والعبارات على الـ DVD.

٣. اختاروا خمس عبارات من جدول التعبيرات اللي في الـ DVD واستخدموها في موقف حتمثّلوه مع زميل / زميلة في الفصل.

٤. اتفرّجوا تاني على المشهد الأول والتاني وخمنّوا معنى التعبيرات دي واشرحوها مع بعض:

(المشهد الأول) يعني إيه "هبة بقت عروسة"؟

(المشهد التاني) يعني إيه "عايزة تِخْلَص"؟

٥. اكتبوا كل مفردة وعبارة جديدة على كارت. حطوا كل الكروت مع بعض وبعدين كلّ واحد يسحب كارت ويحاول شرح الكلمة أو العبارة لزمايله من غير ما يقولها. وعلى كل الطلاب الباقيين تخمين الكلمة أو العبارة اللي في الكارت.

٦. اختاروا الكلمة اللي ممكن نستخدمها مع كل فعل في الجدول وبعدين استخدموها في سياق:

جاب	عمل	استاهل	
			ريجيم
			أجازة
			الهدوم من عند المكوجي
			كلّ خير
			ورق العنب
			مجموع كويس
			نتيجة
			الفلوس
			هدية

			جايزة
			العتاب
			مشكلة

٧. فكروا في أفعال ممكن نستخدمها مع الأسماء دي. احكوا حكاية واستخدموا فيها نفس الأفعال والأسماء.

▪ ورق عنب	▪ سُفرة	▪ كورة	▪ مجموع

مثلاً: اشتريت / لفّيت / حشيت / ماحَشيتش ورق العنب.

IV. في الفصل مثلوا المشاهد اللي اتفرجتوا عليها.

كل واحد في الفصل يحكي عن نفسه على لسان الشخصية. مثلاً:

منى: أنا عزمت عبد الله ومراته وولاده على الغدا في البيت . . .

استخدموا الأفعال في الماضي والمضارع بالإثبات والنفي بقدر الإمكان.

V. أسئلة الفهم الدقيق على "رحلة عبد الله"

في مجموعات ناقشوا التالي:

١. عرفنا إيه عن الناس في العزومة؟

٢. مين الأشخاص اللي ماكانوش موجودين في العزومة والناس اتكلموا عنهم؟ وقالوا إيه؟

٣. إيه الموضوعات اللي اتكلّموا فيها على السُّفرة؟

٤. الضيوف قَعَدوا إزاي بعد الغَدا؟ الرجالة كانوا فين؟ عملوا إيه؟ الستات فين؟

٥. عرفنا إيه عن ريم وأختها؟

٦. اوصفوا المكان وكل الناس في العزومة بالتفصيل: لبسهم، شكلهم، المكان اللي قاعدين فيه.

VI. **الإشارات الثقافية من "رحلة عبد الله"**

لاحظوا واتناقْشوا. قولوا انطباعاتكو عن:

١. التجمع العائلي في بيت أيمن
٢. الأكل وشكل السفرة
٣. ملابس الناس اللي في العزومة
٤. تجمّع الرجّالة حوالين ماتش الكورة
٥. وجود 'الدادا' (الشغّالة) في بيت أيمن: إيه الدور اللي تفتكروا إنها بتعملُه؟
٦. اوصفوا الدادا/الشغالة اللي في البيت: لبسها، جسمها، سنها.
٧. إزاي بتختلف العزومة دي عن العزايم العائلية عندكو؟ ناقشوا من ناحية المناسبة، الأكل، الدردشة، إلخ.
٨. إيه الموضوعات اللي ممكن تتكلموا فيها على الغدا أو على العشا مع أصحاب؟

القواعد

في البيت ذاكروا القواعد من الـ DVD. في الفصل اعملوا التمارين على القواعد (التركيز على الصحة اللغوية).

I. **تصريف أفعال المجموعة السابعة والثامنة**

المجموعة السابعة:

المجموعة السابعة هي مجموعة الأفعال اللي في الماضي بتنتهي بصامتين (CCaC) .

١. نظمتوا عزومة كبيرة في البيت، احكوا مين عمل إيه وحاولوا تستخدموا الأفعال اللي في المربع، زي المثال:

أنا **حطّيت** مفرش السفرة، ومنى **حطّت** الأطباق. كلنا **حطّينا** الأكل اللي فِضِل في الثلاجة.

حسّ- شَدّ - فَكّ - حَطّ - زقّ - عَدّ - حَلّ - لمّ - لفّ - كبّ

٢. الماضي المنفي:

احكوا عن الحاجات اللي عملتوها امبارح والحاجات اللي ماعملتوهاش مستخدمين الأفعال اللي في المربع زيّ المثال:

حسيت إني مبسوطة **وماحسِتش** إني زعلانة عشان . . .

مَدّ - جَرّ - شَكّ - بَصّ - زقّ - بَلّ - شمّ - تفّ - نفّ - غَشّ - قصّ

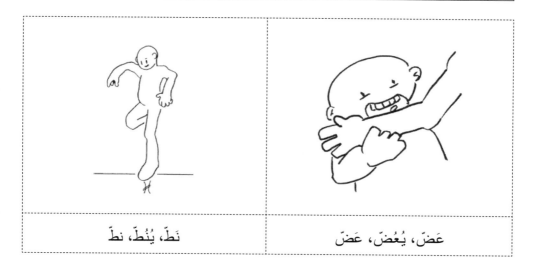

عَضّ، يُعُضّ، عَضّ	نَطّ، يُنُطّ، نطّ

زَقّ، يُزُقّ، زَقّ	رَجّ، يُرُجّ، رَجّ
حَطّ، يُحُطّ، حط	قَصّ، يُقُصّ، قصّ

 II. **الأمر**

يُشتق الأمر من المضارع اللي بدون 'بـ' على هذا النحو:

يـفهم ← افهم

تُحذَف ياء المُضارعة ويتمّ إضافة ألف للأمر.

بالنسبة للفعل الأجوف زي 'نام':

يـنام ← نام

يتم حذف ياء المضارعة ويظل الفعل كما هو بدون إضافات.

المضارع بدون 'بـ'	الأمر	
يِكْتِب	←	اِكْتِبْ – اِكْتِبي – اِكْتِبوا
يِفْهَمْ	←	اِفْهَم – اِفْهَمي – اِفْهَموا
يُدْخُلْ	←	أُدْخُلْ – أُدْخُلِي – أُدْخُلوا
يِسافِر	←	سَافِرْ – سَافْري – سَافْروا
يِنام	←	نَامْ – نَامِي – نَاموا
يِقول	←	قُول – قُولي – قُولوا
يِبِيع	←	بِيعْ – بِيعِي – بِيعوا
يِقْرا	←	اِقْرا – اِقْرِي – اِقْروا
يِمْشِي	←	اِمْشِي – اِمْشِي – اِمْشوا
يِصْحَى	←	اِصْحَى – اِصْحِي – اِصْحوا

١. في مترو أنفاق القاهرة:

لكو صديق ساكن في المعادي ولازم يزور الجامعة الأمريكية في ميدان التحرير (محطة السادات)، وجامعة القاهرة في الجيزة. استخدموا خريطة المترو دي واشرحوا له يعمل إيه عشان يروح من المعادي لكلّ مكان من دول. حاولوا تستخدموا الأمر مع الأفعال دي:

رِكِب – نِزِل – دَخَل – طِلِع – خَرَج – أَخَد – رَاح – مِشِي – عَدّى – دَفَع – اِشْتَرى

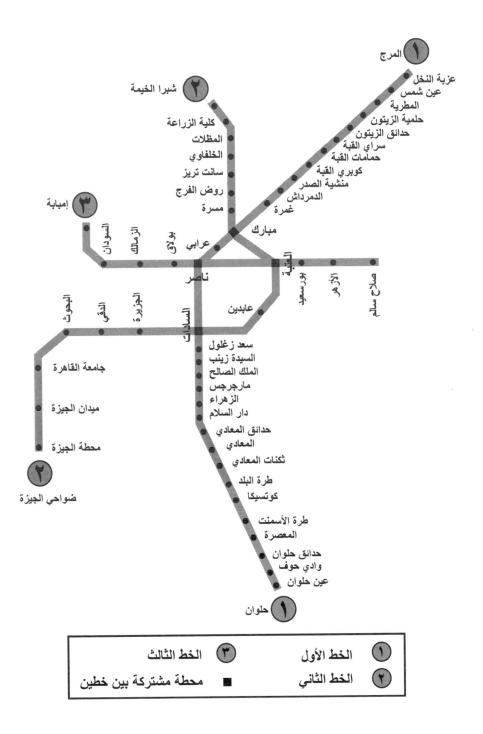

مبارك
شبرا الخيمة
كلية الزراعة
المظلات
الخلفاوي
سانت تريز
روض الفرج
مسرة
عابدين
الدقي
جامعة القاهرة
ميدان الجيزة
محطة الجيزة
ضواحي الجيزة
إمبابة
السودان
الزمالك
بولاق
بورسعيد
الأزهر
صلاح سالم
الخط الأول
الخط الثاني
الخط الثالث

٢. في مجموعات، اقروا إرشادات "طبق اليوم" دي واوصفوا طريقة عمل الأكلة لزميل أو زميلة. استخدموا الأمر والمبني للمجهول. وجّهوا الأمر مرة للراجل ومرّة للستّ واستخدموا العامية بعد ما تقروا الإرشادات بالفصحى:

مثلاً: **اشتري** كيلو بدنجان، **واغسليه/اغسلُه** كويس، وبعدين **هاتي/هات** الزيت **وسخنيه/سخّنُه** ...

طبق اليوم

أمّ علي

المقادير:

٢/١ كيلوجرام عجينة 'بف بيستري' (puff pastry)	٢/١ كوب زبيب	٢/١ كوب عين جمل مفروم
علبة قشطة	٢/١ كوب فستق مفروم	٤/٣ كوب سكر
٤/٣ كوب لبن	١ ملعقة زبدة	ملعقة صغيرة فانيليا

الطريقة:

- تُفرَد عجينة 'البف بيستري' جيدًا ثم تُقطّع الى أربعة مستطيلات متساوية.
- تُخبز هذه العجينة في صوانٍ في فرن حرارته ١٨٠ درجة مئوية (٣٥٠ فهرنهايت).
- يُخلط عين الجمل مع الفستق.
- تُدهن الصينيّة بالزبدة.
- تُقطع الفطيرة باليد إلى قِطَع متوسطة الحجم وتوضع في الطبق ويرش سطحها بالمكسرات.
- يُغلى اللبن مع السكر والزبدة والقشطة على النار، ثم يُضافوا إلى الفطيرة.
- توضع الصينية في فرن حرارته ١٨٠ درجة مئوية (٣٥٠ فهرنهايت) لمدة ٥ دقائق وتقدم ساخنة.

الكُشري المصري (أكلة نباتية)

المقادير:

كوب أرز مغسول	كوب عدس أسمر مغسول	٢/١ كوب شعرية
٢/١ كوب مكرونة مسلوقة	بصلة كبيرة مقطعة	حمّص مسلوق
٢ كوب عصير طماطم	معلقة كبيرة صلصة معلبات	فصّ ثوم مفروم
٤/١ فنجان خلّ أبيض	كمّون وملح	

الطريقة:

- يُسلق العدس الأسمر جيدًا فى ماء وكمون وملح ويترك جانبًا.
- يوضع على النار قليل من الزيت وتُحمّر فيه الشعرية حتى يحمرّ لونها.
- يُضاف الأرز الأبيض ويقلّب ويُضاف الملح.
- يُضاف الماء حتى يغطّي الأرز ويُترك على النار الهادئة.
- يُضاف عليه العدس المسلوق ويُقلّب ويُترك على النار الهادئة ٥ دقائق.
- يُحمّر البصل فى الزيت حتى يصبح لونه غامق ويرفع على ورق مطبخ. يُضاف البصل المحمّر على وجه الطبق.

لتجهيز الصلصة: يوضع قليل من الزيت فى حلّة ثم يُضاف عصير الطماطم والخلّ مع الصلصة والثوم والكمون والملح وتترك ٥ دقائق على النار.

وبالهنا والشفا.

المسقعة

المقادير:

ثلاث حبات باذنجان	ربع كيلو فلفل	نصف كيلو طماطم
عشرة فصوص ثوم	ثلاث معالق خل أبيض	زيت للقلي
رشة ملح	رشة كمون	رشة فلفل أسود

طريقة التحضير:

- نقوم بتقطيع الباذنجان إلى قطع دائرية، ثم نتركه في ملح نصف ساعة ونقوم بعد ذلك بقلي الباذنجان والفلفل في الزيت.
- لعمل صوص الطماطم نضع قليل من الزيت في الحلّة ثم نضيف الثوم، وحتى يصير لونه ذهبي نضيف إليه الخل ونتركه يغلي. ثم تتم إضافة الطماطم ثم يضاف البهار.
- يوضع الباذنجان والفلفل في الخليط ويضاف كوب ماء ويترك على نار هادئة من ١٠ إلى ١٥ دقيقة.

حاولوا تستخدموا الأفعال دي في إعطاء الإرشادات بتاعتكو:

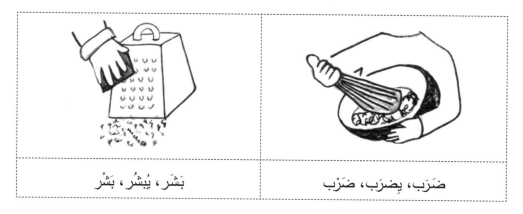

ضَرَب، يِضرَب، ضَرْب	بَشَر، يُبشُر، بَشْر

قَلَى، يِقْلِي، قَلْي

قَلّب، يِقلّب، تَقْلِيب

قَطَع، يِقطَع، قَطْع

قَطَّع، يِقَطَّع، تَقْطِيع

قَشَّر، يِقَشّر، تَقْشِير

سَخَّن، يسخَّن، تسخين

غَلَى، يِغْلِي، غَلَيان

سَلَق، يُسلُق، سَلْق

المشاهد الإضافية

١. اتفرّجوا على المشهد الإضافي الصامت. اختاروا دقيقة أو دقيقتين واعملوا عنوان وسجلوا الكلام اللي ممكن يمشي معاه واعرضوه على زمايلكو في الفصل.

المحادثة في الفصل: عامية الحياة اليومية

راجعوا المفردات الجديدة ومفردات القاموس المصوّر واستخدموها في التمارين:

١. اسألوا مصريين عن مواعيد الفطار والغدا والعشا وبياكلوا إيه عادةً في الوجبات دي. قدموا المعلومات اللي سمعتوها من الناس وقارنوا بين عادات المصريين وعادات الناس في بلادكو.

٢. في مجموعات اتكلموا عن الأكلة المفضلة بالنسبة لكو، إيه هي؟ بتحبوها ليه؟ أكلتوها فين أول مرة؟ بتاكلوها فين؟ وبعدين اوصفوا طريقة عملها.

٣. صوّروا عزومة عندكو في البيت أو عند أصحابكو. اعرضوها على زمايلكو في الفصل واتكلموا عنها.

٤. اتكلموا عن عادات الناس وهمّ بيتفرجوا على الرياضة مع بعض. وإيه هي الماتشات اللي بتحبوا تتفرجوا عليها؟ مع مين؟ بتعملوا إيه؟ إزاي بتعبروا عن الفرح، والإحباط، والغضب، إلخ؟

الجزء الثاني: عامية المثقّفين

اللقاءات

I. لقاء ١ مع د. زينب شاهين

١. اتفرجوا على لقاء ١ د. زينب شاهين وذاكروا المفردات والتعبيرات.

المفردات والتعبيرات

عَقد ج. عُقود	decade
اكتِفاء مَعيشي	self-sufficiency
أخَدَ، ياخُد بعين الاعتبار	to take into consideration
عِبْء ج. أعباء لسه متجوّزين جديد وعليهم أعباء كتيرة.	burden
إشباع ذاتها	fulfilling her needs
مِعيار ج. مَعايير	standard
ماليش دَعوة يعملوا اللي همّ عايزينُه! ماليش دعوة.	it's none of my business

١. **أسئلة الفهم:**

المتحدّثة بتتكلم عن تغيير، إيه هو؟ ______________________________

____

٢. لاحظوا مستوى اللغة:

(أ) إيه المواقف اللي لاحظتوا فيها مزج بين الفصحى والعامية؟ وتفتكروا إيه سبب المزج؟

____

____

(ب) اسمعوا وكمّلوا:

الأسرة حصل __________ __________ جدًا فيها، في __________

و__________. يعني خلال __________ __________ لمسنا __________

__________ في __________ __________ و__________. أولاً،

كانت الأسرة __________. يعني إيه __________؟ يعني __________

و__________ و__________ ولمّا __________ __________

__________، __________ بـ__________ معاه في __________

__________، __________ __________. البنت هي بـ__________

ل__________ __________ و__________ زوجها. أيضًا كان فيه

في __________، التاريخية السابقة، كان الأسرة لها وظايف

__________ جدًا. الأسرة كانت __________ بـ__________ __________،

بـ__________ اكتفاء معيشي من خلال __________ لو كنّا في القطاع الريفي،

بيبقى برضه ليها __________ __________ و__________ __________.

الأسرة كان __________ __________ مهمّ جدًا، مش دايمًا بيؤخذ بعين الاعتبار

اللي هو __________ بـ__________ نوع من __________ __________

لأن لما بيبقى فيه أسرة __________ __________ __________ مع بعض

بـ__________ بعض __________، بـ__________ الأزمات الحياتية. أيضًا

بـ__________ __________ __________. فإذن العبء مابيـ__________

__________ __________ لكن بتشيله __________. فدا طبعًا له دور

نفسي مهمّ جدًا. الأسرة __________. حصل __________ __________

الـ__________، بسبب التحديث. فيه كتير قوي من الأسر __________ لها

__________ من __________ للـ__________. وأيضًا هذا النمط أدّى إلى

__________ في بناء الأسرة. بدل مّا بقت أسرة ممتدة عددها كبير، بقت أسرة

نووية، يعني __________ و__________ والأبناء فقط. وأيضًا كان زمان

الأسرة أدوار أفرادها معروفة. الأم __________ البيت، الزوجة داخل البيت، الإناث

__________ البيت والذكور __________ البيت. الدور الأساسي للمرأة وقتها

إنّ هيّ تقوم بالمَهام __________ وتقوم برعاية الأبناء، الدور الأساسي للأب إن

هو __________ ويوفر سبل المعيشة للأسرة. أيضًا هذا __________. دلوقت

بقت المرأة __________، __________ __________ __________ إطار

البيت وبتحقق ذاتها من خلال __________. يعني زمان كان مفهوم التضحية، أنا

أضحي بـ__________ في سبيل زوجي لأن هي كانت بتستمدّ إشباع ذاتها وتحقيق

ذاتها __________ من خلال __________. يعني حتى زمان كانوا يقولوا لها

إيه؟ مدام فلان الفلاني. معظم الستات كانوا بينعتوا، بيُطلق عليهم اسم أو لقب زوجهم.

دلوقت لأ. ستات كتير قوي بـ__________ وعايزة هي تحقّق __________ زي

ما جوزها بيحقق ذاته وعايزة تحقق نجاحات زي ما هو بيحقق. وأيضًا __________

فيه مشكلة فيما يتعلق بـ__________ الأدوار. يعني أنا دلوقت بـ__________

وبـ__________، وأيضًا لسّه بـ__________ جوا البيت. فكلّ أسرة دلوقت بتكوّن

معاييرها الخاصة. أنا مراتي بـ__________ وأنا بـ__________. لازم أنا زي ما هيّ

__________ برّا البيت وعملت وبـ__________ في دَخْل الأسرة، أنا لازم أدخل

البيت و__________ في __________ المنزلية ورعاية الأبناء. __________

للولاد شوية __________ بتاعتهم، __________ المدارس، __________ النادي

يلْعبوا رياضة، يبقى أنا ليّ دور برضه في المنزل. أسرة تانية تقول لك لأ، أنا ماليش دعوة! أنا . . . هي ________ زي ما هيّ عايزة لكن أنا مش ممكن حاعمل أي شيء جوه البيت لأن أنا ________، و________ ________ حاجة جوا البيت. مالوش دعوة لا بـ________ ولا بـ________ ولا برعاية الأبناء. فيه أسرة تالتة تحاول . . . تعمل مواءَمة. بعض الحاجات، بعض المرات يقول لك أنا بـ________. مايقولش أنا بـ________. مشاركة يبقى معناها أنا وهيّ دا دورنا جوّا البيت وأنا وهيّ بـ________ المتطلبات ________ ________يبْقى أنا وهي برا البيت. يقول لك لأ، أنا حـ________، حاساعد. يعني أنا كريم حاعمل لِكْ حاجة، يعني حاكْرِمِك في مساعدتي لكِ. فإذن الأسرة دلوقت في مرحلة ________ كبير جدًا جدًا.

II. **لقاء ٢ مع د. يحيى الرخاوي:**

١. اتفرّجوا على لقاء ٢ مع د. يحيى الرخاوي وذاكروا المفردات والتعبيرات.

المفردات والتعبيرات

not balanced	مُخِلّ
to be annoyed	اِنْزَعَج، يِنْزَعِج
to be furious	مِتغاظ ، مِتْغاظَة ج. مِتغاظين باكون مِتغاظَة جدًا لما باشوفهم بيتخانقوا.
out of their own will	بِخُطْرُهُم = بِمَزاجهُم
they were forced to do it	غَصْبٍ عنهم يا ترى هم عملوا كدا بخُطْرُهُم، بمزاجهم يعني، ولاّ غَصْبٍ عنهم؟! مش عارفين!
warmth	دِفء

١. **أسئلة الفهم:**

(أ) تفتكروا إيه هو السؤال اللي اتوجّه للدكتور الرخاوي في بداية الحوار؟

(ب) وإيه كان ردُّه على السؤال؟

(ج) د. الرخاوي بيقول إيه على الأهرامات؟

(د) وقال إيه على الشعب المصري؟

٢. **لاحظوا مستوى اللغة:**

(أ) استخرجوا الكلمات اللي نطق فيها المتكلّم صوت القاف واللي اتحوّل فيها لـهمزة.

صوت القاف	تحوّل صوت القاف إلى همزة

(ب) استخرجوا الأفعال المبنية للمجهول اللي المتحدث ذكرها في حديثُه.

III. لقاء ٣ مع د. سميح شعلان

١. اتفرّجوا على لقاء ٣ مع د. سميح شَعلان وذاكروا المفردات والتعبيرات.

المفردات والتعبيرات

اللي حاصِل دلوقتِ . . .	What's going on now is . . .
أبْهَر، يِبْهِر	to amaze
صيغَة ج. صِيَغ	form

١. **أسئلة الفهم:**

(أ) في رأي المتحدّث، ليه الناس بتقلّد بعض؟

____

____

(ب) المتحدّث اتكلّم عن اختلافات بين الناس. هو قال إيه؟

____

____

٢. **لاحظوا مستوى اللغة:**

تفتكروا إيه مستوى اللغة اللي بيتكَلّم بيها المتحدّث؟ ادّوا أمثلة تعزّز رأيكو.

____

____

III. لقاء ٤ مع د. يحيى الرخاوي

١. اتفرّجوا على لقاء ٤ مع د. يحيى الرخاوي وذاكروا المفردات والتعبيرات.

المفردات والتعبيرات

هيّ هيّ/هوّ هوّ الأكل اللي كلناه دا، هو هو اللي كلناه امبارح.	same thing
بَشِع – بَشِعَة ج. بشعة – بشعين أخبار الحرب اللي شُفْتَها دي بَشِعَة.	horrible
مُهْتَرِئ	shabby, worn out
مافيهوش رَصيف	has no sidewalk
الكَدْح إلى وَجْه الله	working hard
بَلَه	stupidity
تَسَيُّب	neglect

٢. أسئلة الفهم:

(أ) د. الرخاوي رأيه إيه في الفضائيات؟

(ب) بيقول إيه عن الدين؟ وإيه رأيه في الطريقة اللي الناس بتتّبعها في الدين؟

٣. لاحظوا مستوى اللغة:

استخرجوا ٦ أفعال ذكرهم المتحدّث في كلامه. حدّدوا مستوى العامية.

__________ __________ __________

__________ __________ __________

اقروا واتناقشوا

١. في البيت اقروا الفقرة دي وعلّقوا عليها في الفصل بعامية المثقفين. ادعموا رأيكم في الموضوع بالأمثلة، وقدموا العبارات والأمثال اللي بتشير إلى الأكل والموقف منه في ثقافتكم. اتناقشوا في الموضوع مستخدمين بعض المفردات والعبارات المظللة من النص.

المطبخ جزء مهم من ثقافة الشعوب

المطبخ جزء من الثقافة ولا يخلو من دلالات حضارية. فمثلاً، تتميز بلاد البحر المتوسط بالضيافة والكرم ويتمّ التعبير عنهما من خلال تقديم الأكلات للضيف والإلحاح عليه بالأكل. ويحترم أهل الشرق الخبز احتراما كبيرًا، فلا يجوز إلقاء الخبز في صفائح المُهملات أو في الطرقات ولا يُداس بالأقدام. ولابد من تعليم الأولاد احترام التغذية والمأكولات. ومن التعبيرات المصرية التي تدل على حُسن العلاقات بين الناس: "زي السمن على العسل" و"أكلنا مع بعض عيش وملح."

٢. اقروا الرسالة دي في البيت. في الفصل في مجموعات واحد يعمل نفسه الطبيب النفسي وزميله يعمل نفسه صاحبة المشكلة. اعملوا الحوار مستخدمين بعض المفردات والعبارات المظللة من النص.

عزيزي المحرر،

أكتب لك هذه الرسالة من حجرة الصالون في شقتي حيث أعيش وأبيتُ منذ فترة غير قصيرة مع طفلي الوحيد بعد أن هجرت زوجي وتركت له غرفة النوم وأصبحنا منفصلين تحت سقف واحد. أكتب إليك لأستشيرك فيما جرى لعلّك تساعدني على سلوك الطريق الصحيح. والحكاية يا سيدي إنني زوجة وأم لطفل. وزوجي شاب مقبول، جمعتني به مشاعر جميلة ولا اعتراض عليه في شيء سوى أنه حاد المزاج جدًا وعصبي جدًا ومتحمّس جدًا في كل شيء. ومن سوء حظي أنه من عشّاق كرة القدم ومن المشجعين المُتعصبين لنادٍ قاهريّ كبير. وهو يحرص على مشاهدة كل مباريات الكرة في التليفزيون بالبيت وخاصة مباريات فريقه. وهنا تبدأ متاعبي، فهو عند مشاهدة المباراة يفقد السيطرة على نفسه وتخرج منه ألفاظ بشعة تخدش الحياء وألفاظ سوقية رهيبة لا يتصوّر أحد أنها صادرة عنه وهو الشاب المثقّف المتعلّم. فإذا هُزم فريقه أسرعت بغلق النوافذ وإحكام البواب لكي لا يسمع الجيران هذه الألفاظ النابية. ويسوء حكمهم على أخلاقياتنا ومستوانا الاجتماعيّ. وبعد المباراة يبدو مُنهكًا كأنه كان يلعب المباراة بقدمه فيتصبب العرق منه وتتلاحق أنفاسه! والكارثة الكبرى تقع حين يُهزم ناديه! ومن سوء حظي وحظ طفلي الوحيد أن ناديه قد هزم هذا الموسم ثلاث مرات. فتخيلوا حالي وما أعانيه في كل مرة من تشنجات عصبية وشتائم تصم الآذان أثناء المباراة. ثم نَكَد وجو صامت حزين بعد المباراة كأننا في مأتم.قد تقول إنها مشكلة ثانوية لا تستحق الاهتمام لكني أقول لك إن هذه المشكلة التافهة قد غيرت حياتي. فقد حاولت كثيرا إصلاحه وتهذيبه ومنعه من التلفّظ بهذه الألفاظ السخيفة لكي لا يعتاد طفلنا على سماعها ولكي لا تتسرّب إلى الجيران خاصة وهو الشاب المثقف المهذب! فلم تجد محاولاتي صدى، فأصبحتُ عندما تُذاع المباراة أجلس بعيدة عنه مع طفلي خوفا منه! إلى أن وَقَعت الواقعة التي لم تكن في حسابي أبدًا.

ففي إحدى المباريات كنت لسوء حظي قد قررتُ أن ألفت نظره إلى ما يفعله فقال لي: "مالكيش دعوة!" ويشاء القدر أن يُحرز الفريق المُنافس هدفًا! فانقلب كالثور الهائج لا تهدأ له حركة. يفرك يديه بعنف ويشد شعره، فانسحبتُ من لساني وقلت له: "مش معقول كدا! دا مش تشجيع

دا!" فإذا به يستدير نحوي في انفعال شديد ثم . . . . ثم . . . . يبصق على وجهي! هل تتخيل يا سيدي! يبصق على وجهي! أنا زوجته وأم طفله وشريكة عمره! أعرف أنه فعل هذا في لحظة انفعال، لكني لا أستطيع أن أغفر له جرحه لكرامتي يا سيدي ولهذا السبب التافه! إنني جريحة الكرامة يا سيدي وأعاني من آلام مبرحة في قلبي ومشاعري ولا أستطيع أن أتصوّر فكرة العيش معه مرة أخرى رغم محاولاته للعودة إليّ. فهل أنا على حق يا سيدي؟ هل أنا على حقّ؟

عبد الوهاب مطاوع، هتاف المعذبين
بريد الأهرام ١٩٩٥

القواعد

المجموعة السابعة:

المجموعة السابعة هي مجموعة الأفعال التي تنتهي بصامتين:CaCC.

المجموعة السابعة (حبّ)

الفعل الماضي

CaCC

حبّ - يِحِبّ

الضمير	الإثبات		النفي	
أنا	حَبّيتْ	Habbeet	ماحَبِّتْش	maHabbitš
اِنتَ	حَبّيتْ	Habbeet	ماحَبِّتْش	maHabbitš
انتِ	حَبّيتِ	Habbeeti	ماحَبِّتْيش	maHabbitiiš
هوَّ	حَبّ	Habb	ماحَبِّش	maHabbiš
هِيّ	حَبِّتْ	Habbit	ماحَبِّتْش	maHabbitš
اِحنا	حَبّينا	Habbeena	ماحَبِّناش	maHabbinaaš
اِنتو	حَبّيتوا	Habbeetu	ماحَبِّتوش	maHabbituuš
هُمّ	حَبّوا	Habbu	ماحَبّوش	maHabbuuš

أفعال تصرّف على نفس النمط في الماضي:

شَدّ – مَدّ – جَرّ – فَكّ – حَطّ – شَكّ – بَصّ – زقّ – عَدّ – حَلّ – خَسّ – حَسّ – بَلّ – سَدّ – لمّ – لفّ – قَصّ – صَبّ – شَمّ – تَفّ – نَفّ – غَشّ

المجموعة السابعة (حبّ)

الفعل المضارع

بِيحِبّ – مابيحِبِّشْ

الضمير	الإثبات		النفي	
أنا	باحِبّ	baHibb	ماباحِبِّشْ	mabaHibbiš
إنتَ	بِتْحِبّ	bitHibb	مابِتْحِبِّشْ	mabitHibbiš
إنتِ	بِتْحِبّي	bitHibbi	مابِتْحِبِّيش	mabitHibbiiš
هوَّ	بِيْحِبّْ	biyHibb	مابِيْحِبِّشْ	mabiyHibbiš
هِيّ	بِتْحِبّْ	bitHibb	مابِتْحِبِّشْ	mabitHibbiš
إحنا	بِنْحِبّْ	binHibb	مابِنْحِبِّشْ	mabinHibbiš
إنتو	بِتْحِبّوا	bitHibbu	مابِتْحِبّوش	mabitHibbuuš
هُمّ	بيحِبّوا	biyHibbu	مابِيْحِبُّوش	mabiyHibbuuš

أفعال تصرّف على نفس النمط في الماضي والمضارع:

شدّ، يشِدّ – مدّ، يمِدّ – عدّ، يعِدّ – حلّ، يحِلّ – خسّ، يخِسّ – حسّ، يحِسّ – بلّ، يبِلّ – سدّ، يسِدّ – لمّ، يلِمّ – لفّ، يلِفّ – شمّ، يشِمّ – تفّ، يتِفّ – نفّ، ينِفّ – غشّ، يغِشّ

بِيحُطّ – مابِيحُطِّشْ

النّفي		الإثبات		الضمير
mabaHuTTiš	ماباحُطِّشْ	baHuTT	باحُطّ	أنا
mabitHuTTiš	مابِتْحُطِّشْ	bitHuTT	بِتْحُطّ	إنتَ
mabitHuTTiiš	مابِتْحُطِّيشْ	bitHuTTi	بِتْحُطّي	إنتِ
mabiyHuTTiš	مابِيْحُطِّشْ	biyHuTT	بِيحُطّ	هوَّ
mabitHuTTiš	مابِتْحُطِّشْ	bitHuTT	بِتْحُطّ	هِيّ
mabinHuTTiš	مابِنْحُطِّشْ	binHuTT	بِنْحُطّ	إحنا
mabitHuTTuuš	مابِتْحُطّوشْ	bitHuTTu	بِتْحُطّوا	إنتو
mabiyHuTTuuš	مابِيْحُطّوشْ	biyHuTTu	بِيْحُطّوا	هُمّ

أفعال تُصرّف على نَفس النّمط:

جَرّ، يجُرّ – فَكّ، يفُكّ – شَكّ، يشُكّ – بصّ، يبُصّ – زقّ، يزُقّ – قصّ، يقُصّ – صبّ، يْصُبّ – كَبّ، يكُبّ

النطق

١. في البيت اسمعوا الجمل اللي على الـ DVD وكرروا، ولاحظوا نطق الأفعال دي، لاحظوا التطويل في آخر الفعل:

(أ) ادعي لي، عندي امتحان الأسبوع الجاي.

(ب) احكى لي إيه اللي حصل.

(ج) ارمى لي الكورة.

(د)	اشتري لي حاجة من السوبر ماركت وانتَ جاي.

(هـ)	اكوي لي القميص دا بسرعة والنبي.

٢.	اسمعوا وكرروا ولاحظوا نطق الأسماء دي، لاحظوا تطويل الحركة اللي في آخر الاسم:

(أ)	السنة دي جريت بسرعة قوي!

(ب)	دي حاجة صعبة قوي بالنسبة لي.

(ج)	كل مرة بنروح الاسكندرية بالأتوبيس، المرة دي عايزين نروح بالقطر.

(د)	حاتسهروا فين الليلة دي؟

الدرس الخامس

مشروع الكوفي شوب

الموضوعات	▪	المقاهي في القاهرة
	▪	التدخين والمدخنون
الوظائف اللغوية	▪	مواصفات لمكان/شخص
	▪	الطلب
	▪	توجيه نصائح
	▪	الاتفاق والاختلاف مع الغير في مناقشة
القواعد	▪	النهي
	▪	بـ + المضارع
الثقافة	▪	القهوة – الكوفي شوب
	▪	التدخين – السجاير – الشيشة
	▪	عادة التدخين عند البنات والستّات
	▪	أغاني الفيديو كليب الهابطة
	▪	طريقة اللبس
	▪	قصيدة البتاع (أحمد فؤاد نجم)
النطق	▪	همزة الوصل
القاموس المصور	▪	الشيشة – القهوة
	▪	الملابس

الجزء الأول: مسلسل "رحلة عبد الله"

عامية الحياة اليومية

"رحلة عبد الله"

I.   اتفرجوا واحكوا (المشاهد الصامتة)

١. اتفرّجوا على المشاهد الصامتة في الفصل واكتبوا الأفكار اللي تيجي في ذهنكم.

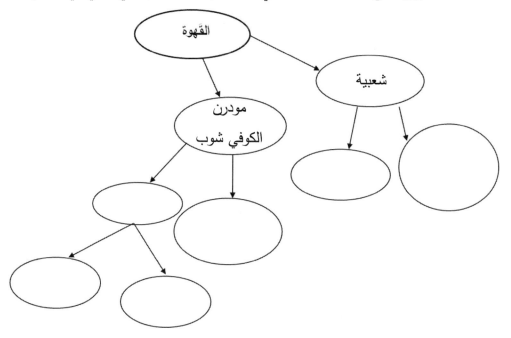

٢. في مجموعات اسألوا زمايلكو:

■   بيقابلوا أصحابهم فين؟

■   وبيعملوا إيه في وقت الفراغ بتاعهم؟ احكو عن خروجة مع الأصحاب.

■   قارنوا بين القهاوي اللي شوفتوها في القاهرة والقهاوي في بلدكو.

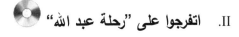

II. اتفرجوا على "رحلة عبد الله"

في البيت اتفرجّوا على "رحلة عبد الله" قبل الرجوع إلى المفردات، وبعدين جاوبوا على أسئلة الفهم اللي على الـ DVD.

III. المفردات والتعبيرات من "رحلة عبد الله"

١. في البيت ذاكروا المفردات والتعبيرات واسمعوا الجمل اللي في الـ DVD واكتبوها. واعملوا تمرين ١ و ٢ على الـ DVD.

المفردات

corner	رُكْن ج أرْكان __________ __________
garden	جِنينَة ج. جَنايِن __________ __________
complaint	شَكْوَى ج. شَكاوي __________ __________
permit	ترخيص ج. تَراخيص __________ __________

connection (person)	واسْطَة ج. وَسايِط
connection (wire)	توصيلَة ج. توصيلات
you (formal, polite)	حَضْرِتَكْ، حَضْرِتِكْ
24-inch TV	تليفزيون ٢٤ بوصة
human being	بني آدَم، بني آدمة ج. بني آدمين
buff, enthusiast	غاوي، غاوْيَة ج. غاويين

client	زُبون ج. زَباين
to be broadcast	اِتْذاع، يِتْذاع
satellite	محطّة ج. محطات فَضائية
to encourage	شَجّع، يِشَجّع، تشجيع على
slogan	شِعار ج. شعارات
to lower	وَطّى، يوَطّي (شيء)
to shout	زَعّق، يزَعّق

a pottery container of tobacco in shisha	حَجَر الشيشة ____________________ ____________________
to quit, stop	بَطَّل، يِبَطَّل، تبطيل ____________________ ____________________
tar, used to refer to something awful, lousy	زفت ____________________ ____________________
to be worried about, concerned	خاف، يِخاف، خُوف على ____________________ ____________________
to breathe	اِتْنَفِّس، يِتْنَفِّسْ
to spoil	فَسَد، يِفْسِد ____________________ ____________________
to work out	نِفِعْ، يِنْفَع ____________________ ____________________

insisting	مُصِرّ، مُصِرّة، مُصِرّين على . . .

التعبيرات

I was just going to say the same thing.	عُمْرَك أطول من عُمْري.
pain in the neck	وَجَع قَلْب/دِماغ
used to express disapproval	أستَغفِرُ الله العَظيم
too many	أكتر من الهَمّ على القلب
a small, tiny place	خُرْم إبرَة

used to draw attention of a group or friends of peers	إيه يا اخوانّا!
God is the provider.	الرّزْق بإيد الله ____________________ ____________________
life after death He is keeping the life after death in mind (rewards and punishments).	آخرة عَمَل، يِعْمِل لآخْرِتُه ____________________ ____________________
Shame on you.	حَرام عليكْ/على + pronominal suffix /اسم ____________________ ____________________
daily bread	أكِّل، يأكِّل عيش، أكل العيش ____________________ ____________________
I agree, but . . .	على عيني وعلى راسي، بس . . . ____________________ ____________________
to reach a compromise, to meet halfway	مِسِكْ، يِمْسِك العَصاية من النُّصّ ____________________ ____________________

ماطْلِعْش من البيضَة ____________________ ____________________	too young

٢. في الفصل في مجموعات راجعوا الجمل اللي كتبتوها وانتو بتذاكروا المفردات والعبارات من على الـ DVD في البيت.

٣. اختاروا خمس عبارات من جدول التعبيرات اللي في الـ DVD واستخدموها في موقف حاتمثلوه مع زميل/زميلة في الفصل. مثلاً:

قاعدين مع بعض في القهوة – بيسترجعوا ذكريات قديمة

٤. اكتبوا كل مفردة وعبارة جديدة على كارت. حطوا كل الكروت مع بعض وبعدين كلّ واحد يسحب كارت ويحاول يشرح الكلمة أو العبارة اللي فيه لزمايله من غير ما يقولها. وعلى كل الطلاب الباقيين تخمين الكلمة أو العبارة اللي في الكارت.

٥. اختاروا الكلمة اللي ممكن نستخدمها مع كل فعل في الجدول:

خاف	غاوي – غاوية	عَمَل	وَطّى	
				شعارات
				على ابنه الصغير
				ستّات
				أفلام رومانسية

				ريجيم
				التكييف
				يعدّي الشارع الزحمة
				قراية
				لآخرِتُه
				التليفزيون
				صوتُه
				شاي

٦. فكروا في الأفعال اللي ممكن نستخدمها مع الأسماء دي. وبعدين احكوا حكاية واستخدموا فيها نفس الأفعال والأسماء.

▪ حجر الشيشة	▪ ماتش كورة	▪ تليفزيون ٢١ بوصة	▪ ترخيص

٧. يقوم الطلاب بإحضار بعض الصور للعيلة ويعرضوها في الفصل ويقوموا بالتعليق عليها. مثلا:

فُلان دا ... وهو دلوقت بـ ... وكان ...

استخدموا أكبر قدر ممكن من الأفعال اللي درستوها.

IV. **أسئلة الفهم الدقيق على "رحلة عبد الله"**
ناقشوا في مجموعات:

١. إيه مواصَفات المكان اللي سامية عايزاه للكوفي شوب؟
٢. إيه الحاجات اللي الشُّركا اتفقوا عليها وإيه الحاجات اللي اختلفوا عليها؟
٣. إزاي كلّ واحدّ برّر وجهة نظرُه؟
٤. اتكلموا عن صلاح.
٥. اتكلّموا عن يحيى.
٦. شوفوا المشهدين مرّة تانية واستخرجوا العبارات اللي فهمنا منها الاتفاق مع شخص والاختلاف معاه.
٧. اوصفوا المكان اللي سامية وعبد الله وأصحابهم قاعدين فيه.
٨. اتفرجوا على المشهد التاني وخمنوا معنى عبارة "ما فيش نَصّ."

V. **الإشارات الثقافية من "رحلة عبد الله"**

لاحظوا واتناقْشوا حوالين:

١. انطباعاتكو عن الشباب اللي بيقعدوا في الكافيهات.
٢. الفيديو الكليب العربي؛ اتفرجوا مثلاً على هيفاء وهبي، وروبي، وأبو الليف واتكلموا عن انطباعاتكو. إيه الفرق بين الأغاني دي والأغاني الغربية الخفيفة؟
٣. التدخين في الكافيهات؛ لاحظوا كمان تدخين الستّات.
٤. العادات السلبية والإيجابية اللي بتشوفوها في الكافيهات؛ وقارنوا بينها وبين اللي بتشوفوه في بلادكو.
٥. المزيكا العالية اللي بتسمعوها في كل مكان.
٦. العبارات دي: "يا عمّ،" "يا شيخ،" "يا اخوانّا." مين بيقولها لمين وفي أي مناسبة؟
٧. القراية؛ اسألوا المصريين أصحابكو عن هواياتهم وحاولوا تعرفوا القراية أهميتها إيه بالنسبة لهم.
٨. حوالين استخدام كلمة 'بتاع.' مين بيستخدمها؟ وفي أي سياق/سياقات؟ إيه

الحاجات اللي بنقول عليها البتاع؟ وامتى؟

اقروا الجزء دا من قصيدة "البتاع" وفكروا في معاني 'البتاع.' واسألوا مصريين عن شاعر "البتاع" أحمد فؤاد نجم، ودوّروا على معلومات عنه وعن قصيدة البتاع. حاولوا تعرفوا كتبها سنة كام؟ والقصيدة دي مرتبطة بأي فترة من تاريخ مصر؟ فكروا واتناقشوا إيه المقصود بـ 'البتاع' في كل سطر.

وناس تعيش بالبتاع

وناس تموت بالفول

وناس تنام ع البتاع

وناس تنام كشكول

آدي اللي جابُه البتاع

جاب الخراب بالطول

لأنه حتة بتاع

باع البتاع بالبتاع!

وفات في غيط البتاع

قام سمّم المحصول

وخلّى لون البتاع

أصفر حزين مهزول

وساد قانون البتاع

القواعد

في البيت ذاكروا القواعد من الـ DVD. في الفصل اعملوا التمارين على القواعد (التركيز على الصحة اللغوية).

I. النهي

ذاكروا قواعد النهي وجداول الأفعال في البيت من الـ DVD.

للتعبير عن النهي ممكن استخدام تعبيرات أخرى حسب درجة النهي. يتمّ استبدال ’ما‘ بما يلي:

- بَلاش + المضارع من غير ’بـ‘
- أوعَى/أوعِي/أوعُوا + المضارع من غير ’بـ‘
- إيّاكْ/إيّاكي/إيّاكوا + المضارع من غير ’بـ‘

أمثلة: النهي اللي في ’اوعى تكتب‘ أقوى من النهي في ’ماتكتبش.‘

ماتِكْتِبْشْ ماتِكْتِبيشْ ماتِكْتِبوشْ	أوعَى تِكْتِبْ أوعِي تِكْتِبي أوعوا تِكْتِبوا
ماتِفْهَمْشْ ماتِفْهَميشْ ماتِفْهَموشْ	أوعَى تِفْهَمْ أوعِي تِفْهَمِي أوعوا تِفْهَموا

ماتُدْخُلْشْ ماتُدخُليشْ ماتُدخُلوشْ	إيّاكْ تُدْخُلْ إيّاكي تُدْخُلِي إيّاكوا تُدخُلوا
ماتْسافِرش ماتْسافْريش ماتْسافْروش	أوعَى تِسافِر أوعِي تِسافْري أوعُوا تِسافْروا
ماتْنامش ماتْناميش ماتْناموش	بلاش تِنام بلاشْ تِنامي بلاشْ تِناموا
ماتْقولش ماتْقوليش ماتْقولوش	إيّاكْ تِقولْ إيّاكي تِقولي إيّاكو تِقولوا
ماتْبيعش ماتْبيعيش ماتْبيعوش	أوعَى تِبيعْ أوعِي تِبيعِي أوعُوا تِبيعوا
ماتِقراش ماتقْرِيش ماتقْروش	بلاش تِقرا بلاش تِقْرِي بلاش تِقْروا
ماتِمشيش ماتِمشيش ماتِمشوش	إيّاكْ تِمْشي إيّاكِي تِمْشي إيّاكو تِمْشوا

ماتِصحاش	بلاشْ تِصْحَى
ماتِصْحِيش	بلاشْ تِصْحِي
ماتِصْحوش	بلاش تِصْحوا

للتعبير عن الطلب:

- عايز / عايْزة / عايزين + مضارع بدون 'بـ'
- ممكن / ضروري / لازم / مُهمّ + المضارع بدون 'بـ'
- حاوِل / حاوْلِي / حاولوا + المضارع بدون 'بـ'
- مِن فَضْلَك / من فَضْلِك / من فضْلُكو + المضارع بدون 'بـ'
- الله يخلّيكْ / يِخَلّيكي / يخلّيكو + مضارع بدون 'بـ'

في الفصل: اطلبوا طلبات من بعض باستخدام التعبيرات دي + الأفعال.

في الفصل استعملوا الأمر والنهي:

١. زميلك جاي القاهرة أول مرّة. اِديلُه نَصايح بِحُكْم خبرتك في القاهرة. إيه الحاجات اللي يعملها وإيه الحاجات اللي مايعملهاش.

٢. صاحبك بيدخّن كتير. انصحه يبطّل تدخين واقنعه. فكروا في ردّ الصديق المدخّن.

٣. ابن الجيران عنده ١٥ سنة وبيحب المزيكا قوي وموهوب في اللعب على الطبلة، وبيكره المدرسة والمدرّسين كلهم وقرّر مايروحش المدرسة وعايز يشتغل. انصحوه يرجع المدرسة.

١. مديحة حامل لأول مرة. وبنت عمها اللي
عندها ولد وبنت بتنصحها. تفتكروا
بتقول لها إيه؟
في مجموعات من اتنين، اعملوا حوار
بين مديحة وبنت عمها.

II.   **وظائف بـ + المضارع**

1. The imperfect with the prefix [bi] describes an action that is taking place at the moment of speaking:

أحمد بيشرب شاي دلوقتِ.

2. The [bi] imperfect is also used to express general statements or facts, habitual actions or states.

أحمد بيشرب شاي كل يوم الصبح.

3. The negative is formed by [ma . . . š], and also miš + imperfect:

أحمد مابيشربش دلوقتِ/أبدًا.

أحمد مش بيشرب دلوقتِ/أبدًا.

١.   في مجموعات استعملوا بـ + مضارع. كل واحد يوصف البرنامج اليومي بتاعه
لزميله أو لزميلته.

■ باصحى كل يوم الساعة . . . المنبّه بيرنّ . . .

٢. في مجموعات استعملوا لازم يكون/تكون. كل واحد يحكي لزميله المواصفات اللي لازم تكون في العربية اللي عايز يشتريها.

٣. كل واحد يحكي لزميله المواصفات اللي لازم تكون في الشخص اللي حينزل معاه في الشقّة لمدّة سنة.

٤. شوفوا الصور دي واحكوا هي/هو بتعمل/بيعمل إيه دلوقتِ. وبعدين اربطوا الأفعال بقصة صغيّرة.

I ♡ SCHOOL

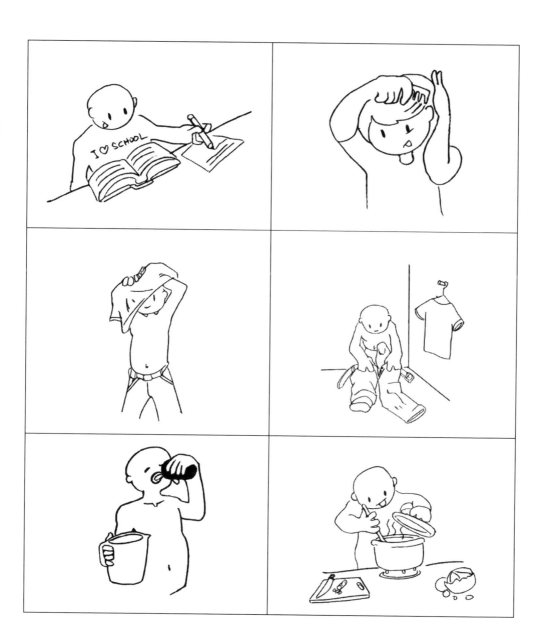

المشاهد الإضافية

اتفرّجوا على المشهد الإضافي ١ واحكوا لزمايلكو عن اللي شوفتوه.

المحادثة في الفصل: عامية الحياة اليومية

راجعوا المفردات الجديدة ومفردات القاموس المصوّر واستخدموها في التمارين دي.

١. إيه هي أهمّ حاجات في رأيكم اللي تنجّح مشروع استثماري؟ وليه؟

فلوس كتير – مكان جميل – مدير متعلِّم ومُثقّف – شركاء متفاهمين – واسطة قوية

٢. الحكومة قرّرت تمنع التدخين في كلّ 'الكوفي شوبس' اللي في القاهرة. قسّموا الفصل مجموعتين، مجموعة تتبنّى وجهة النظر اللي بتقول: من حقّي يكون ليّ مكان أدخن فيه. والمجموعة التانية تقول إن دا قرار صحّ ومش من حق حدّ إنه يدخن في مكان عام. اعملوا مناظرة قصيرة.

٣. مع زميل / زميلة: صاحبك بيدوّر على شُغل. انت قريت إعلان عن وظيفة، وشايف إن صاحبك شخص مناسب للوظيفة دي. كلّمه في التلفون وبلّغه عن مضمون الوظيفة (من الفصحى للعامية).

اعملوا الحوار على التليفون:

- آلو، ....
- آلو، أهلاً يا ... إيه أخبارك؟

مطلوب مدير ومندوب تسويق السن لا يزيد عن ٤٠ عام. يُفضّل يكون من ساكني مصر الجديدة أو مدينة نصر أو التجمّع الخامس. خبرة لا تقل عن ست سنوات. لديه رخصة قيادة. يشترط الالتزام. العمولة كبيرة.

١. النُّص التاني: قسموا نفسكو مجموعات وشوفوا مين العريس اللي يكون مناسب للعروسة اللي في الإعلان دا، وليه؟

استخدموا تعبيرات زي:

يُستَحسَن - يُفضّل - يا ريت تكون/يكون - لازم يكون/ تكون - لازم مايكونش/ ماتكونش

هوّ	هيّ
(م. ع) ٣٥ سنة يسكن في القاهرة – أعزب – جامعي – مركز مرموق – ميسور الحال – طويل – شخصية محترمة – عنده شقة	(ع. ر.) الإسماعيلية – ٢٦ سنة – آنسة – مؤهل متوسط – متدينة – مقبولة الشكل – علي خُلُق – من أصل طيب – ترغب في الاستقرار.

(ش. ز) ٣٠ سنة – أرمل – مؤهل عال – مركز محترم – شخصية محترمة – مُتدين – طويل – لديه شقة في بيت الأسرة – يقدّس الحياة الزوجية – ليس له أولاد	(أ. ح.) الهرم – ٣٣ سنة – آنسة – مؤهل عال – لديها دخل ثابت – بيضاء – جذابة – ملفوفة القوام – من أسرة محترمة – لديها سيارة جديدة
(ح. ف.) ٤٠ سنة – أعزب – مؤهل عال – وسيم – لا يدخن – مرح – بصحة جيدة – لديه شقة في مدينة نصر	(أ. أ.) مرسي مطروح – ٢٦ سنة – آنسة – مُدرّسة – خفيفة الظل – ملفوفة القوام – متدينة – تشارك في الأثاث
(م. م.) الإسكندرية – ٣٤ سنة – مطلّق وله طفل – موظف – طويل – مرح – على خلق – مُتديّن – لديه شقة في الإسكندرية وممكن ينتقل إلى القاهرة	(أ. م.) المهندسين – ٢٩ سنة – مُطلّقة – مدرسة – قصيرة القوام – هادئة – مرحة – بيضاء – علي خلق– رشيقة – تشارك في الأثاث ولديها بعض الكماليات

٥. فكروا في مشروع استثماري في القاهرة تحبّوا تعملوه وقدّموه لزمايلكو في الفصل.

الجزء الثاني: عامية المثقّفين

اللقاءات

I. لقاء ١ مع د. حامد عطية

١. اتفرجوا على لقاء ١ مع د. حامد عطية في البيت وذاكروا المفردات والتعبيرات.

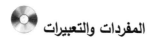

المفردات والتعبيرات

تُختَزَن	to be stored
في حِجْر أمُّه	in his mother's lap
حاش، يحوش	to prevent
اللي بيزيد ويشعلل	to make matters worse

٢. اسمعوا اللقاء (من الأول إلى الدقيقة ٣:٠٤) وكمّلوا:

__________ __________ مقرونة ببعض __________ __________ بـ__________

__________ وخصوصًا حينما __________ التدخين. __________ __________ إن

عادة __________، وأنا بأقول عادة التدخين، بتُختزن من __________ __________

والـ__________ قالت – بتاعة __________ __________ __________ – إن التدخين

بيُختزن في الطفل من وعمره ثلاث سنوات. متى، حينما __________ و__________ في أسرة

فيها أب __________ أو أمّ مدخّنة أو أخ مدخّن. وهو __________ في __________ أمه وفي

البيت فيه التليفزيون، __________ على البرامج التليفزيونية و__________ فيها __________

التدخين التي __________ الشاشات. الله! __________ من البيت __________ برّا في

الشارع في النادي في أي مكان __________ الناس كلّها بـ__________، يوصل عمر سن

المدرسة _____ المدرّسين بـ_____، الله! يخشّ أي محلّ، يروح _____ _____ الطبيب بيدخّن. يبقى من هنا _____ عنده _____ في _____ عادة التدخين. في المقابل مع الأسف الشديد _____ إن فيه برنامج _____ _____ من _____! أو إنّ فيه ناس بتقول "من فضلك،" غير مدخن بيحوش مدخّن من حواليه، بيقول له "من _____ _____ في الحتّة اللي أنا قاعِد فيها." _____ إن فيه مكتب أو فيه مكان عمل أو فيه نادي فيه حدّ بـ . . . فيه صوت بيقول "_____ _____ _____!" الصوت _____ حواليه في _____ هو صوت _____.

ومن هنا ينشأ الرغبة عند الطفل. اللي بيزيد ويشعلل هذا بقى، حينما _____ في سن المراهقة و_____ _____ أو يلاقي _____ أو يلاقي زميله في المدرسة _____. أصدقاء _____ هم دا العامل الرهيب في الرغبة في المدخن. ٩٠٪ من سبب التدخين لأي شاب هو _____، ٧٠٪ هو الأب أو الأم أو الأخ في الأسرة، ٦٠٪ على المدرس. دي _____ _____ بتِتقال، ليه الشاب دا بـ_____ على التدخين. فيه معلومة تانية عايز أقولها خطيرة جدًا، أنا باقول إن عادة التدخين بـ_____ عند الطفل، آخر ما قرأته هو التالي: أن _____ هو مرض من _____ الطفولة ويـ_____ عبر شاشات التليفزيون.

٣. لاحظوا مستوى اللغة:

استخرجوا كل الأفعال اللي قالها المتحدّث بالفصحى.

_____ _____ _____ _____

II.   لقاء ٢ مع د. حلمي سلام

١.   اتفرجوا على لقاء ٢ مع د. حلمي سلام في البيت وذاكروا المفردات والتعبيرات.

المفردات والتعبيرات

to keep in mind	وضع نُصب عينيه
incentive	حافِز ج. حوافِز
facilitation	تيسير
exchange rate	سعر الصرف
floating	تعويم

٢.   أسئلة الفهم:

(أ)   إيه هي الأساليب اللي ممكن تتبعها البلاد اللي عايزة تجذب الاستثمار؟

_____

_____

(ب)   إيه هي الحاجات اللي بتسبب قلق للمستثمر الأجنبي حسب كلام المتحدث؟

_____

_____

٣.   لاحظوا مستوى اللغة:

إيه اللي بتلاحظوه في أسلوب حديث د. عبد الباقي؟ إيه التحديات اللي واجهتكوا في فهم كلامه؟

_____

_____

III.   لقاء ٣ مع د. حامد عطية

١.   اتفرجوا على لقاء ٣ مع د. حامد عطية في البيت وذاكروا المفردات والتعبيرات.

المفردات والتعبيرات

to multiply	ضَرَب، يِضرب في
imagine	لكَ أنْ تتخيّل
inhale	اِستَنْشَق، يستنشق، استنشاق
symptoms	عَرَض ج. أعراض المرض
to fall down	طَبّ، يطُبّ

٢.   أسئلة الفهم:

(أ)   المتحدّث بيوجّه كلامه لمين؟ وبيطلب منهم إيه؟

_____

_____

(ب)   إيه الفرق بين تدخين السجاير وتدخين الشيشة حسب الدكتور حامد عطيّة؟

_____

_____

٣.   لاحظوا مستوى اللغة:

(أ)   استخرجوا الكلمات اللي نطق فيها المتكلّم صوت الـ 'ق' واللي اتحوّل فيها لهمزة.

تحوّل صوت الـ 'ق' إلى همزة	صوت الـ 'ق'

(ب) الدكتور محمد عطية بيبدأ كلامه بـ "الأبحاث بتقول . . . "

فكروا في الجملة دي وقرروا هي أقرب للفصحى ولا للعامية، وليه. فكروا الجملة دي اسمية ولا فعلية. لاحظوا الأصوات المستخدمة.

اقروا واتناقشوا

١. اقروا الحكاية دي في البيت واحكوا عنها بالعامية لزمايلكو في الفصل من غير ما ترجعوا للنص، وبعدين اتناقشوا في الموضوع:

أنا شاب أحمل مؤهلاً عاليًا وأعمل بوظيفة طيّبة بالقاهرة، وقد تعرّفت على زوجتي في أحد النوادي الرياضية لأني أصلاً رياضي. وقد أعجبني فيها أنها هادئة ورومانسية كما بدت لي خلال التعارف. فتزوجتها بعد فترة قصيرة وبدأت حياتي معها، وحاولتُ كزوج وربّ أسرة أن أكون مثاليًا معها وأن أُلبّي كل طلبات بيتي وزوجتي. لكن مشكلتي باختصار هي أن زوجتي مدخّنة شرِهة. ولا أنكر أنني أيضا مُدخّن وإن كان معدّل تدخيني أقلّ بكثير من معدّل تدخين زوجتي.
وللحق، فإن زوجتي كانت تدخّن حين تعرّفتُ بها، ولكني اعتبرت ذلك شيئا من المَدَنيّة والحضارة!! فغالبية من يترددن على النادي من السيدات والآنسات يدخنّ. لم أشعر بأن ذلك سيتسبب في مشكلة حادة إلا بعد أن أنجبنا طفلا عمره الآن ٣ سنوات. لهذا قد حاولت إقناعها بالإقلاع عن التدخين حرصا على صحّتها وعلى صحّة طفلنا وفشلتُ. امتَنَعتُ أنا عن التدخين لكي أشجعها ولكنّها لم تمتنع، بل ولم تحاول. إلى أن حَدَثَ ذات يوم ووجدت طفلي يمسك في يده سيجارة

ويحاول إشعالها بولاّعة السجائر، فأخذت السيجارة والولاّعة من يديه ونهرته وحذّرته من العقاب الشديد إذا عاود هذا مرة أخرى. وبعد ذلك بعدّة أيام عدتُ من عملي إلى البيت وقت الأصيل فسألت زوجتي عن طفلي فأشارت بيدها مما يفيد أنه يلعب في الشرفة، فتوجهت إليه لأداعبه ففوجئتُ به جالسا في الطرف البعيد من الشرفة وفي يده سيجارة مشتعلة يضعها في فمه وينفخ فيها!! فثُرتُ عليه ثورة شديدة ونزعت السيجارة منه وانهلت عليه لومًا وتوبيخًا، فانفجر في البكاء ولم يجد ما يدافع به عن نفسه سوى أن يقول: "اشمعنى ماما." فهدأت ثورتي قليلاً واحتضنته وقلت له وأنا أحاول أن أتمالك نفسي أن ماما مريضة وأن الطبيب يعالجها بتدخين السجائر! إنها حين تشفى من مرضها سوف تمتنع عن التدخين نهائيا لأن السجائر ضارة بالصحة. وهدأ الطفل قليلاً ولكن نفسي لم تهدأ فعدتُ إلى زوجتي لأناقشها في الأمر وأمرتها أن تمتنع عن التدخين نهائيًا واحتدت المناقشة بيننا فمدت يدها بآلية إلى علبة السجائر لتشعل سيجارة فخطفت علبة السجائر من أمامها ورفضت أن أعطيها لها فتشاتمنا . . .

عبد الوهاب مطاوع، بريد الأهرام

الأهرام، يونيو ١٩٩٦

(أ) في مجموعات: حاولوا تتخيّلوا نهايات مختلفة لهذه القصة.

(ب) في مجموعات: طالب يقوم بدور المحرر اللي حيردّ على الرسالة وزميله حيقوم بدور صاحب المشكلة.

(ج) احكوا الحكاية مرة تانية على لسان الزوجة الأم. حتحكوا الحكاية إزاي؟

٢. اقروا الخبر دا واحكوه بالعامية:

يطلّق زوجته لتدخينها السجائر دون علمه

والمحكمة تقضي بحرمانها من النفقة لأن الطلاق وقع بسببها

كتبت: فاطمة الدسوقي

قضت محكمة استئناف القاهرة للأحوال الشخصية برفض دعوى نفقة متعة أقامتها ربّة منزل ضد زوجها الموظف لأنه طلّقها غيابيًا وبدون رضاها عندما اكتشف عن طريق المصادفة أنها تدخّن السجائر في الخفاء دون علمه وأنها تضغط على أبنائها الثلاثة للتستر عليها أمام أبيهم. وقالت المحكمة إن هذه الزوجة لا تستحقّ نفقة المتعة لأن الطلاق وقع بسببها وأنها أخفت على زوجها أنها تدخن السجائر لمدة ١٥ سنة بالإضافة إلى أن شهود الزوج أكدوا أنها كانت دائمًا عصبية المزاج. وقد تبين أن الزوج الذي يعمل مهندسًا زراعيًا بإحدى الوزارات اكتشف بالصدفة أن زوجته تدخن بشراهة وذلك عندما عاد إلى منزله عقب شعوره بمغص كلوي مفاجئ وهو في عمله قبل موعد عودته المعتاد بثلاث ساعات ودخل شقته دون أن تشعر زوجته ففوجئ بها تدخن داخل غرفة نومها وبجوارها ثلاث علب سجائر! وكانت المفاجاة عندما أكدت له أنها تدخن منذ ١٥ عاما وأنها كانت تتخلّص من آثار رائحتها قبل حضوره إلى المنزل وأنها كانت تغري أولادها بالمال ليتستروا عليها فقام الزوج بتطليقها غيابيًا بعد أن ترك منزل الزوجية.

جريدة الأهرام، مايو ٢٠٠٧

٣. اقروا الرسالة دي:

الطريق الآخر

أنا شابة في الخامسة والعشرين من عمري. حصلت على دبلوم التجارة وبدأت أبحث عن عمل واستطعت الحصول على وظيفة سكرتيرة في شركة صغيرة لتوظيف الأموال بمرتب مائة جنيه في الشهر وفرحت بهذا العمل كثيرًا وكنت أعمل ساعات عمل إضافية لأنال رضا رئيسي،

وأؤدي كل مهمة أكلف بها بإخلاص وحماس ورضي رئيسي عن عملي فرفع مرتبي إلى ١٥٠ جنيها وسعدت بذلك كثيرا وتغيرت نظرتي للحياة وأصبح مظهري لائقًا وارتديت الحجاب تعبيرًا عن شكري لنعمة الله علي وبدأت أتفاءل بالمستقبل. وخلال فترة كنت سأدخر مبلغا لا بأس به لزواجي إذا كتب لي الزواج. لكن دوام الحال من المحال كما يقولون. فبعد عامين ونصف من عملي بهذه الشركة، فوجئنا بالشرطة تلقي القبض على صاحبها. وتبين أنه كان قد استولى على أموال الناس واستثمرها في مشاريع وهمية. وهكذا أغلقت الشركة أبوابها ووجدت نفسي مع زملائي في الشارع. بعد ذلك أمضيت عدة أسابيع في البيت لا أقرأ من الجرائد إلا أبواب التوظيف وحفيت قدماي من الذهاب إلى الشركات والمؤسسات لتقديم طلب للعمل بلا فائدة.

ومرت الشهور ثقيلة بطيئة وما ادخرت بدأ يتلاشى. وذات صباح قرأت إعلانًا في الجريدة عن كازينو يطلب مضيفات للعمل به. وتوقفت أمامه طويلاً لكنني في النهاية توجهت إلى العنوان المذكور في الإعلان وتقدمت للمسئول في الكازينو طالبة الوظيفة، وتفحصني المدير بنظرة ذات معنى. وكنت سأخرج من مكتبه لكنني تذكرت ما ينتظرني في الخارج فقلت له إن حجابي ليس مشكلة لأنني سأخلعه في العمل وأرتديه عند خروجي منه. والعجيب أنه أشفق عليّ وأدرك مدى احتياجي للعمل فوافق على تعييني. وعندما عدت إلى البيت كنت سأخبر أبي وأمي عما حصل لكنني وجدت نفسي معقودة اللسان فقلت لهم في النهاية إنني وجدت عملاً كسكرتيرة في شركة صغيرة. وفي اليوم التالي توجهت إلى عملي الجديد حاملة معي فستانا من فساتيني القديمة قبل التحجب ودخلت إلى غرفة تغيير الملابس ولبسته ثم خرجت إلى العمل أحمل المشروبات للرواد وأتنقل بين الموائد وأتلقى النظرات الجائعة ومداعبات السكارى سبع ساعات كاملة. وبعد ذلك رجعت إلى غرفة اللبس وخلعت الفستان القصير ولبست ملابسي المحتشمة وانصرفت مهتزة الأعصاب وعدتُ إلى البيت وبكيت بكاءً مريرًا واعتزمت ألا أعود إلى هذا المكان مرة أخرى ونمت باكية. لكنني في الصباح وجدت نفسي أنهض وأتوجه إلى عملي الجديد. وهكذا مرت الأيام. كل يوم أقرر أن أترك هذا العمل وأنام باكية لكنني في الصباح أنهض إليه كأنني إنسانة أخرى. سبعة شهور كاملة يا سيدي وأنا

أمارس هذا العمل. أكرهه وفي نفس الوقت أخاف أن أفقد دخلي منه فهو موردي الوحيد. فماذا أفعل؟

بتصرف من كتاب "نهر الحياة،" عبد الوهاب مطاوع

دار الشروق، الطبعة الرابعة، ٢٠٠٤

في مجموعات من اتنين، حدّ يمثل دور صاحبة المشكلة وحدّ ينصحها تعمل إيه.

القواعد

النهي

الضمير	الأمر	النهي
انتَ انتِ انتو	اِكتِب اِكْتِبي اِكْتِبوا	ماتِكْتِبْش ماتِكْتِبيشْ ماتِكْتِبوشْ
انتَ انتِ انتو	اِفْهَمْ اِفْهَمِي اِفْهَموا	ماتِفْهَمْش ماتِفْهَميش ماتِفْهَموشْ
انتَ انتِ انتو	اُدْخُل اُدْخُلي اُدْخُلوا	ماتُدْخُلْش ماتُدخُليشْ ماتُدخُلوشْ

انتَ انتِ انتو	سافِر سافْري سافْروا	ماتْسافِرْش ماتْسافْريش ماتسافْروش
انتَ انتِ انتو	نام نامي ناموا	ماتْنامْش ماتْناميش ماتْناموش
انتَ انتِ انتو	قول قولي قولوا	ماتْقُلش ماتْقُليش ماتْقُلوش
انتَ انتِ انتو	بيع بيعي بيعوا	ماتْبِعش ماتْبِعيش ماتْبِعوش
انتَ انتِ انتو	اِقْرا اِقْرِي اِقْروا	ماتِقْراش ماتِقْريش ماتِقْروش
انتَ انتِ انتو	اِمْشي اِمْشي اِمْشوا	ماتِمْشيش ماتِمْشيش ماتِمْشوش
انتَ انتِ انتو	اِصْحَى اِصْحِي اِصْحوا	ماتِصحاشْ ماتِصْحيش ماتِصحوشْ

بـ + المضارع

همّ دايمًا بيعملوا إيه؟ همّ بيعملوا إيه دلوقتِ؟

بيِسأل سوّاق التاكسي. بيتكلّم معاه.	بيِتْفَرّجوا على الهدوم.
بِتُكْنُس / بتنَضَّف السجادة.	بيْنَضَّف / بيلمّع / بيمسَح العربية.

بتْسَرّح شعرها. بِتِتْسرّح.	بِتْقُصّ صورة من الجرنال.
بيرسِموا.	بيِشْرَب الشاي.
بيِفُكّ المُسمار.	بيِزَعَّقُوا/بِيتْخانْقوا مع بعض.

بيْصَلَّح العربية. بيِكشِف على العربية.	بيسَلِّموا على بعض.
بيِحْلَق دَقْنُه.	بيِبْتَسِم. بيِتصَوَّر. بيِبُصّ للكاميرا.

النطق

في البيت اسمعوا الجمل اللي على الـ DVD وكرروا، ولاحظوا نطق همزات الوصل.

١. **اِحنا واِنتو** زي بعض بالظبط.

٢. أنا **واِنتِ** حنسافر شرم الشيخ مع الجامعة.

٣. أنا **اللي** ساكنة جنبه في نفس الشارع.

٤. عندي **امتحان** بكرة.

٥. عنده امتحان بكرة.

٦. وأنا كمان عندي امتحان.

٧. أنا وابني وابن اختي سافرنا مع بعض.

٨. أنا وهمّ زُرنا القلعة اللي بناها صلاح الدين. عجَبِتهُم قوي.

٩. اللي اختشوا ماتوا.

١٠. هي اتولدت وعاشت في القاهرة.

الدرس السادس

مدرسة أحمد الجديدة

الموضوعات	▪ التعليم في مصر ▪ الثانوية العامة
الوظائف اللغوية	▪ إبداء الدهشة والتعجب ▪ الموافقة والاختلاف في الرأي مع حدّ
القواعد	▪ اسم الفاعل ▪ 'بـ' + مضارع ▪ الضماير المتصلة بالأفعال
الثقافة	▪ نظام التعليم قبل الجامعي في مصر ▪ نظام التعليم الجامعي ▪ الثانوية العامة ▪ نظرة الطلاب للأستاذ ▪ الدروس الخصوصية ومرتّبات المدرسين ▪ الواسطة/الكوسة
النطق	▪ نطق الإضافة – همزة الوصل وهمزة القطع
القاموس المصور	▪ الأدوات المدرسية

الجزء الأول: مسلسل "رحلة عبد الله"

عامية الحياة اليومية

"رحلة عبد الله"

I. اتفرجوا واحكوا (المشاهد الصامتة)

١. اتفرّجوا على المشاهد الصامتة في الفصل واكتبوا الأفكار اللي تيجي في ذهنكم.

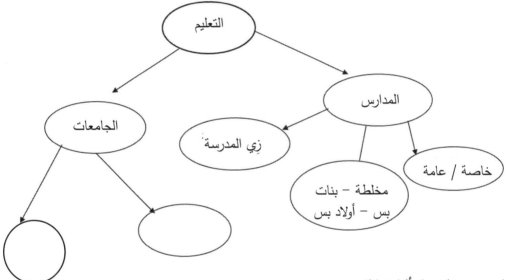

في مجموعات: اسألوا زمايلكو عن

نظام التعليم اللي كانوا فيه وتجاربهم في التعليم بشكل عام.

II. اتفرجوا على "رحلة عبد الله" في البيت

اتفرجّوا على "رحلة عبد الله" بدون الرجوع إلى المفردات، وبعدين جاوبوا على أسئلة الفهم اللي على الـ DVD.

III. المفردات والتعبيرات من "رحلة عبد الله"

١. في البيت ذاكروا المفردات والتعبيرات واسمعوا الجمل اللي في الـ DVD واكتبوها. واعملوا تمرين ١ و٢ على الـ DVD.

المفردات

الكثافة ________________ ________________	density
ضِعْف ج. أضعاف ________________ ________________	double
حِفِظ، يِحْفَظ، حِفظ ________________ ________________	to memorize
لفّ، يلِفّ على ________________ ________________	to go all around looking for . . .
إرسال ________________ ________________	network, coverage

apply for someone	قدّم، يقدّم، تَقْدِيم (لـ(حدّ) في . . .)
to give someone a complex	عقّد، يعقّد، تعقيد (حدّ)
grades, academic record	مجموع ج. مَجاميع
fees	مصاريف
installment	قِسط ج. أقساط
long way, road ahead	مشوار ج. مشاوير

التعبيرات

exclamation of amazement	سبحان الله! __________ __________
I swear to God.	والله العظيم! __________ __________
It's out of my hands. It's not my call.	ما باليدّ حيلة. __________ __________
I wish I could help you.	كان نفسنا نخدمك! __________ __________
As if I don't already have enough problems	هي ناقصة! __________ __________
The Lord works in mysterious ways.	الخير فيما اختاره الله. __________ __________

وَجَع الدماغ ________________________ ________________________	It's a total drag, nuisance.
تنوّر ________________________ ________________________	It's always a pleasure (said to a visitor, a caller).

١. في الفصل راجعوا المفردات والعبارات اللي كتبتوها في البيت وانتوا بتذاكروا المفردات والعبارات.

٢. اختاروا خمس عبارات من جدول التعبيرات اللي في الـ DVD واستخدموها في موقف حاتمثلوه مع زميل/زميلة في الفصل. مثلاً: مجموعة من الأصحاب بيسترجعوا ذكريات المدرسة.

٣. في مجموعات من اتنين اكتبوا كل مفردة وعبارة جديدة على كارت. حطوا كل الكروت مع بعض وبعدين كلّ واحد يسحب كارت ويحاول يشرح الكلمة أو العبارة اللي فيه لزمايله.

٤. اختاروا الكلمة اللي ممكن نستخدمها مع كل فعل في الجدول:

أخد	جاب	ودّى	
			درس
			دُشّ
			مجموعة تقوية
			مجموع عالي

			نتيجة كويسة
			بالُه من . . .
			الأولاد المدرسة
			دروس خصوصية
			نمرة تليفون
			شنطة جديدة
			مجموع
			الثانوية العامة
			شهادة

٦. فكروا في أفعال ممكن نستخدمها مع الأسماء دي. وبعدين احكوا حكاية واستخدموا فيها نفس الأفعال والأسماء.

الشنطة	الماجيستير	درس خصوصي	مجموع
قلم	كراسة	شنطة المدرسة	مسطرة

مثلاً: اشترى/ رمى/كسر/برى قلم.

IV. **في الفصل مثلوا المشاهد اللي اتفرجتوا عليها.**

- وزّعوا الأدوار على نفسكو: عبد الله – سامية – مدير/مديرة المدرسة
- تخيلوا إن أحمد ما اتقبلش في المدرسة الخاصة، مثلوا مشهد الحوار بين سامية وعبد الله بعد ما سمع عبد الله الخبر دا.

- تخيلوا إن أحمد اتقبل بس المدرسة بفلوس كتير قوي وعبد الله وسامية لازم ياخذوا القرار، حايعملوا إيه؟

V. أسئلة الفهم الدقيق على "رحلة عبد الله"

في مجموعات:

١. إيه هي المشكلة الرئيسية اللي عبد الله بيواجهها؟ وأيه هي أسبابها؟ وإزاي اتحلت؟

٢. سامية كلّمت منى في التليفون عشان إيه؟

٣. سامية وعبد الله راحوا فين؟ واتفقوا على إيه؟

٤. بكام المدرسة الجديدة في السنة؟ وإيه طريقة الدفع؟

٥. سامية شايلة الهمّ وقلقانة ليه في المشهد الأخير؟

VI. الإشارات الثقافية من "رحلة عبد الله"

لاحظوا واتناقْشوا حوالين:

١. مرتبات المدرسين في المدارس الحكومية ومستوى المدرسين الاجتماعي في بلادكم وفي مصر

٢. إيه الفرق اللي بين المدارس الخاصة والمدارس الحكومية في بلادكو؟ وإيه هو نظام الدخول وإيه تقريبًا عدد الطلاب في كلّ فصل؟ وإيه العلاقة بين منطقة سكن التلاميذ والمدرسة اللي بيدخلوها؟

٣. لو كان ممكن السنين ترجع بيكو مرة تانية إيه الاختيارات الخاصة بالدراسة اللي كنتوا تحبّوا تعملوها أو تغيّروها أو تخلّوها زيّ ما هيّ؟ وليه؟

٤. "لازم الدروس الخصوصية تِتلِغي خالص!" قسّموا نفسكو مجموعات، مجموعة تحطّ نفسها مكان أهل الطلاب اللي بيدفعوا الفلوس ومجموعة تحطّ نفسها مكان المدرس اللي مرتّبه بسيط. وقرروا في النهاية حتعملوا إيه لو انتو مسؤولين عن إصلاح حال التعليم في مصر.

القواعد

في البيت ذاكروا القواعد من الـ DVD. في الفصل اعملوا التمارين على القواعد (التركيز على الصحة اللغوية).

١. كل واحد يوصف البرنامج اليومي بتاعه لزميله أو لزميلته.

٢. احكوا اللي في الصور دي وقولوا بيعملوا إيه دلوقتِ. استخدموا 'بـ' + الفعل المضارع واسم الفاعل في تركيب الحكايات بتاعتكو.

٣. اسألوا زمايلكو في الفصل مين وحشهم ومين ما وحشهمش من الأهل والأصحاب والمعارف في بلادهم، وبعدين قدموا للفصل اللي قالوه.

المشاهد الإضافية:

١. اتفرّجوا على المشهد الإضافي ١ في البيت واحكوا في الفصل.

(أ) من الأول حتى ٠:٤٢

الأم والأب كانوا بيتكلموا عن إيه؟

اربطوا كلامهم بعبد الله وسامية.

(ب) من ٠:٤٣ إلى ١:٤٣

مين الأولاد؟ عرفنا إيه عن خالد وعن فرح وعن أحمد؟ قالوا إيه عن مدارسهم؟ بياخدوا دروس خصوصية ولا لأ؟ وليه؟

(ج) من دقيقة ١:٤٣ للآخر

عرفنا إيه عن ماهيتاب أحمد ويوسف محمد ويوسف مرشدي ومحمد هشام ودينا يحيى (مدارسهم/ هواياتهم/ طموحهم لما يكبروا)؟ علّقوا على كلامهم بخصوص الدروس الخصوصية.

٢. اتفرّجوا على المشهد الإضافي ٢ في البيت وبعدين لخّصوا الموضوع اللي الناس بيتكلموا عنه. واتناقشوا فيه في مجموعات في الفصل.

المحادثة في الفصل – الحياة اليومية

١. راجعوا المفردات الجديدة ومفردات القاموس المصوّر واستخدموها في التمارين.

٢. اسألوا مصريين واعرفوا منهم:

(أ) إيه الكليات اللي دخلوها؟ واختيارهم للكلية كان مبني على إيه؟

(ب) مصاريف الكليّات بتاعتهم؟ ومين اللي بيدفع لهم المصاريف دي؟

(ج) إيه هي بعض المزايا وبعض العيوب للكليات اللي دخلوها؟

(د) مين منهم بيعمل أو بيفكّر يعمل دراسات عُليا؟ وليه؟

(هـ) إيه العلاقة بين الدراسة والشغل؟

اجمعوا المعلومات دي وقدّموها لبعض في الفصل.

٣. في مجموعات اتكلموا عن الحاجات الأساسية بالنسبة للنجاح في الحياة الأكاديمية وأحسن طريقة لاكتسابها، ومن بينها مثلاً: الذكاء، والانضباط، وروح المنافسة، والقدرة على تنظيم الوقت، والروح الرياضية، إلخ. إيه هو أهم شيء في رأيكم وليه؟ ادعموا رأيكم بالأمثلة عن الناس اللي بتعرفوهم أو تعرفوا عنهم وهمّ ناجحين جدا في الدراسة.

٤. دلوقتِ احكوا لبعض عن حياتكم الجامعية. كنتو بتذاكروا إزاي؟ إيه الحاجات اللي كنتو ناجحين فيها؟ إيه الحاجات اللي كان ممكن تعملوها بشكل أفضل؟ وإيه أكتر حاجات كنتو بتكرهوها؟ إزاي تقدروا تقيموا التجربة دلوقت؟ إيه الحاجات اللي مكانش فيه وقت تعملوها مع الدراسة؟

٥. مع زميل / زميلة، اتكلموا في التليفون عن موضوع الدروس الخصوصية :

طالب أ	طالب ب
اِنتَ كنت رافض تاخد دروس خصوصية مع إن كل أصحابك كانوا بياخدوها. بس دلوقتِ الامتحان النهائي قرّب واِنت جِبْت نِمر وحشة جدًا في كل الامتحانات الدورية في مادة الرياضيات. عشان كدا قررت تكلم واحد من أصحابك اللي بياخدوا الدروس الخصوصية من الأول وتعرف منه إزاي ممكن تاخد الدرس معاه.	اِنتَ كنت بتاخد دروس خصوصية من أول السنة وواحد صاحبك كان بيرفض على أساس إنه يقدر يذاكر لوحده. اِنتَ كنت بتحاول تقنعه إن دا مشروع فاشل بس هو ما كانش بيسمع الكلام. دلوقتِ الامتحان النهائي قرّب وهو بيطلبك في التليفون وعايز يسألك إزاي يقدر ياخد الدرس معاك.

٦. عندكم أصحاب في أمريكا عايزين ييجوا مصر السنة الجاية عشان يدرسوا الأدب العربي وتاريخ الشرق الأوسط . ابحثوا عن معلومات عن الجامعات والكليات اللي ممكن يدرسوا فيها وقدموا لهم اختياراتهم وقولولهم إيه هو أحسن شيء بالنسبة لهم في رأيكم.

الجزء الثاني: عامية المثقّفين

اللقاءات

I. لقاء ١ مع اللواء سفير نور

١. اتفرّجوا على لقاء ١ مع اللواء سفير نور وكملوا اللي ناقص:

________ التعليم في جمهورية مصر العربية بـ________ إلى ________ ________. المرحلة الأولى وهي ________ ________ ودي بـ________ من سن أربع سنوات. فيها KG١ و KG٢ و________ على ________ ________ ________ ودي ست سنوات. كانت خمس سنوات بقت ست سنوات، كانت الأول ستة وبقت خمسة ورجعت تاني ستة. ________ ________ ________ وهي تلات سنوات. ودول كلهم بـ________ ________ ________ ________. بعد كدا فيه ________ ________ ________ وهي تلات سنوات. وفي الإعدادية، اللي بـ________ في ________ ________ بـ________ الثانوي العام وجزء من التعليم، جزء من الطلبة بـ________ ________ ________. وهو ________ و ________ و ________. تعليم ________ جديد في مصر وهو خاص بالـ IG. واللي ________ الـ IGSE دلوقتِ، واللي هي ________ الإنجليزية، والديبلوما الأمريكية.

دا النظام اللي ________ ________ في جمهورية مصر العربية. بعد كدا، فيه التعليم ________، وِاحنا النهاردا بـ________ في التعليم ________ والتعليم ________. بالنسبة للتعليم، فهو فيه تعليم ________ وتعليم ________. التعليم ________ هو ما ________ عليه الدولة بـ________ ودا ________ لأبناء مصر كلهم. التعليم ________ برضُه بـ________ لـ________. فيه المدارس ________ والمدارس ________ زي مثلاً مدارس رمسيس كوليدج وزي مدارس الـ . . . ومدارس كتير، الكنسية انتو عارفينها كلها. وبعد كدا فيه بقى المدارس الألمانية وفيه

المدارس الفرنسية واللي هي الليسيهات تبع المعاهد القومية. وفيه تعليم بقى ________ تمامًا وهو التعليم الخاص بالمعاهد القومية. المعاهد القومية دي عبارة عن مدارس __________ ولكن ________ عليها الدولة. وهي عبارة عن ٣٩ مؤسسة تعليمية، منها ١١ مدرسة ليسيه، اللي هي بـ________ اللغة الفرنسية. وبرضه أنا عايز أقول إن اللغة الفرنسية في مصر ________ ________ من السفارة الفرنسية ومحتاجة تدعيم من الحكومة الفرنسية لأن التعليم الفرنسي في مصر بـ________ شوية، يعني بـ__________، محتاج ________ شوية علشان يبتدي . . . لأن الإنجليزي هو أصبح اللغة ________ في العالم، طبعًا، أو هو اللغة ________ في العالم، فلا بد من __________ __________ من الحكومة الفرنسية ومن السفارة الفرنسية بالذات هنا في مصر لازم ________ عشان التعليم الفرنسي ________ ________، لأن اِحنا . . .

أنا عملت ________ لقيت إن كل سنة ________ الـ________ لـ________ بالمدارس الفرنسية بـ________ سنة عن سنة عن سنة. حتى في بعض الأحيان المدارس الفرنسية جزء منها في المدرسة الفصول ________، بـ________ نفتح فيها جزء إنجليزي. دا عبارة يعني ... دا تلخيص سريع لمراحل التعليم في مصر ونوعية التعليم في مصر والكلام دا كله.

٢. اسمعوا مرة تانية لقاء ١ مع اللواء سفير نور ولاحظوا مستوى اللغة:

(أ) لاحظوا استخدام ونطق ’بـ‘ + الفعل المضارع الفصيح: ’بـ‘ + تَنقَسِم
استخرجوا ٣ أفعال بنفس الطريقة:

__________ __________ __________

(ب) خمنوا معنى الفعل ’تتضاءل‘ (الدقيقة ٢:٣٠) من السياق. __________

(ج) المتحدث استخدم بعد كدا فعل عربي تاني بنفس معنى الفعل ’تتضاءل،‘ إيه هو؟

____

I. **لقاء ٢**

١. اتفرّجوا على لقاء ٢ وذاكروا المفردات والتعبيرات.

المفردات والتعبيرات

المدرسة الأميري	المدرسة الحكومية
يا دوب	بالكاد
عُنُق الزجاجة	bottle's neck

٢. أسئلة الفهم:

من أول اللقاء إلى الدقيقة ٢:٤٤

(أ) اوصفوا المشهد.

____

____

(ب) عرفنا إيه عن أشرف صيام (حياته، دراسته، شغله)؟

____

(ج) أشرف صيام بيقول: "اِنتَ عارف أجور الحكومة إزاي؟" قصده إيه بكدا؟

(د) هو بيقول إيه عن صورة المدرّس زمان؟ ودلوقتِ؟

____

____

من دقيقة ٢:٤٤ إلى دقيقة ٤:١٢

(أ) عرفنا إيه عن أماني حلمي؟______________________________

____

(ب) أماني بتقول إنها مش بتدّي دروس خصوصية. ليه؟ ______________

____

(ج) هي بتقول مقولة مشهورة: "التعليم في الصغر كالنقش على الحجر." قصدها إيه؟ هي بتتكلم على إيه؟ ______________

____

من دقيقة ٤:١٢ إلى آخر اللقاء مع اللواء سفير نور:

(أ) في رأي اللواء، ليه المدرس فقد القدرة على العطاء؟

____

(ب) حسب اللواء سفير نور، إيه هي نظرة التلاميذ وأولياء الأمور في مصر بشكل عام للتعليم الفنّي؟

____

____

(ج) إيه تفسير اللواء سفير نور لكلمة 'القمّة'؟

____

____

٣. لاحظوا مستوى اللغة:

استخرجوا الكلمات اللي نطق فيها المتكلّم اللواء سفير نور صوت الـ 'ق' واللي اتحوّل فيها لـهمزة.

صوت الـ 'ق'	تحوّل صوت الـ 'ق' إلى همزة

II. لقاء ٣ مع اللواء سفير نور

١. اتفرّجوا على لقاء ٣ مع اللواء سفير نور وذاكروا المفردات والتعبيرات.

المفردات والتعبيرات

بُعْبُع	An imaginary scary creature mentioned in fairy tales.
الطفل السوي	the normal healthy child
الطفل الانطوائي	the introverted child
الطايرة	volley ball

٢. أسئلة الفهم:

(أ) إيه عدد المواد اللي بيدرسها الطالب في مرحلة الثانوية العامة؟ وإيه التعديل اللي طرأ عليها؟ ______________________________

____

(ب) "باحمّل الطالب ما لا يطيق." يقصد إيه اللواء سفير نور بالتعبير دا؟

____

(ج) "طب ما أنا أدّي له شريط." يُقصد إيه المتحدث بكدا؟ وإيه النبرة اللي بيتكلم بيها هنا؟ وتفتكروا ليه؟ ______________________________

____

(د) إيه هي مفاتيح المعرفة من وجهة نظر المتحدّث؟ ______________________________

____

(هـ) اذكروا أنواع الذكاء اللي حكى عنها المتحدث.

____

(و) إيه التغيير اللي طرأ على نظريات تعليم اللغات الأجنبية زي ما قال المتحدث؟

____

____

٣. **للمناقشة:**

احكوا عن خبراتكو في تعلّم اللغات الأجنبية من ناحية السنّ، السنة الدراسية، مدى الاستفادة. إيه السلبيات والإيجابيات؟

٤. **لاحظوا مستوى اللغة:**

(أ) استخرجوا الكلمات اللي نطق فيها المتكلّم صوت الـ 'ق.'

____

(ب) استخرجوا كلمة تانية ذكرها المتحدث بمعنى 'مضغوط.' ____________

(ج) اسمعوا واستخرجوا فعلين ذكرهم المتحدث في المبني للمجهول:

____________ ____________

اقروا واتناقشوا

١. نظموا مناقشة حول العقاب في المدرسة وقسموا الفصل إلى مجموعتين واحدة تؤيد فكرة العقاب البدني والتانية ترفضه. استخدموا العبارات المظللة من المقالة ولاحظوا استخدام الفصحى والعامية أثناء عملية الحكي.

ضرب التلاميذ مرفوض

على الرغم من التعميمات الصريحة بعدم استخدام الضرب أو الإيذاء البدني بأي شكل من الأشكال مع طلاب المدارس في كل مراحل التعليم، إلا أن الصحف تطالعنا بين حين وآخر بحوادث ضرب وإيذاء يتعرّض لها طلاب وطالبات في مراحل التعليم المختلفة. وكأن هؤلاء المعلمين أو المعلمات يعيشون في بيئة أخرى غير تلك التي تمنع هذا النوع من العقاب، أو كأنهم

يشعرون بأنهم فوق تلك التعميمات المستندة إلى نظريات تعليمية وتربوية ونفسية قيمة.

٢. اقروا واحكوا واربطوا اللي قريتوه بموضوع الدرس.

طالبة ثانوي تحطم سيارة المراقب بعد الامتحان

كتب: أيمن فاروق

عبّرت طالبة بالثانوية العامة عن غضبها الشديد من صعوبة الامتحان وتشديد المراقبة داخل اللجنة بتحطيم سيارة أحد المدرسين ولاذت بالفرار حيث تمّ القبض عليها. كان المقدّم علاء فاروق رئيس مباحث قسم شرطة الساحل قد تلقّى بلاغا من أحمد فرج (٤٤ سنة) مدرس بمعهد الفتيات بالقليوبية يفيد اكتشافه تحطيم سيارته. وقد تبيّن أن الطالبة واسمها فتحية سعيد عبد الرازق بالصف الثالث الثانوي الأزهري قد قامت بارتكاب هذه الواقعة عقابًا للمراقب لرقابته الشديدة أثناء الامتحان!

أهرام الجمعة، ٢٠ يونيو ٢٠٠٨

٣. اقروا واحكوا واربطوا اللي قريتوه بموضوع الدرس.

أول حالتي انتحار خلال أيام الامتحانات

نوران تلقي بنفسها من شرفة مسكنها . . . وهاني شنق نفسه داخل شقته

كتب – خالد جودة وخضر خضير:

في أول حالتي انتحار بسبب صعوبة امتحانات الثانوية العامة شهدت محافظتا الجيزة وبورسعيد حادثين مأسويين عندما قام طالب بمنطقة الوراق بغلق باب حجرته على نفسه وقام بشنق نفسه. وفي بورسعيد ألقت طالبة بنفسها من شرفة منزلها بالدور السادس بعد إصابتها بحالة نفسية سيئة نتيجة صعوبة الامتحانات وتخوفها من امتحان الميكانيكا والستاتيكا القادم. وقد أمرت الشرطة بالتصريح بالدفن للاثنين.

جريدة الأهرام، ٢٢ يونيو ٢٠٠٨

القواعد

I. مراجعة على تصريف الافعال:

١. روحوا للقاموس المصور على الـ DVD وذاكروا المفردات بتاعته.

٢. اختاروا خمس حاجات من اللي بنستخدمها في المدرسة أو في المكتب، زي:

قلم – ألوان – سبورة – دبّاسة – برّاية

وفكروا في أفعال ممكن نستخدمها مع الحاجات دي وصرفوا الأفعال مع كل الضماير.

مثلاً، القلم:

اشتريت القلم / اشترينا القلم / اشتروا القلم – رموا القلم – بريتِ القلم – شِلتْ القلم – حطّت القلم

II. اسم الفاعل واستخداماته

اشتقاق اسم الفاعل:

وصف الفعل	مثال للفعل	اسم الفاعل
CVCV Verbs ending with vowels	نِسِي، يِنْسَى	ناسي – ناسْيَة – ناسْيين
	صِحِي، يِصْحَى	صاحي – صاحية – صاحيين
	كَوَى، يكوي	كاوي – كاوْية – كاويين
	رَمَى، يِرمي	رامي – رامية – راميين

CaaC Hollow verbs, long vowel in the middle	راح، يروح	رايِح – رايْحَة – رايحين
	نام، ينام	نايِم – نايمة – نايمين
	جاب، يجيب	جايِب – جايبة – جايبين
CVCVC	كَتَب، يِكتِب سِكِن، يُسكُن	كاتِب – كاتْبة – كاتبين ساكِن – ساكْنة – ساكنين
CaCC Verbs ending with double consonant	حَط، يحُطّ	حاطِط – حاطّة – حاطّين
CVC Verbs that have the following form in MSA: أَكَلَ – أَخَذَ	كَل، ياكُل خَد، ياخُد	واكِل – واكْلة – واكلين واخِد – واخْدة – واخدين
Irregular verbs	جا، ييجي	جايّ – جايّة – جايين
All other forms except Form I: [mi] + stem	كلّم، يِكَلّم صلّح، يصلّح	مِكَلّم – مِكَلّمة – مكلّمين مصَلّح – مصلّحة – مِصَلّحين
	سافر، يسافر	مِسافِر – سافْرة – مسافْرين
	اتقابل، يتقابل	مِتقابل – مِتقابْلة – مِتقابلين
	اتغدّى، يتغدّى	مِتغَدّي – مِتغدّية – مِتغَديين
Verbs denoting feelings or sensations: CaCaan CaCCaan	سِكِر، يسكَر شِبِع، يِشبَع زِهِق، يِزهَق	سَكران – سَكرانة – سكرانين شَبعان – شبعانة – شبعانين زَهقان – زهقانة – زهقانين

استخدامات اسم الفاعل:

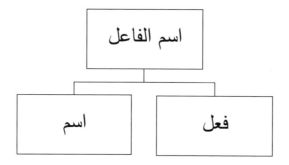

Participles can be used as nouns, referring to the person who is doing the action, or as verbs expressing past, present, or future action, depending on the context and meaning of the verb:

رِكِب، يِرْكَب (to ride)	
اسم الفاعل كاسم	**اسم الفاعل كفعل في المعنى**
الأوتوبيس دا ممكن يكفّي ٥٢ **راكِب**.	أنا **راكب** الحصان. أنا **راكْبة** الحصان.
كَتَب، يِكْتِبْ (to write)	
نجيب محفوظ **كاتب** مشهور. رضوى عاشور **كاتِبة** مشهورة.	نجيب محفوظ **كاتب** الرواية دي من سنة ٩٣٩١. رضوى عاشور **كاتْبة** رواية "قطعة من أوروبا" من سنة ٣٠٠٢.
سافِر، يسافِر (to travel)	
استنيته في قاعة **المسافرين** في المطار.	إِحنا **مسافرين** بكرة.

١. اسم الفاعل كاسم:

Many participles functioning as nouns or adjectives are borrowed from MSA and keep their original form as follows:

مُفيد	مُدرِّس
مُختلِف	مُوظّف
مُتعلّم	مُحامي
مُستفيد	مُقتنع

٢. اسم الفاعل كفِعْل:

Active participles functioning as verbs can have different meanings. What the active participle means depends on **the meaning of the verb** from which the participle is derived and **the context**. Present participle can express:

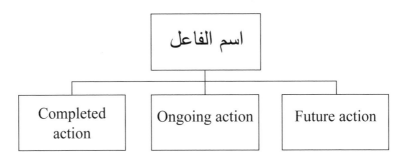

According to their meaning, verbs can be classified into these semantic groups:

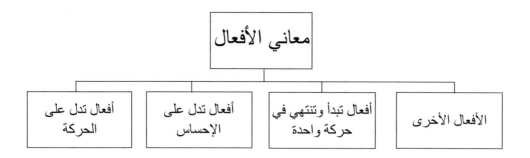

معاني الأفعال

- الأفعال الأخرى
- أفعال تبدأ وتنتهي في حركة واحدة
- أفعال تدل على الإحساس
- أفعال تدل على الحركة

(أ) أفعال تدلّ على الحركة:

خرج	دخل	طِلِع	نِزِل	راح
جا	سافر	رِجِع	روّح	عزّل

Active particle from the above verbs indicates that the action is taking place at the moment, or in the future depending on the context.

الأفعال التي تدل على الحركة

- فعل سيحدث في المستقبل القريب
- فعل مستمر

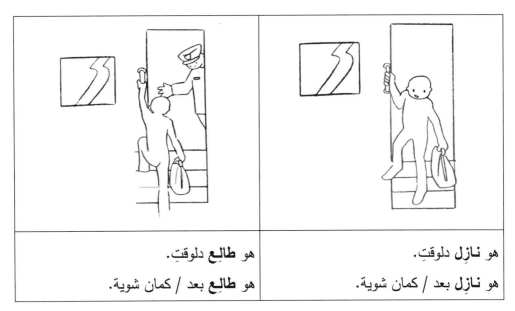

هو **نازِل** دلوقتِ. هو **نازِل** بعد / كمان شوية.	هو **طالِع** دلوقتِ. هو **طالِع** بعد / كمان شوية.

(ب) Verbs that indicate short term actions

فتح	قَفَل	رِكِب	قَعَد
نام	لِبِس	قَلَع	شال
مِسِك	ساق	وِقِف	حطّ

الأفعال التي تبدأ وتنتهي في حركة واحدة

الفعل تم حدوثه ومازال تأثيره مستمراً

هو **بيقْعُد** دلوقتِ.

هو **بيلبِس** الجاكيت دلوقتِ.

هو **لابِس** الجاكيت دلوقتِ.

(ج) أفعال تصف الحالة:

سِكِن	عاش	سِمِع	شاف	حسّ
شمّ	لِمِس	داق	حبّ	بصّ
اهتمّ	احتاج	فكّر	فِهِم	طاق
عِرِف	عاز			

أفعال تدل على الحالة

مضارع مستمر

(د) الأفعال الأخرى:

اسم الفاعل المُشتقّ من هذه الأفعال يدلّ على وقوع الفعل وتمامه مع استمرار تأثيره:

قال	كتب	حجز	عمل	صوّر
قرا	ذاكر	أكل	قدّم	كمّل
غسل	طبخ	كوى	ظبط	استحمّى
رتّب	مَسَح	وضّب	نضّف	نشّف

استثناءات:

Active particles from those two verbs are not used: ضِحِك – جري

هو **بيجْري** دلوقتِ.

هو **بيضحك** دلوقتِ.

Note that in very rare cases a verb may have two participles, one borrowed from MSA acting as a noun or an adjective, and another one acting like a verb. For example:

اسم الفاعل كاسم borrowed from MSA	اسم الفاعل كفعل
مُدَرِّس / مُدَرِّسة / مُدرِّسين هو بيشتغل **مُدرس** في مدرسة خاصة من زمان. هي بتشتغل مُدرِّسة من زمان.	مِدرِّس / مِدرِّسة / مدرِّسين أنا **مِدرِّسة** الدرس دا من يومين، مش لازم نكرره تاني.
طالِب / طالِبَة / طلاب هي **طالِبَة** في مركز الدراسات العربية بالخارج.	طالِب / طالْبة / طالبين أنا **طالْبة** قهوة من نص ساعة، اتأخرت قوي!

When 'لسه' is added to 'اسم الفاعل,' it changes its meaning. The only means to understand the meaning is the context. Please look into examples, and use the context of the sentence to understand meaning of 'لسه.'

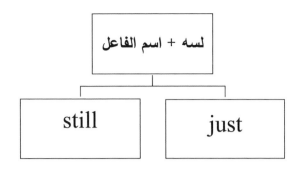

لسه + اسم الفاعل

still | just

just تعسف	still
هو لسّه **واكِل** مش ممكن ياكل تاني.	هيّ لسّه **نايمة.**

لسه + اسم الفاعل في سياق	المعنى
أنا لسّه جاية.	just
أنا لسّه مكلّمُه في التليفون.	just
لسّه فاكِر؟!	still

III. **الفعل الماضي + ضمير (مفعول به)**

وحَش + مفعول به

مفعول به ← فاعل ↓	هو	هي	همّ	اِنتَ
هو	وَحَشُه	وَحَشْها	وَحَشهُم	وَحَشَكْ
هي	وَحَشِتُه	وَحَشِتها	وَحَشِتهُم	وَحَشِتَكْ
همّ	وَحَشوه	وَحَشُوها	وَحَشوهُم	وَحَشوكْ
اِنتَ	وَحَشْتُه	وَحَشْتَها	وَحَشْتُهُم	–
اِنتِ	وَحَشْتيه	وَحَشْتيها	وَحَشتيهُم	–
اِنتو	وَحَشْتوه	وَحَشْتوها	وَحَشتوهُم	–
أنا	وَحَشتُه	وَحَشْتَها	وَحَشتُهُم	وَحَشْتَك
اِحنا	وَحَشْناه	وَحَشْناها	وَحَشناهُم	وَحَشْنِك

مفعول به ← فاعل ↓	اِنتِ	اِنتو	أنا	اِحنا
هو	وَحَشِكْ	وَحَشْكو	وَحَشْني	وَحَشْنا
هي	وَحَشِتِكْ	وَحَشِتْكو	وَحَشِتني	وَحَشِتْنا

همّ	وَحَشوكِ	وَحَشوكو	وَحَشوني	وَحَشونا
إنتَ	–	–	وَحَشْتِني	وَحَشْتِنا
إنتِ	–	–	وَحَشْتيني	وَحَشْتينا
إنتو	–	–	وَحَشْتوني	وَحَشْتونا
أنا	وَحَشْتِكْ	وَحَشْتُكو	–	–
إحنا	وَحَشْناكِ	وَحَشْناكو	–	–

ما وَحَشّ + مفعول به

مفعول به ← **فاعل ↓**	**هو**	**هي**	**همّ**	**إنتَ**
هو	ماوَحَشهوشْ	ماوَحَشْهاش	ماوَحَشْهُمش	ماوَحَشَكْش
هي	ماوَحَشِتهوشْ	ماوَحَشِتهاش	ماوَحَشِتْهُمْش	ماوَحَشِتَكْش
همّ	ماوَحَشوهوشْ	ماوَحَشوهاش	ماوَحَشوهُمْش	ماوَحَشوكُش
إنتَ	ماوَحَشْتُهوشْ	ماوَحَشْتهاش	ماوَحَشْتُهُمش	–
إنتِ	ماوَحَشْتيهوشْ	ماوَحَشْتيهاشْ	ماوَحَشْتيهُمْشْ	–
إنتو	ماوَحَشْتوهوشْ	ماوَحَشْتوهاشْ	ماوَحَشْتوهُمْشْ	–
أنا	ماوَحَشْتُهوشْ	ماوَحَشْتهاشْ	ماوَحَشْتُهُمْشْ	ماوَحَشْتَكْشْ
إحنا	ماوَحَشْناهوشْ	ماوَحَشْناهاشْ	ماوَحَشْناهُمْشْ	ماوَحَشْنَكْشْ

مفعول به ← فاعل ↓	اِنتِ	اِنتو	أنا	اِحنا
هو	ماوَحَشْكيشْ	ماوَحَشْكوش	ماوَحَشْنيش	ماوَحَشْناش
هي	ماوَحَشِتْكيشْ	ماوَحَشِتْكوشْ	ماوَحَشِتْنيش	ماوَحَشِتْناش
همّ	ماوَحَشوكيشْ	ماوَحَشوكوشْ	ماوَحَشونيش	ماوَحَشوناشْ
اِنتَ	–	–	ماوَحَشْتِنيش	ماوَحَشْتِناش
اِنتِ	–	–	ماوَحَشْتِنيش	ماوَحَشْتِيناشْ
اِنتو	–	–	ماوَحَشْتونيشْ	ماوَحَشْتوناشْ
أنا	ماوَحَشْتِكيشْ	ماوَحَشْتِكوشْ	–	–
اِحنا	ماوَحَشْناكيشْ	ماوَحَشْناكوشْ	–	–

النطق

في البيت اسمعوا الجمل اللي على الـ DVD وكرروا، ولاحظوا الإضافة ولاحظوا وصل الكلمات ببعض:

١- هُمّ بيروحوا **مدرسة البنات** اللي في آخر الشارع دا.

٢- أنا في **مدرسة الأفق الجديد**، وهي في مدرسة العروبة.

٣- واِنتَ في **مدرسة** إيه؟

٤- هي **مدرّسة إنجليزي** في المدرسة دي.

٥- وهو **مدرّس** التاريخ.

الدرس السابع

مفاوضات عائلية

الموضوعات	▪ خروج الأولاد/الشباب ▪ طريقة تعامُل الأهل مع الأولاد
الوظائف اللغوية	▪ طريقة تعامل البنت مع أبوها ▪ التهديد
القواعد	▪ الضماير المُتصلة بالأفعال – تكملة ▪ الضماير المتصلة بحروف الجرّ ▪ كان واستخداماتها
الثقافة	▪ مواعيد رجوع البنات البيت بالليل ▪ مواعيد رجوع الأولاد البيت بالليل ▪ خروج الشباب بشكل عام – السهر – الأماكن اللي بيروحوها – بيعملوا إيه بيتكلموا في إيه
النطق	▪ صوت 'س' – 'ص' – 'ز' – 'ظ' + صوت 'ش'
القاموس المصور	▪ مفردات جسم الإنسان

الجزء الأول: مسلسل "رحلة عبد الله"

عامية الحياة اليومية

"رحلة عبد الله"

I. ‏اتفرجوا واحكوا (المشاهد الصامتة)

١. ‏اتفرّجوا على المشاهد الصامتة في الفصل واكتبوا الأفكار اللي تيجي في ذهنكم.

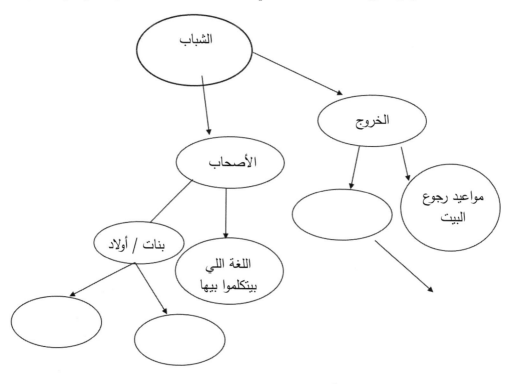

٢. ‏في مجموعات اسألوا زمايلكو:

بيقابلوا أصحابهم فين؟ وبيعملوا إيه في وقت الفراغ بتاعهم؟ احكو عن خروجة مع الأصحاب.

II. اتفرجوا على "رحلة عبد الله"

في البيت اتفرجّوا على "رحلة عبد الله" بدون الرجوع إلى المفردات، وبعدين جاوبوا على أسئلة الفهم اللي على الـ DVD.

III. المفردات والتعبيرات من "رحلة عبد الله"

١. في البيت ذاكروا المفردات والتعبيرات واسمعوا الجمل اللي في الـ DVD واكتبوها. واعملوا تمرين ١ و٢ على الـ DVD.

المفردات

to grumble	بَرْطَم، يِبَرْطَم
gang	شِلّة ج. شِلَل
adolescence	سِنّ المُراهقة
to hide	خَبّا، يخَبّي

to lock (someone)	قَفَل، يِقْفِل على (حدّ)
catastrophe	بلوة ج. بَلاوي

التعبيرات

Listen, . . . (very informal)	بأقول لك إيه!
Don’t tell me!	يا سلام! يا حلاوة!
Without returning home	من برّا برّا

أنا مالي!	Why should I care?
لِمِّي نَفسك!/ما تلمّي نفسك!	Get a grip!
مِن ورا (حدّ) – مِن وَرانا	behind someone's back
الدنيا مش سايْبة	There are rules to be obeyed.

٢. في الفصل مجموعات راجعوا الجمل اللي كتبتوها وانتو بتذاكروا المفردات والعبارات من الـ DVD.

٣. اختاروا خمس عبارات من جدول التعبيرات اللي في الـ DVD واستخدموها في موقف حاتمثلوه مع زمايلكو في الفصل. مثلاً: قاعدين مع بعض في القهوة، بيسترجعوا ذكريات قديمة.

٤. اكتبوا كل مفردة وعبارة جديدة على كارت. حطوا كل الكروت مع بعض وبعدين

كلّ واحد يسحب كارت ويحاول يشرح الكلمة أو العبارة اللي فيه لزمايله من غير ما يقول الكلمة أو العبارة. وعلى الطلاب الباقيين تخمين الكلمة أو العبارة اللي في الكارت.

مثلاً، الكارت عليه عبارة:

الدنيا مِش سايبه

اللي حيشرح ممكن يقول: تعبير بيوضح إنّ فيه نظام وفيه قيود وقواعد لازم نمشي عليها مش كلّ واحد يعمل اللي هو عايزُه وبَسّ. إيه هو التعبير دا؟

٥. إيه الأفعال اللي ممكن نستخدمها مع الأسماء دي؟ اكتبوا الأفعال دي وبعدين احكوا حكاية واستخدموا فيها نفس الأفعال والأسماء.

▪ شِلَّة	▪ بَلوة	▪ برّا

٦. Collocations

إيه حروف الجرّ اللي ممكن نستخدمها مع الأفعال اللي في الجدول؟ احكوا لبعض قصة عن حياتكو وانتو في سنّ المراهقة وحاولوا تستخدموا فيها أكبر عدد ممكن من العبارات في فقرة (paragraph discourse) من عندكم.

الفعل	على	من	مع
خبّا، يخبّي			
قَفَل، يِقْفِل			
اتفق، يتفق			

كِذِب، يكذِب			
سكّ، يسكّ			
زِعِل، يزعل			
خلّص، يخلّص			
قِلِق، يقلق			
اطَمّن، يطّمّن			

IV. **في الفصل مثلوا المشاهد اللي اتفرجتوا عليها.**

وزّعوا الأدوار على نفسكو: عبد الله – سامية – هبة – أحمد.

V. **أسئلة الفهم الدقيق على "رحلة عبد الله"**

في مجموعات:

١. هبة رايحة فين؟

٢. وعبد الله زعلان من هبة ليه؟

٣. تفتكروا ليه عبد الله عايز أحمد يروح مع هبة؟

٤. يا ترى أحمد موافق يروح مع هبة؟ ليه؟ وعرفتوا إزاي إذا كان موافق يروح معاها ولاّ مش موافق؟

٥. تفتكروا ليه هبة بتقول لعبد الله "النهار دا الخميس!"؟

٦. إيه رأي عبد الله في لِبْس هبة؟ وليه؟

٧. وإيه موقف سامية من لبس هبة؟

٨. ليه عبد الله قلقان؟ وعلى إيه؟

٩. تخيلوا إن في نهاية المشهد الأول من الدرس، عبد الله منع بنته من الخروج تمامًا. عيدوا كتابة الحوار بين عبد الله وسامية على الأساس دا ومثلوا المشهد في الفصل.

VI. الإشارات الثقافية من "رحلة عبد الله"

لاحظوا واتناقْشوا حوالين:

١. خروج الشباب يوم الخميس
٢. الأماكن اللي الشباب بيقضّوا فيها أوقات الفراغ
٣. المواعيد اللي الشباب بيروّحوا فيها، وإيه الفرق بين معاد مرواح البنت ومعاد مرواح الولد؛ تفتكروا إيه السبب؟
٤. الخروجات المفضلة في أيام الأسبوع والخروجات المفضلة في الويك إند
٥. مين كان أشدّ عليكو لما كنتوا عايشين مع أهلكم؟ وتفتكروا ليه؟
٦. الشِّلل ودورها في حياة الشباب
٧. لغة الشباب
٨. اسألوا مصريين عن معنى الكلمات أو التعبيرات اللي في الجدول. اتناقشوا في المعاني واستخداماتها في الفصل. واسألوا عن بعض التعبيرات الجديدة اللي بيعتبرها الشباب لغة خاصة بيهم واكتبوها.

أستاذ (صفة)	
طَحن	
رِوِش	
مكان/شخص بيئة	
بيّأ	
حلق لـ . . . /نفّض لـ . . .	
كَبّر دماغَك/اشترى دماغك، فوّت، كبّر	
مِكَبّر	
قَصّر، انْجِز، لخّص	

القواعد

في البيت ذاكروا القواعد من الـ DVD. في الفصل اعملوا التمارين على القواعد (التركيز على الصحة اللغوية).

١. في مجموعات، إيه هي الصفات والتصرفات اللي ممكن نوصف بها:
الأب المثالي / الأم المثالية / البنت المثالية / الابن المثالي. احكوا عن شخصية تعرفوها وقولوا ليه بتعتقدوا إنها مثالية؟

٢. واحد من أصحابكو خارج لأول مرة مع البنت اللي بيحبها بقى له مدة. انتوا عارفين إن تجاربه قبل كدا كانت فاشلة وعايزين تحذّروه مايعملش الغلطات المعتادة. حتقولوا له إيه؟

٣. احكوا لبعض في مجموعات عن الشخص اللي غيّر حياتكو أو كان له تأثير كبير عليكو. واحكوا ليه كان له/لها تأثير كبير على حياتكو؟

٤. في مجموعات اسألوا زمايلكو إذا كانوا بيعملوا الحاجات دي (استعملوا الفعل في الإثبات والنفي واستعملوا الضماير المتصلة مع الأفعال):
- بيعزفوا جيتار/بيانو
- قروا السبع أجزاء بتاعة "هاري بوتر"
- بياكلوا لحمة
- بيتكلموا لُغات غير العربي والإنجليزي كويس
- بيمارسوا الرياضة
- بيكتبوا يوميات
- بيحبوا يتكلموا في التليفون كتير
- بيتفرّجوا على مسلسلات في التليفزيون

وبعدين اعرفوا مين عنده صفات أو حاجات مشتركة معاكو واحكوا ليه.

٥. اوصفوا الصور دي. استخدموا حروف الجر والظروف مع الضماير في الإثبات والنفي.

_____   _____

_____   _____

٦. استخدموا فيه/مافيش، عنده/ماعندوش مع الضمير المناسب في الإثبات والنفي.

مثلاً: "التلاجة فيها . . . / مافيهاش . . ." في وصف الصور دي:

POP
MILK
OJ

POP

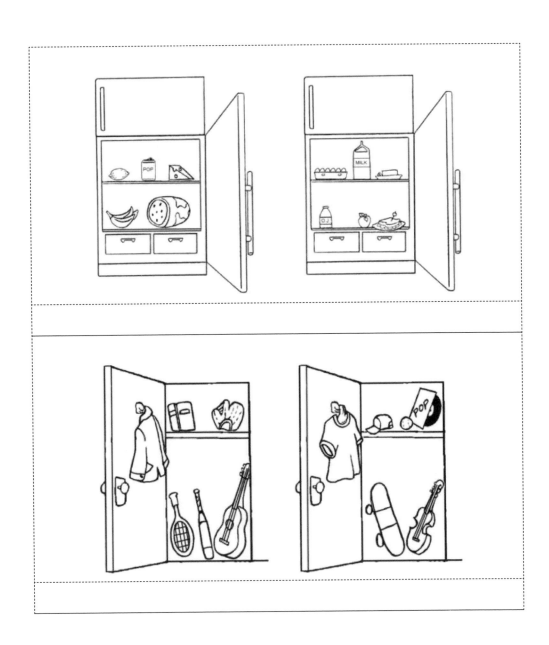

المشاهد الإضافية:

١. شوفوا المشهد الإضافي ١ اللي على الـ DVD وبعدين احكوه لزمايلكو واتناقشوا فيه.

٢. شوفوا المشهد الإضافي ٢ اللي على الـ DVD وبعدين احكوه لزمايلكو واتناقشوا

فيه وبعدين جاولوا على الأسئلة دي:

(أ) عرفنا إيه عن الست الأولانية وعن بنتها؟

(ب) إيه أهمّ حاجة للشباب المصري في رأيها؟

(ج) (الدقيقة ٠٢:٠٥) الست التانية قالت إيه؟ لخصوا رأيها في الشباب.

(د) (الدقيقة ٠٣:٥٠) الست التالتة قالت إيه؟ اكتبوا كلامها كلمة كلمة.

(هـ) (الدقيقة ٠٤:٠٣) والست الرابعة قالت إيه؟ لخصوا رأيها في الشباب.

(و) (الدقيقة ٠٤:٤٢) احكوا عن رأي الشاب في السفر برا عشان الشغل.

(ز) خمّنوا معنى ’دقّة قديمة.‘

(ح) (الدقيقة ٠٥:٣٩) لخصوا رأي الراجل دا في رجال الأعمال وموقفهم من الشباب.

____

____

____

(ط) (الدقيقة ٠٧:٤٨) عرفنا إيه عن الشاب دا؟

____

____

المحادثة في الفصل: عامية الحياة اليومية

في الفصل راجعوا المفردات الجديدة ومفردات القاموس المصوّر من الـ DVD واستخدموها في التمارين.

١. اسألوا أربعة مصريين (اتنين من الشباب واتنين من الكبار) عن واجبات الأولاد في البيت. هل فيه اختلاف بين التوقعات من الولد والتوقعات من البنت بالنسبة للواجبات في البيت؟ هل فيه فرق بين اللي سمعتوه من المصريين في الموضوع دا وبين اللي بيحصل عادة في بلدكو؟ تفتكروا ايه هو السبب ورا الاختلافات الموجودة؟

استخدموا العبارات والتراكيب دي:

الكلام عن الواجبات والالتزامات	
لازم يعمل	لازم مايعملش / مش لازم يعمل
مفروض يعمل	مفروض مايعملش / مش مفروض يعمل
ماينفعش يعمل	ماينفعش مايعملش

٢. في مجموعات اعملوا فيلم يعالج قضايا الشباب. اتفقوا على السيناريو واعرضوا القصة على بقية الزملاء في الفصل، واختاروا أحسن سيناريو.

٣. في مجموعات: بنت أمريكية أو شاب أمريكي من مدينة نيو يورك ومن عائلة متحررة جت مصر في إطار برنامج تبادل الطلاب وهي دلوقتِ عايشة مع عائلة مصرية محافظة إلى حدٍ ما، عندها بنت في نفس عمر البنت الأمريكية. يوم الخميس البنتين بيتفقوا يخرجوا فين ويرجعوا امتى. مثلوا الحوار.

٤. انتو خُبرا نفسيين وعايزين تعملوا ورشة تدريبية للأهالي في موضوع التواصل مع أولادهم. الأهالي اشتكوا قبل كدا إن عندهم مشاكل مع أولادهم اللي في سن المراهقة عشان أولادهم مابيسمعوش كلامهم أو في الحقيقة، ماحدش بيسمع التاني. عايزين تعملوا تدريب للأهالي ازاي يتكلموا مع أولادهم خاصة لما بيتناقشوا موضوعات زي تحديد موعد العودة إلى البيت في الليل، وشرب السجاير، والعلاقات مع الجنس الآخر. اكتبوا أولاً لستة من العبارات اللي لازم يحاولوا يتجنبوها لما يتكلموا مع أولادهم ولستة تانية للمفروض يقولوه.

الجزء الثاني: عامية المثقّفين

اللقاءات

I. لقاء ١ مع أ. يوسف عزب

١. اتفرجوا على لقاء ١ مع أ. يوسف عزب وذاكروا المفردات والتعبيرات.

المفردات والتعبيرات

خَشّ، يخُشّ	دَخَل، يُدخُل
يا عمّ ماتوجَعش دماغنا!	Don’t bother me.
قُدوة	role model
ادّعاء ج. ادّعاءات	allegation

٢. أسئلة الفهم:

إيه نظرة الأستاذ يوسف عزب لشباب مصر؟ يا ترى هو مُتفائل ولاّ مُتشائم، وليه؟

إيه الكلمات والتعبيرات اللي استخدمها الأستاذ يوسف عزب خلّتكو تفتكروا إنه إمّا متفائل أو مُتشائم؟

٣. لاحظوا مستوى اللغة:

اكتبوا الجُمل اللي قالها المتحدّث بالفصحى كلمة كلمة.

II. **لقاء ٢ مع د. يحيى الرخاوي**

١. اتفرجوا على لقاء ٢ مع د. يحيى الرخاوي وذاكروا المفردات والتعبيرات.

المفردات والتعبيرات

ما هوّاش	هوّ مش
كَهْل	راجل كبير في السنّ
ضايع ج. ضايعين	lost

٢. أسئلة الفهم:

(أ) يا ترى الدكتور يحي الرخاوي في اللقاء دا مُتفائل ولاّ مُتشائم؟ إيه الكلمات اللي استخدمها د. الرخاوي اللي بتدُلّ على إنه مُتفائل أو مُتشائم؟

____

____

(ب) قارنوا بين وجهة نظر الدكتور الرخاوي ووجهة نظر الأستاذ يوسف عزب في شباب البلد. عزّزوا إجابتكو بأمثلة من اللقائين.

____

____

(ج) اسمعوا اللقاء مع د. يحيى الرخاوي مرة تانية وخمّنوا معنى كلمة 'بيئة' واسألوا عن استخدامها وعن السياقات اللي بتتقال فيها. لاحظوا النبرة اللي بيتكلم فيها.

____

____

III. **لقاء ٣ مع د. سميح شعلان**

١. اتفرجوا على لقاء ٣ مع د. سميح شعلان وذاكروا المفردات والتعبيرات.

المفردات والتعبيرات

lack of belonging	لا اِنتِماء
a state of being lost	توهَة

٢. **أسئلة الفهم:**

(أ) الدكتور سميح شعلان بيقول إنه قلقان. يا ترى إيه سبب قلقُه دا؟

____

____

____

(ب) إيه دور الدولة حسب رأي الدكتور شعلان؟

____

____

____

(ج) يا ترى الدكتور قال إيه عن لغة الشباب؟

____

____

____

٣. **لاحظوا مستوى اللغة:**

اكتبوا جملتين بالفصحى استخدمهم المتحدّث.

(أ) ______________________________

(ب) ______________________________

اقروا واتناقشوا

اقروا المقالة دي في البيت. وفي الفصل، قسّموا نفسكو مجموعات واعملوا مقابلة مع الطالبة واسألوها عن حياتها وعن عيليتها في إطار برنامج عن التغيرات الاجتماعية في حياة المصريين. حدّ يعمل دور الشخص اللي بيجري المقابلة وحدّ يعمل دور الطالبة دي.

نماذج من الشباب المصري المُعاصِر – دراسة تتبُّعيّة

د. نادية رضوان (بتصرّف)

حالات الدراسة ١٩٨٤ – ١٩٩٤

الأولى:

هي طالبة في السنة النهائية بكلية الزراعة قسم إنتاج حيواني. الأب من أصل ريفي والأم من أصل حَضَري. يعمل الأب حاليًا كضابط أمن في إحدى الشركات الخاصة بعد أن تقاعَد من القوات المسلّحة على درجة لواء. الأم حاصلة على الثانوية العامة. وتعمل منذ خمس سنوات مُشرفة في إحدى المدارس الخاصة بمرتّب ٦٠ جنيها شهريًا. الدخل العام للأسرة يبلُغ حوالي ٤٥٠ جنيهًا في الشهر. مبلغ مكافأة نهاية الخدمة وهو حوالي ٢٠ ألف جنيه تمّ إيداعه في البنك لمواجهة تكاليف الزواج للطالبة وأختها التي لا تزال في الثانوية العامة. المسكن مكوّن من ٤ غرف وصالة وحمّمين بمدينة نصر.

هي تتكلم عن نفسها:

احنا كنّا بنعتبر نفسنا من أحسن طبقات البلد. مرتّب بابا كان كويس والبدلات كانت كويسة، والعلاج كان ببلاش، وعندنا أحسن نوادي، وكنا بنصيّف كل سنة في نوادي الضبّاط في أي مصيف من المَصايف. إنما الكام سنة الآخرانيين دول بقوا حاجة تانية. الواحد بيحسّ إنه صغيّر وقدّ النملة. ليّ صديقات كنت أنا أحسن منهم ستّين مرّة من أيام الثانوي، دلوقتِ همّ راكبين مرسيدس وأنا باروح الكليّة محشورة في الأتوبيس! بابا أول ما طِلِع على المعاش عمل كام صفقة استيراد عربيات مستعملة من ألمانيا إنما خِسِر فيهم! لأنه مش تاجر حطّ الفلوس في البنك وقال

كدا أأمن وبيشتغل شُغلانة مش بطّالة. احنا ساكنين في شقة حلوة قوي، عشان كدا أنا مش خايفة من المستقبل لأني مش متصورة إني أعيش في شقة أقلّ من اللي أنا عايشة فيها. أهم حاجة في الشخص اللي حيتقدّم لي هي إنه لازم يكون عنده شقة كويسة. بعد كدا أقدر أفكّر في باقي الشروط اللي أنا حاطّاها في ذهني. أول ما دخلت الكلية كان عندي طموح ونشاط إني أقدر أعمل حاجة أو أساهم في أي مجال. إنما النظام الموجود في الجامعة مش قادر يستوعب نظام الطلاب وحماسهم، حتى الاتحاد، حاجة مختلفة خالص عن اللي كان في ذهني عن الجامعة! أيام انتخابات الاتحاد، الواحد بيحسّ إن الجامعة والكليّة حيبقوا حاجة تانية غير اللي احنا عرفينها . . . وعود، وكلام، وإعلانات، وشعارات، وحاجات شكلها عظيم جدًا، وبعد الانتخابات ما تخلص مابِنشُوفش حاجة!

كنت أتمنّى إن حالتنا المادية تكون أحسن من كدا شوية عشان اقدر أعمل مشروع لما أتخرّج، لكن الفلوس اللي في البنك ماما قالت ماحدّش ممكن يقرّب لها لأنها فلوس لجوازي أنا وأختي. ماكانشْ قُدّامي بعد التخرّج غير شغل الحكومة، لأن مجالي محدود ومش ممكن أعمل مشروع تربية دواجن أو مواشي لنفسي.

دايمًا باحسّ إني لازم أشتري مستحضرات التجميل اللي عليها كل يوم إعلانات في التليفزيون عشان أكون أجمل وأبيض. ودا تقريبًا من أسباب الخناقات مع ماما باستمرار لأن الحاجات دي غالية وكمان ماما مش عايزاني أحطّ مكياج عشان كدا. أما بالنسبة لوقت الفراغ، أنا باساعد ماما في شغل البيت لأنها بترجع تعبانة من المدرسة وضغوط الحياة المادية عليها بقت صعبة قوي. ماما اضطرت تشتغل بعد ما كبِرنا عشان تتسلّى من ناحية ومن ناحية تانية توفر لينا بعض المطالب. بابا بيشتغل الصبح وبعد الضهر وبيرجع آخر الليل على النوم. ماما رافضة تشتري لنا فيديو لأنه حيعطّلنا عن المذاكرة وكمان عشان تأجير شرايط فيديو حيكلفنا كتير. احنا مُشتركين في نادي الضبّاط وليّ شِلّة كبيرة هناك. باروح باستمرار النادي أو أتفرّج على التليفزيون او اسمع موسيقى. ماما صعبة قوي! أي نشاط برّة ممنوع، حتى الأولاد اللي باتكلّم معاهم في النادي ممنوع إني أقعد معاهم على ترابيزة أو أخرج معاهم برّه النادي ولا حتى أكلمهم في الشارع لو قابلتُهُم! ماما بتقول إن الشباب بيحبّوا البنت المُتحرّرة ولما ييجوا يتجوّزوا بيختاروا البنت المُحافظة.

الثانية:

تزوجت بعد شهرين فقط من تخرّجها حيث تقدّم لها شاب يعمل مهندسًا في السعودية منذ سبع سنوات. هو وأسرته يسكنون في نفس العمارة التي تسكن فيها هذه الفتاة. تمّ زواجها بالطريقة التقليدية. يكبرها الزوج بـ١٥ سنة وكان قد سبق له الزواج ولم يُنجِب من الزوجة الأولى. غادَرَت العروس القاهرة في صيف ١٩٨٥ ولم تعد إليها منذ ذلك الحين إلا مرتين في زيارات خاطفة. فسقطت من دراستي التتبعيّة. ما زالت تقيم في السعودية وتتردّد على القاهرة خلال الإجازات الصيفية فقط مما لم يتح الفرصة للقائها إلا مرة واحدة. لقد أمضت في السعودية قرابة عشرة أعوام. وتعمل في إحدى المدارس ولا يزال زوجها يعمل في إحدى المؤسسات الحكومية. لقد وجّها مُدّخراتهما في شراء شقة للاستقرار بها عند عودتهم النهائية للقاهرة. ويقوم والد الزوج باستثمار بعض الأموال لهما في مشروع سوبر ماركت في مدينة نصر.

القواعد

على + ضمير

على + هو	←	عليه
على + هي	←	عليها
على + همّ	←	عليهُم
على + اِحنا	←	علينا
على + انتو	←	عليكو
على + أنا	←	عليّ
على + اِنتَ	←	عليكْ

على + اِنتِ	←	عليكِ

لـ + ضمير

لـ + هو	←	لُه/ليه
لـ + هي	←	لها/ليها
لـ + همّ	←	لُهُم/ليهُم
لـ + اِحنا	←	لِنا/لينا
لـ + انتو	←	لُكو/ليكو
لـ + أنا	←	لي/لِيّ
لـ + اِنتَ	←	لِكْ/ليكْ
لـ + اِنتِ	←	لِكِ/ليكِ

حاولوا تستخدموا شوية أفعال من اللي درستوها مع حروف الجر والضماير، مثلاً:

- قال لي الكلام دا.
- كتب لي جواب.

اختاروا أي أفعال من اللي درستوها وكونوا جمل مع بعض في الفصل وصححوا لبعض.

وحاولوا تستخدموا شوية أسماء مع حروف الجر والضماير في جمل، مثلاً:

- هو قال الكلام دا ليّ.
- كتب الجواب دا ليّ.

لاحظوا اختلاف نطق حرف الجر والضمير.

قُدّام + ضمير

قدّام + هو	←	قُدّامُه
قدّام + هي	←	قُدّامْها
قدّام + همّ	←	قُدّامْهُم
قدّام + اِحنا	←	قُدّامْنا
قدّام + اِنتو	←	قُدّامْكو
قدّام + أنا	←	قُدّامِي
قدّام + اِنتَ	←	قُدّامَكْ
قدّام + اِنتِ	←	قُدّامِكْ

لاحظوا تطويل وتقصير الحركة في كلمة 'قدام' عند إضافة الضمير، مثلاً:

قدام + هي ← الحركة قصيرة

قدام + أنا ← الحركة طويلة

ورا + ضمير

ورا + هو	←	وراه
ورا + هي	←	وراها
ورا + همّ	←	وراهُم
ورا + اِحنا	←	ورانا

ورا + اِنتو	←	وراكو
ورا + أنا	←	ورايا
ورا + اِنتَ	←	وراكْ
ورا + اِنتِ	←	وراكِ

لاحظوا تطويل وتقصير الحركة في كلمة ورا + الضمير.

حَبّ + ضمير (مفعول به)

مفعول به ← فاعل ↓	هو	هي	همّ	اِنتَ
هو	حَبُّه	حَبَّها	حَبُّهُم	حَبَّكْ
هي	حَبِّتُه	حَبِّتها	حَبِّتهُم	حَبِّتَكْ
همّ	حَبُّوه	حَبُّوها	حَبُّوهُم	حَبُّوكْ
اِنتَ	حَبّيتُه	حَبِّتها	حَبِّتْهُم	–
اِنتِ	حَبِّتيه	حَبِّتيها	حَبِّتيهُم	–
اِنتو	حَبِّتوه	حَبِّتوها	حَبِّتوهُم	–
أنا	حَبّيتُه	حَبِّتها	حَبِّتْهُمْ	حَبِّيتَكْ
اِحنا	حَبِّناه	حَبِّناها	حَبِّناهُمْ	حَبِّناكْ

مفعول به ← فاعل ↓	اِنتِ	اِنتو	أنا	اِحنا
هو	حَبِّكْ	حَبُّكو	حَبِّني	حَبِّنا
هي	حَبِّتِكْ	حَبِّتْكو	حَبِّتْني	حَبِّتْنا
همّ	حَبُّوكِ	حَبُّوكو	حَبّوني	حَبّونا
اِنتَ	–	–	حَبِّتْني	حَبِّتْنا
اِنتِ	–	–	حَبِّتيني	حَبِّتينا
اِنتو	–	–	حَبِّتوني	حَبِّتونا
أنا	حَبِّيتِكْ	حَبِّتكو	–	–
اِحنا	حَبِّناكِ	حَبِّناكو	–	–

١. اِنتَ صَببيت الشاي؟ أيوه __________________.

٢. اِنتِ لَمّيتِ الغسيل؟ أيوه __________________.

٣. اِنتو فَكّيتوا الفلوس؟ أيوه __________________.

٤. هُمّ شدّوا حيلهُم؟ أيوه __________________.

٥. هيّ لَفِّت الهدية؟ أيوه __________________.

ماحَبِّش + ضمير (مفعول به)

مفعول به ← / فاعل ↓	هو	هي	همّ	إنتَ
هو	ماحَبُهوشْ	ماحَبَّهاشْ	ماحَبُّهُمْش	ماحَبَّكْش
هي	ماحَبِّتْهوشْ	ماحَبِّتهاشْ	ماحَبِّتْهُمْش	ماحَبِّتَكْش
همّ	ماحَبُّوهوشْ	ماحَبُّوهاشْ	ماحَبُّوهُمْش	ماحَبُّوكْش
إنتَ	ماحَبّتْهوشْ	ماحَبِّتْهاشْ	ماحَبِّتْهُمش	–
إنتِ	ماحَبِّتيهوشْ	ماحَبِّتيهاشْ	ماحَبِّتيهُمْش	–
إنتو	ماحَبِّتوهوشْ	ماحَبِّتوهاشْ	ماحَبِّتوهُمْش	–
أنا	ماحَبِّتْهوشْ	ماحَبِّتْهاشْ	ماحَبِّتْهُمْش	ماحَبِّتَكْش
إحنا	ماحَبِّناهوشْ	ماحَبِّنَهاشْ	ماحَبِّناهُمْش	ماحَبِّنَكْش

مفعول به ← / فاعل ↓	إنتِ	إنتو	أنا	إحنا
هو	ماحَبِّكيش	ماحَبُّكوش	ماحَبِّنيش	ماحَبِّناش
هي	ماحَبِّتْكيش	ماحَبِّتْكوش	ماحَبِّتْنيش	ماحَبِّتْناش
همّ	ماحَبُّوكيش	ماحَبُّوكوش	ماحَبّونيش	ماحَبّوناش
إنتَ	–	–	ماحَبِّتْنيش	ماحَبِّتْناش

اِنتِ	–	–	ماحَبِّتِينيشْ	حَبِّتيناشْ
اِنتو	–	–	ماحَبِّتونيشْ	ماحَبِّتوناشْ
أنا	ماحَبِّتْكيشْ	ماحَبِّتْكوش	–	–
اِحنا	ماحَبِّناكِيشْ	ماحَبِّناكوشْ	–	–

جاوبوا على الأسئلة دي بـ 'لأ':

١. اِنتَ تقّيت في الشارع؟

لأ، __________.

٢. فكّيتِ الفلوس؟

لأ، __________.

٣. عدّيتوا الشارع؟

لأ، __________.

٤. حَبّيتِ الأكل المصري؟

لأ، __________.

٥. عَدّيتوا الفلوس؟

لأ، __________.

٦. هوّ زَق العربية؟

لأ، __________.

٧. هيّ شَدِّت حيلها؟

لأ، __________.

شَتَم + ضمير (مفعول به)

مفعول به ← فاعل ↓	هو	هي	همّ	اِنتَ
هو	شَتَمُه	شَتَمْها	شَتَمْهُمْ	شَتَمَكْ
هي	شَتَمِتُه	شَتَمِتْها	شَتَمِتْهُمْ	شَتَمْتَكْ
همّ	شَتَموه	شَتَموها	شَتَموهُمْ	شَتَمْوكْ
اِنتَ	شَتَمْتُه	شَتَمْتَها	شَتَمتُهُم	–
اِنتِ	شَتَمْتيه	شَتَمتيها	شَتَمْتيهُم	–
اِنتو	شَتَمتوه	شَتَمتوها	شَتَمتوهُم	–
أنا	شَتَمتُه	شَتَمتَها	شَتَمتُهُمْ	شَتَمتَكْ
اِحنا	شَتَمناه	شَتَمناها	شَتَمْناهُمْ	شَتَمْناكْ

مفعول به ← فاعل ↓	اِنتِ	اِنتو	أنا	اِحنا
هو	شَتَمِكْ	شَتَمْكو	شَتَمْني	شَتَمْنا
هي	شَتَمْتِكْ	شَتَمِتْكو	شَتَمِتْني	شَتَمْتْنا
همّ	شَتَموكِ	شَتَموكو	شَتَموني	شَتَمونا
اِنتَ	–	–	شَتَمْتِني	شَتَمْتِنا

اِنتِ	–	–	شَتَمْتيني	شَتَمْتينا
اِنتو	–	–	شَتَمْتوني	شَتَمتونا
أنا	شَتَمْتِكْ	شَتَمْتُكو	–	–
اِحنا	شَتَمْناكِ	شَتَمْناكو	–	–

جاوبوا على الأسئلة دي بـ 'أيوه':

١. اِنتَ كَتَبت الجواب؟

أيوه، ___________.

٢. اِنتِ فتحتِ الشبّاك؟

أيوه، ___________.

٣. اِنتو دَخَلتوا الجامعة؟

أيوه، ___________.

٤. همّ عملوا الشاي؟

أيوه، ___________.

٥. هيّ غَسَلِتْ الغسيل؟

أيوه، ___________.

٦. هوّ حلّ المشكلة ؟

أيوه، ___________.

٧. اِحنا طَبَخنا الغدا؟

أيوه، ___________.

٨. هوّ دوّر العربية؟

أيوه، ___________.

٩. اِحنا شَكَرنا الراجل على ذوقُه؟

أيوه، __________.

١٠. انتو غيّرتوا الهدوم ؟

أيوه، __________.

ماشَتَمْش + ضمير (مفعول به)

مفعول به ← فاعل ↓	هو	هي	همّ	اِنت
هو	ماشَتَمهوشْ	ماشَتَمْهاشْ	ماشَتَمْهُمْش	ماشَتَمَكْش
هي	ماشَتَمِتْهوشْ	ماشَتَمِتهاشْ	ماشَتْمِتهُمْش	ماشَتَمِتَكْش
همّ	ماشَتَمُهوشْ	ماشَتَمُوهاشْ	ماشَتَموهُمْش	ماشَتَموكْش
اِنتَ	ماشَتَمْتُهوشْ	ماشَتَمْتَهاشْ	ماشَتَمْتُهُمْش	–
اِنتِ	ماشَتَمْتيهوشْ	ماشَتَمْتيهاشْ	ماشَتَمتيهُمش	–
اِنتو	ماشَتَمتوهوشْ	ماشَتَمتوهاشْ	ماشَتَمتوهُمْش	–
أنا	ماشَتَمْتُهوشْ	ماشَتَمْتَهاشْ	ماشَتَمْتُهُمْش	ماحشَتَمْتَكْش
اِحنا	ماشَتَمْنا هوشْ	ماشَتَمْنَا هاشْ	ماشَتَمْنا هُمْش	ماشَتَمْنَاكْش

مفعول به ← / فاعل ↓	اِنتِ	اِنتو	أنا	اِحنا
هو	ماشَتَمْكيشْ	ماشَتَمكوشْ	ماشَتَمْنيشْ	ماشَتَمْناشْ
هي	ماشَتَمِتْكيشْ	ماشَتَمِتْكوشْ	ماشَتَمِتْنيشْ	ماشَتَمِتْناشْ
همّ	ماشَتَموكيشْ	ماشَتَموكوشْ	ماشَتَمونيشْ	ماشَتَموناشْ
اِنتَ	–	–	ماشَتَمْتِنيشْ	ماشَتَمْتِناشْ
اِنتِ	–	–	ماشَتَمْتينيشْ	ماشَتَمْتيناشْ
اِنتو	–	–	ماشَتَمْتونيشْ	ماشَتَمتوناشْ
أنا	ماشَتَمْتِكيشْ	ماشَتَمتِكوشْ	–	–
اِحنا	ماشَتَمْناكيشْ	ماشَتَمْناكوشْ	–	–

جاويوا على الأسئلة دي بـ 'لأ':

١. اِنتَ كَتَبت الجواب؟

لأ، ________.

٢. اِنتو قَطَعتوا التذاكر؟

لأ، ________.

٣. هيّ عَمَلِت الواجب؟

لأ، ________.

٤. هو عمل الواجِبات؟

لأ، ________.

٥. اِنتو فتحتوا الشبابيك؟

لأ، ________.

كَتَب + لـ + ضمير

	لـ + هو	لـ + هي	لـ + همّ	لـ + إنتَ
فاعل ↓				
هو	كَتَبْ لُه	كَتَبْ لَها	كَتَبْ لُهُمْ	كَتَبْ لَكْ
هي	كَتَبِتْ لُه	كَتَبِتْ لَها	كَتَبِتْ لُهُمْ	كَتَبِتْ لَكْ
همّ	كَتَبوا لُه	كَتَبوا لْها	كَتَبوا لْهُمْ	كَتَبْ لِكْ
إنتَ	كَتَبْتِ لُه	كَتَبْتِ لْها	كَتَبْتِ لْهُمْ	–
إنتِ	كَتَبْتِي لُه	كَتَبْتِي لْها	كَتَبْتِي لْهُمْ	–
إنتو	كَتَبْتوا لُه	كَتَبْتُوا لْها	كَتَبتوا لْهُمْ	–
أنا	كَتَبْتِ لُه	كَتَبْتِ لها	كَتَبْتِ لهُمْ	كَتَبْتِ لُكْ
إحنا	كَتَبْنا لُه	كَتَبْنا لْها	كَتَبْنالْهُمْ	كَتَبْنا لَكْ

	إنتِ	إنتو	أنا	إحنا
فاعل ↓				
هو	كَتَبْ لِكْ	كَتَبْ لُكو	كَتَبْ لِي	كَتَبْ لِنا
هي	كَتَبِتْ لِكْ	كَتَبِتْ لُكو	كَتَبِتْ لي	كَتَبِتْ لِنا
همّ	كَتَبوا لِكْ	كَتَبوا لْكو	كَتَبوا لي	كَتَبوا لْنا
إنتَ	–	–	كَتَبْتِلي	كَتَبْتِ لْنا

اِنتِ	–	–	كَتَبْتِيلي	كَتَبْتِي لْنا
اِنتو	–	–	كَتَبْتولي	كَتَبْتوا لْنا
أنا	كَتَبْتِلَكْ	كَتَبْتِلْكو	–	–
اِحنا	كَتَبْنالِكْ	كَتَبْنالْكو	–	–

جاوبوا على الأسئلة دي بـ ‘أيوه‘:

١. اِنتَ كَتَبت لمحمود؟

أيوه، __________.

٢. اِنتِ نَدَهتِ لمحمد؟

أيوه، __________.

٣. اِنتو فَتَحتوا لكريمة؟

أيوه، __________.

٤. هو رَفَع للزبون القضية؟

أيوه، __________.

٥. عبد الله سمح لبنته تروح السينما؟

أيوه، __________.

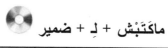

ماكَتَبْش + لِـ + ضمير

فاعل ↓	هو	هي	همّ	اِنتَ
هو	ماكَتَبْلوشْ	ماكَتَبْلَهاشْ	ماكَتَبْلُهُمْش	ماكَتَبْلَكْش
هي	ماكَتَبِتْلوشْ	ماكَتَبِتْلَهاشْ	ماكَتَبِتْلُهُمْشْ	ماكَتَبِتْلَكْش
همّ	ماكَتَبُلْكوشْ	ماكَتبولْهاشْ	ماكَتَبُولْهُمْشْ	ماكَتبولَكْشْ
اِنتَ	ماكَتَبْتِلوشْ	ماكَتَبْتِلْهاشْ	ماكَتَبْتِلْهُمْشْ	–
اِنتِ	ماكَتَبْتِيلوشْ	ماكَتَبْتِيلهاشْ	ماكَتَبْتيلهُمْشْ	–
اِنتو	ماكَتَبتولوشْ	ماكَتَبْتولْهاشْ	ماكَتَبْتولْهُمْشْ	–
أنا	ماكَتَبْتِلوشْ	ماكَتَبْتِلْهاشْ	ماكَتَبْتِلْهُمْشْ	ماكَتَبْتِلَكْش
اِحنا	ماكَتَبْنالوشْ	ماكَتَبْنالهاشْ	ماكَتَبْنالْهُمْشْ	ماكَتَبْنالَكْش

فاعل ↓	اِنتِ	اِنتو	أنا	اِحنا
هو	ماكَتَبْلِكيشْ	ماكَتَبْلكوشْ	ماكَتَبْليش	ماكَتَبْلِناشْ
هي	ماكَتَبِتْلِكيشْ	ماكَتَبِتْلِكوشْ	ماكَتَبِتْليشْ	ماكَتَبِتْلِناشْ
همّ	ماكَتَبولْكيشْ	ماكَتَبولْكوشْ	ماكَتَبوليش	ماكَتَبولْناشْ
اِنتَ	–	–	ماكَتَبْتِليشْ	ماكَتَبْتِلْناشْ

اِنتِ	–	–	ماكَتَبْتيليش	ماكَتَبْتيلْناش
اِنتو	–	–	ماكَتَبْتوليش	ماكَتَبْتولْناش
أنا	ماكَتَبْتِلكيش	ماكَتَبْتِلْكوش	–	–
اِحنا	ماكَتَبْنالْكيش	ماكَتَبْنالْكوش	–	–

جاوبوا على الأسئلة دي بـ 'لأ':

١. اِنتَ كَتَبت لمحمود؟

لأ، ____________.

٢. اِنتو سَمحتوا للطلاب بالتدخين هنا؟

لأ، ____________.

٣. هيّ فَتَحِت الباب للستّ اللي بتنضف؟

لأ، ____________.

٤. اِنتِ عملتِ الشاي لعبد الله؟

لأ، ____________.

٥. الإدارة في الشركة سمحت للموظفين بالتدخين في المكاتب؟

لأ، ____________.

كان

Used invariably, in the third person masculine singular form, in the following cases:

1. Modals that show no identification for number or gender, e.g.:

- كان ممكن ينجحوا.
- كان لازم تستناني.

2. Modals that show inflection, e.g.:

- كان نفسي أسافر فرنسا.
- كان نفسه يسافر فرنسا.
- كان قصدنا نقول . . .

3. [fii] sentences, e.g.:

- كان فيه طلاب كتير قوي.
- كان فيه كُتُب جميلة في المكتبة دي.

4. Possessive prepositions, prepositions of place and the idiomatic uses of the prepositions, e.g.:

- كان معايا عشرة جنيه.
- كان عندها عربية.
- كان قدامي فرصة للسفر.
- كان ورانا معاد.

حوّلوا الجمل دي للماضي:

١. نِفسُه يكلّمها ويسمَع صوتها. ______________________

٢. ورايا مشاوير كتيرة قوي! ______________________

٣. الأخبار وحشة قوي! ______________________

٤. عندهم الامتحان الشفوي. ______________________

٥. إحنا تعبانين وزهقانين. ______________________

٦. فيه مشاكل كتيرة عندهم. ______________________

٧. لازم يكلموا المدير الأول! ______________________

٨. همّ فين؟ ______________________

٩. الجو حر نار! ______________________

١٠. لازم تقول لها الحقيقة كلها. ______________________

النطق

في البيت اسمعوا الجمل اللي على الـ DVD وكرروا، لاحظوا نُطق صوت الـ 'س' - الـ 'ص' - الـ 'ز' - الـ 'ظ' + صوت الـ 'ش'.

١. هو دَرَس ألماني بسّ صاحبُه **مادَرَسش.**

٢. حُط الفاكهة في التلاّجة عشان **ماتبوظش.**

٣. عدّيت عليه لقيته لسّه **مالبسش.**

٤. السكر لسّه **ماخلِصش**، ليه عايز تشتري تاني؟

٥. هو ما **غَمَزش.**

الدرس الثامن

في دار المُسنّين

الموضوعات	▪ دار المُسنّين ▪ العلاقات العائلية ▪ الجنازة والعزا
الوظائف اللغوية	▪ إبلاغ شخص بخبر وفاة شخص عزيز ▪ تقديم العزا
القواعد	▪ الأفعال مع الضماير المُتصلة (تكملة) ▪ هو/هي + السؤال ▪ كان + الجملة المركبة
الثقافة	▪ تبليغ خبر الوفاة ▪ العزا – الملابس المتوقعة – ما يُقال للعزاء ▪ دار المُسنّين في مصر
النطق	▪ تطويل صوت الياء في آخر الفعل
القاموس المصور	▪ الفلوس ▪ في الكنيسة – في الجامع ▪ العزا – النعي

الجزء الأول: مسلسل "رحلة عبد الله"

عامية الحياة اليومية

"رحلة عبد الله"

I. اتفرجوا واحكوا (المشاهد الصامتة)

١. اتفرّجوا على المشاهد الصامتة في الفصل واكتبوا الأفكار اللي تيجي في ذهنكم.

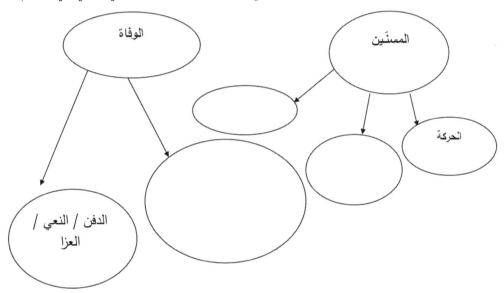

٢. في مجموعات اسألوا زمايلكو:

(أ) رحتوا عزا في مصر أو في أي بلد عربي؟ اوصفوا اللي شوفتوه لو كانت الإجابة أيوه.

(ب) يا ترى إيه الاختلافات في طقوس العزا في بلادكو؟

(ج) اوصفوا دار مسنين زرتوها وتعرفوها أو سمعتوا عنها من حدّ (في مصر أو في أي مكان تاني).

(د) تعرفوا حد في دار المسنين؟ احكوا عنه/عنها وعن ظروفهم.

II. ‏اتفرجوا على "رحلة عبد الله" 💿

‏في البيت اتفرّجوا على "رحلة عبد الله" بدون الرجوع إلى المفردات، وبعدين جاوبوا على أسئلة الفهم اللي على الـ DVD.

III. ‏المفردات والتعبيرات من "رحلة عبد الله"

‏١. في البيت ذاكروا المفردات والتعبيرات واسمعوا الجمل اللي في الـ DVD واكتبوها. اعملوا تمرين ١ و ٢ على الـ DVD.

‏المفردات 💿

‏فيه إيه؟ إيه اللي حصل؟ What's wrong?	‏خير؟!
nursing home	‏دار مُسِنِّين ج. دُور مُسِنِّين
special occasions, holidays	‏المُناسبات
not worried	‏مِطمِّن، مطمنة ج. مِطمِّنين

عنده سبب كويس، أو سبب مقبول	مَعذور ج. مَعذورين
transferred the money for her	حوّل مبلّغ
permission for burying	تصريح الدفن

التعبيرات

give someone a scare	وقّع، يوقّع قلبـ(ي)
طريقة مؤدبة لـ 'حدّ مات'، not with us any more	(فلان) تعيش إنتَ.
لما نتكلّم على حدّ مات نقول عليه كدا God rest her soul.	الله يرحمـه، الله يرحمها ج. الله يرحمهُم

مقولة تحثّ على الإسراع في دفن المتوفّي. We have to bury the dead.	إكرام الميّت دفنُه. _____ _____
expression used to offer condolences I'm sorry.	البقية في حياتَك/في حياتِك/في حياتكو _____ _____
expression used to offer condolences I'm sorry (Same meaning as previous, however more classical and more religious.)	البقاء لله _____ _____
God give you strength.	شدّ حيلَكْ (pronominal suffix+حيل) _____ _____
An expression used when referring to a person who has passed away.	الله يرحمها ويحسن إليها. _____ _____
It wasn't meant to be.	مافيش نصيب _____ _____

تحت الحساب ________________________ ________________________	downpayment

٢. في مجموعات في الفصل راجعوا الجمل اللي كتبتوها وانتو بتذاكروا المفردات والعبارات من على الـ DVD في البيت.

٣. اكتبوا كل مفردة وعبارة جديدة على كارت. حطوا كل الكروت مع بعض وبعدين كلّ واحد يسحب كارت ويحاول شرح الكلمة أو العبارة اللي فيه لزمايله من غير ما يقول الكلمة أو العبارة.

٤. إيه الأفعال اللي ممكن نستخدمها مع الأسماء دي؟ وبعدين احكوا حكاية واستخدموا فيها نفس الأفعال والأسماء.

مبلغ	حساب	تصريح	دار المُسنين

٥. فكروا إيه الأسماء اللي ممكن نستخدمها مع الأفعال اللي في الجدول وبعدين استخدموها في سياق.

نِزِل	شَدّ	طَلَّع	حَوِّل	
				في دار مُسنّين
				مَبلغ
				الباب
				فلوس
				تصريح

				رُخصة
				في فندق
				حيلُه

٦. فكروا في الأفعال اللي ممكن نستخدمها مع كلمة 'قلْب،' زي 'وقع قلب شخص.' اسألوا عن أفعال تانية واكتبوها، وناقشوها مع بعض في الفصل.

______________ ______________ ______________

______________ ______________ ______________

IV. **في الفصل مثلوا المشاهد اللي اتفرجتوا عليها.**

وزّعوا الأدوار على نفسكو: عبد الله – سامية – أيمن – مديرة دار المسنين.

V. **أسئلة الفهم الدقيق على "رحلة عبد الله"**

في مجموعات:

١. عبد الله وأيمن اتفقوا على النزول بكرة الصبح ليه؟
٢. لما سامية قالت لعبد الله "البقاء لله" هوّ ردّ عليها وقال إيه؟
٣. إيه اللي عرفناه عن مصطفى؟ وإيه اللي عرفناه عن ولاده؟
٤. إيه هو السبب الرئيسي في رأي عبد الله اللي خلاّه يرجع مصر؟
٥. في بيت المسنين، عبد الله بيسأل "هو لسّه كتير" ليه؟
٦. عبد الله وأيمن عليهم فلوس؟ ليه؟
٧. اسمعوا وخمنوا معنى "فلوس تحت الحساب" من السياق.

VI. **الإشارات الثقافية من "رحلة عبد الله"**

لاحظوا واتناقشوا حوالين:

١. دار المُسنّين بالنسبة لكتير من المصريين وغيرهم من الثقافات المختلفة

٢. "إكرام الميّت دفنُه." إيه الاختلاف بين الفكر دا وفكر شعوب تانية؟

٣. العادات المُختلفة في مواقف العزا: المشروبات اللي بتتقدّم، ملابس الراجل والستّ، إلخ

٤. استخدام الورد في العزا، إيه المناسب وإيه اللي مش مناسب في موقف العزا؟

٥. مراسم و تكاليف جنازة عادية في بلادكو

٦. الطقوس المختلفة للتعامل مع الجسم بعد الموت في الثقافات المختلفة

٧. الوضع الاجتماعي للحانوتي أو التُّربي في بلادكو

القواعد

في البيت ذاكروا القواعد من الـ DVD. في الفصل اعملوا التمارين على القواعد (التركيز على الصحة اللغوية). استخدموا قال + لـ + ضمير + ادى + ضماير.

١. صديق مصري طلب منكو زيارة جدته في دار المسنين لأنه مسافر برا. حاتتكلموا معاه بعد الزيارة وتحكوا له عن الحوارات اللي دارت بينكم وبين جدته، وكمان بينكم وبين الناس اللي بيخلّوا بالهم منها في الدار. اتكلموا عن صحة الجدة، والأدوية اللي بتاخدها، وأكلها، والنشاطات اللي بتمارسها مع أصحابها في الدار. مثلوا حوار مع زميل/زميلة في الفصل زي في المثال:

- الصديق ١: سألت جدتي عن الأدوية اللي بتأخذها؟
- الصديق ٢: أيوة، سألتها **وقالت لي** إن الدكتورة **ادت لها** الأدوية بتاعة القلب بسّ، ما **ادتلهاش** أي حاجة للبرد.

٢. اعملوا مقابلة مع تلاتة من زمايلكو في الفصل واسألوهم عدد من الأسئلة الشخصية وبعدين قدموا تقرير للفصل مستخدمين العبارات زي في المثال:

- سألتهم عن الفلوس اللي بيكسبوها في السنة فمارك **قال لي** المعلومة بالظبط.

بس ماري ماقالتهاليش.

٣. في مجموعات صغيرة احكوا لبعض عن الحوار اللي دار بينكو وبين شخص كذبتوا عليه في حاجة مهمة، مثلاً اضطريتوا تكذبوا على حد من أهلكم أو مدرس أو صديق. استخدموا أكبر عدد ممكن من الأفعال المختلفة اللي بنستخدمها لما بنحكي لحدّ، زي:

قال – سأل – حكى– أكد – اعترف – أقنع

مثلاً:

مرة أخدت عربية من ورا أبويا وأنا عندي ١٦ سنة، فعملت حادثة بيها وبعدين **سألني** إذا كنت شربت حاجة **فأكدت له** في الأول إني ما شربتش حاجة، بس هو ماقتنعش بكلامي **فاعترفت له** بأني شربت بيرة واحدة.

المشاهد الإضافية

١. اتفرّجوا على المشهد الإضافي ١ "في دار المسنين" على الـ DVD، وجاوبوا على الأسئلة:

(أ)   عرفنا إيه عن المتحدثة الأولى؟

سنّها: ــ

موقفها من الدار : ــ

موقف ولادها: ــ

هي ليه ضحكت لما الراجل سألها عن سنّها؟ علّقوا على السؤال.

(ب)   وعرفنا إيه عن الستّ التانية؟

عن حياتها: _____

عن ولادها: _____

عن أحفادها: _____

(ج)   عرفنا إيه عن النزيل التالت اللي في الدار؟

_____

هو قال إيه عن الدار؟ _____

وعرفنا إيه عن ولاده؟ _____

(د)   عرفنا إيه عن النزيل الرابع؟ احكوا حكايته اللي هو حكاها.

_____

_____

٢.   اتفرجوا على المشهد الإضافي ٢ على الـ DVD:

اوصفوا المشهد:

_____

اوصفوا الملابس (الرجالة والستّات):

_____

طريقة سلام الناس على بعض:

_____

المحادثة في الفصل: عامية الحياة اليومية

راجعوا المفردات والتعبيرات الجديدة اللي في الدرس ومفردات القاموس المصوّر واستخدموها في التمارين دي:

١. في مجموعات صغيرة مثلوا حوار بين إخوات عندهم أب مُصاب بمرض الزهايمر وحالته متأخره جدًا، وفيه اقتراح إنه يتنقل دار المسنين. فيه أخوات وقرايب مع الاقتراح وفيه ضد.

مع	ضد
شغل وانشغال الأولاد – تبريرات – كلام عن الزيارات المتكررة – الرعاية برروا موقفكو وحاولوا إقناع الاخوات بأن دا مهم لهم كلهم بطريقة لطيفة. وبعدين حاولوا بطريقة مش لطيفة.	العقوق – سوء الخدمة في الدار – تبريرات تانية حاولوا تعبروا عن موقفكو بطريقة لطيفة مرة وبعدين بطريقة مش لطيفة بعد كدا.

٢. تخيلوا إنّ لكو شخص قريب في دار مسنين بيعاني من سوء المعاملة. قدّموا شكوى شفوية لمدير / مديرة الدار. حتقولوا إيه؟ اوصفوا المعاملة وإيه اللي حصل بالتفصيل وبعدين قدموا اقتراحات لتحسين الوضع وقدموا اقتراحات للتعويض عن اللي حصل.

٣. سمعتوا إن جدّ واحد من أصحابكو المصريين مريض وقاعد في المستشفى وقررتوا تزوروه. ولما وصلتوا المستشفى لقيتم كل أفراد العيلة متجمعين وبيعيطوا. مثلوا الموقف في مجموعات صغيرة وقرروا النهاية اللي انتوا عايزينها. اختاروا أحسن اسكتش في الفصل وبينوا الأسباب.

٤. قسموا الفصل إلى مجموعتين، مجموعة تمثل إدارة دار المسنين اللي المفروض تقدم برنامج ترفيهي للمسنين اللي في الدار. والمجموعة التانية تمثل المسنين اللي بيكتبوا اقتراحاتهم للإدارة عن البرامج الترفيهية اللي همّ عايزينها. كل مجموعة تبرّر اختياراتها وفي النهاية اوصلوا لاتفاق حوالين البرنامج المناسب للجميع.

٥. النهاردا "اليوم العالمي للمسنّ" اللي أعلنت عنه الأمم المتحدة. بالمناسبة دي اعملوا

برنامج تليفزيوني لتوعية الناس عن وضع المُسنين في المجتمع. الناس دول خدموا المجتمع إزاي؟ وضعهم دلوقتِ إزاي؟ ممكن نساعدهم إزاي؟

الجزء الثاني: عامية المثقّفين

اللقاءات

I. لقاء ١ مع أ. ليلى بركات

١. اتفرّجوا على لقاء ١ مع أ. ليلى بركات اللي في الـ DVD وذاكروا المفردات
والتعبيرات.

المفردات والتعبيرات

people are keen on coming	الناس مُقبلة على المجيّ
by force, against their will	غصْبٍ عنهم
I imagine	متهيأ لي / له / لها

٢. اسمعوا وجاوبوا على الأسئلة:

(أ) المتحدّثة قالت إيه عن تاريخ الدار؟ _____

_____

(ب) إيه علاقة النزلاء بتوع الدار بأهلهم في رأي المتحدّثة؟ _____

_____

(ج) تفتكروا علاقة مين أقوى بالمُسنّ، الابن ولا البنت؟ والمُتحدّثة قالت إيه؟

_____

_____

٣. لاحظوا مستوى اللغة:

اكتبوا اللي سمعتوه بالفصحى كلمة كلمة.

____

____

____

II. لقاء ٢ مع د. زينب شاهين

١. اتفرّجوا على لقاء ٢ مع د. زينب شاهين وذاكروا المفردات والتعبيرات.

المفردات والتعبيرات

الولاء	loyalty
الجحود	thanklessness
قُصور	failure
لازِم، يلازِم (شخص)	to accompany
منتهى المهانة	humiliation

٢. اسمعوا وجاوبوا على الأسئلة:

(أ) في رأي الدكتورة زينب إيه الأسباب اللي بتخلّي الناس يوّدوا المسنين اللي في عيلتهم الدار؟

____

____

(ب) وإيه رأي المتحدّثة في اللجوء لدار المُسنين؟

____

____

(ج) إيه الحاجة اللي بتزعج المتحدثة وبتضايقها جدًا؟

____

____

(د) يا ترى هي بتطالب بإيه؟ ______________________

____

٣. **لاحظوا مستوى اللغة:**

(أ) إيه الكلمة اللي قالتها المتحدثة باللغة الإنجليزية؟ ______________

(ب) تفتكروا ليه استخدمت الكلمة الانجليزي هنا؟ ______________

(ج) استخرجوا ٣ كلمات قالتهم المتحدثة بالفصحى: ______________

______________ ______________

(د) اسمعوا مرة تانية وشوفوا السياق اللي اتقالت فيه الكلمات الفصحى، واعملوا مناقشة.

III. **لقاء ٣ مع د. يحيى الرخاوي**

٤. **اتفرّجوا على لقاء ٣ مع د. يحيى الرخاوي وذاكروا المفردات والتعبيرات.**

المفردات والتعبيرات

reluctantly	على مَضض
you reap what you sow	حايفضل لك في ولادك
ingratitude (to parents)	عُقوق

٥. **اسمعوا وجاوبوا على الأسئلة:**

(هـ) إيه رأي المتحدّث في اللجوء لدار المُسنين؟ ______________

____

(و)   إزاي رأيُه بيختلف عن رأي المتحدّثة اللي في لقاء ٢؟

_____

(ز)   المتحدث قارن بشكل سريع جدًا بين اللجوء إلى دور المسنين في بلادنا وفي
الخارج. هو قال إيه؟ موافقين على كلامه ولا لأ؟ ليه؟

_____

_____

(ح)   إيه هي الحالات اللي ممكن تؤدي للشخص إنه يودّي أمه أو أبوه دار المُسنين
في رأي الدكتور الرخاوي؟ وإيه رأيكو؟ _____

_____

(ط)   اعملوا مناقشة في الفصل حوالين الأسباب دي، أضيفوا عليها، أو اذكروا
غيرها ووضحوا الأسباب.

_____

_____

٦.   لاحظوا مستوى اللغة:

اكتبوا الجمل اللي بالفصحى اللي استخدمها المتحدّث.

_____

_____

اقروا واتناقشوا

١.   الوفيات

(أ)   اقروا نماذج من النعي وبعدين قدموا ملاحظاتكو في الفصل وقارنوا بينها وبين
نماذج النعي اللي بتشوفوها في بلادكم.

(ب) استخرجوا الأسماء اللي بتدلّ على الدين واعملوا مناقشة حواليها. استخرجوا الأسماء اللي مش بتدلّ على دين معين، وبرضه اعملوا مناقشة.

(ج) استخرجوا القرابات المكتوبة في النعي، مثلاً: ابن خال، ابن عم، إلخ.

(د) استخرجوا الوظايف المذكورة كمان.

الوفيات

١٢ نوفمبر ٢٠٠٦ - جريدة الأهرام

"إنا لله وإنا إليه راجعون" توفيت إلى رحمة الله تعالي المغفور لها بإذن الله السيدة الفاضلة سعاد صادق	**"مع المسيح أفضل جدًا" شيّعت أمس جنازة السيدة عايدة توفيق مسيحة**
حرم المرحوم محمد كامل عباس رئيس مجلس إدارة البنك العقاري المصري الأسبق، ابنة أحمد بك صادق وفاطمة هانم عباس، ووالدة الأستاذ أكمل عباس المحامي الإقليمي لشركة BP العالمية بالشرق الأوسط زوج السيدة مها شديد عضو هيئة التدريس بجامعة أبو ظبي، وكريمة المرحوم عزيز عبد الحميد شديد والدكتورة عزيزة الشريف أستاذة الحقوق بجامعتي القاهرة والكويت، وجدة مَلَك ومالِك، وشقيقة حسان صادق رئيس شركة المدينة للأوراق المالية والمرحوم جعفر صادق المدير الأسبق بشركة بترول بلاعيم، وعمة يسرية بشركة وابنة عمة زينب الغمراوي، وزوجة خال وعم عزة عثمان بشركة EREX والمستشار أيمن عباس	كريمة المرحوم توفيق بك مسيحة والمرحومة سيسيل ميخائيل عياد، حرم المرحوم ماهر فريد المحامي، والدة دلال فريد، وشقيقة كل من الدكتور عبد الله توفيق والمرحومة إيزابيل حرم المرحوم فاضل سليم والسيدة فيوليت حرم المرحوم الدكتور عزمي إسكندر والسيدة لوسي حرم المرحوم الدكتور انطون عياد، وخالة كل من المرحوم عميد متقاعد رؤوف فاضل سليم والسيدة نادية حرم المرحوم الدكتور منير عطية والسيدة كوثر حرم المرحوم المهندس سعد فهمي والسيدة سهير حرم السيد عمرو عطية والدكتور مهندس كمال عزمي والكيميائي جمال والدكتورة نوال حرم الدكتور فتحي ناشد والدكتورة سوزي انطون حرم المرحوم المهندس وجيه عزيز

مصر BP وفاطمة الزهراء وعلياء بشركة المدينة، وابنه عم خالد صادق خبير العلاج الطبيعي ونفيسة بالكويت، وابنة خال نفيسة علي عباس، رئيس الاستئناف والمستشار مهند عباس نائب رئيس مجلس الدولة وأمنية عباس حرم المهندس الاستشاري محمد علي عبد المجيد والأستاذ شريف عباس المحامي بالإسكندرية والأستاذ طارق عباس الخبير الاجتماعي، وقريبة ونسيبة عائلات علي بك عبد المجيد بالمراشدة والدكتور حامد خليل بالمنشأة وعثمان والشمّاع وعبد القادر والدكتور اسماعيل قدري وشديد.

والعزاء يوم الاثنين الموافق ١٣ نوفمبر بدار مناسبات الحامدية الشاذلية بالمهندسين، سيدات ورجال،

تلغرافيًا: ٣٦ شارع المنصور محمد بالزمالك نسألكم الفاتحة.

والمهندسة منى حرم المهندس فايز فرج، وابنة شقيقة المرحومة مادلين عياد حرم الأميرالاي حلمي لبيب، وابنة خالة الكيميائي نبيل حلمي والمهندس عادل والدكتور مجدي والمهندس ماهر، وابنة عمة وعم المرحوم المستشار عدلي عياد والسيدة ماري حرم المرحوم الدكتور موسي العفي والسيدة كلير حرم المرحوم المستشار ممدوح مكرم والدكتور وجيه نقولا والأستاذ عادل مسيحة وأخوتهم.

والعزاء اليوم السادسة مساءً بقاعة كنيسة مار جرجس، هليوبوليس، مصر الجديدة.

**انتقل إلى الأمجاد السماوية
نظمي إبراهيم الطويل**

زوج المرحومة عايدة ناشد، ووالد جورج زوج مرفت وميشيل والمرحوم هاني وناهد حرم المرحوم زكي حليم وراوية حرم فؤاد إسكندر وحنان حرم مراد ثابت وهناء حرم مرقس فرج الله، وشقيق صادق

**"يا أيتها النفس المطمئنة ارجعي إلي ربك راضية مرضية فادخلي في عبادي وادخلي جنتي"
صدق الله العظيم
توفيت إلي رحمة الله
الحاجة نعيمة محمود البخاري**

حرم المرحوم الدكتور محمد الحلوجي المستشار بهيئة البترول سابقًا، ووالدة كل من الدكتور مختار وكيل أول وزارة البحث العلمي سابقًا زوج السيدة زيزي وهبة والمهندسة عزة المدير العام بشركة النحاس سابقًا والمهندسة أسماء المدير العام لشركة

وإستر ومادلين إبراهيم، وابن خالة ألفريد وكمال وصلاح ناشد والدكتور فايق فريد. وشيعت الجنازة بأمريكا يوم ٢٠٠٦/١١/١١ تلغرافيًا: عماد ثابت القناطر، الخيرية	جوبا مصر حرم المهندس أحمد الجندي وكيل وزارة البترول والمهندس ممدوح المدير العام بشركة خالدة للبترول زوج السيدة شويكار شحاتة كبيرة الإعلامين والمحاسب محمود المدير بكلية الاقتصاد بجامعة القاهرة والمحاسبة حنان المدير العام بهيئة البترول حرم الدكتور علي حسن طبيب الأسنان، وشقيقة كل من المغفور لهم السيدات السادة فتحية وحنفي وأمين وصلاح ومحمود وسعدية وليلي،وجدة كل من الدكتور باهر والدكتور محمود الحلوجي بأمريكا ودينا ومنى داود وعمر وباسل الجندي وياسر ومنى الحلوجي والدكتور أحمد، وقريبة ونسيبة عائلات البخاري والحلوجي ووهبة وداود والجندي وشحاتة وحسن عيد وصلاح قابيل. وشيعت الجنازة أمس وستقام ليلة العزاء بالسرادق أمام مسجد الفاروق بمدخل المعادي، للرجال والسيدات، غدًا الاثنين ١١/١٣. تلغرافيًا: الحلوجي، ٢٦ شارع الدقي

٢. اقروا القصة دي في البيت وبعدين نظموا برنامج تلفزيوني حول هذا الموضوع، يشارك فيه: مقدم البرنامج، وأفراد العيلة المذكورة، صاحبة المشكلة، جارتها، أمها، أختها، وطبيب نفساني وأستاذ في علم الاجتماع من جامعة القاهرة. وزعوا الأدوار على نفسكو وحضروا حديثكم في البيت وبعدين مثلوا البرنامج والمناقشة في الفصل.

زهور الصبّار

أنا فتاة في الثالثة والعشرين من عمري. أعيش مع أبي وأمي وشقيقة تكبرني بعامين، ونحيا حياة عادية ونسكن في شقة من ثلاث غرف واسعة بحي قديم بها كل الكماليات. ولنا أنا وأختي غرفة خاصة بنا بها سريران وبعض المقاعد وتسريحة واسمها في البيت غرفة البنات. ولأمي وأبي غرفة خاصة بهما والثالثة للصالون. أما السفرة فمكانها الصالة وهي مستديرة صغيرة الحجم حتى يتسع لنا المجال للحركة في الصالة التي بها جزء عبارة عن غرفة معيشة نشاهد فيها التليفزيون. وأمي سيدة تعلّمت حتى الإعدادية وتقرأ الصحف والمجلات وتحب مشاهدة المسلسلات التليفزيونية ومباريات الكرة. أما أبي فهو أيضًا تعلّم في المدرسة وحصل على الابتدائية القديمة ولم يواصل تعليمه الثانوي لأنه تفرّغ للعمل مع والده. وهو الآن في الرابعة والخمسين من عمره ويجيد القراءة والكتابة ويهتمّ اهتمامًا خاصًا بقراءة صفحة الوفيات. وقد حرص على تعليمنا وعلى توفير الجو الملائم لنا ولم يبخل علينا بشيء من ناحية الكتب والدروس الخصوصية وخاصة في الثانوية العامة حتى تمكنّا من اجتياز عقبتها من أول مرّة وبمجموع متوسط. فالتحقت أختي بكلية نظرية وتخرّجت بتقدير جيد، ولحقتُ أنا بها في نفس الكلية بعد عام وتخرّجتُ فيها بنفس التقدير ثم خرجنا للعمل. ولأن فرصتنا في التعيين لم تأت بعد، فقد عملنا في أكثر من عمل بالقطاع الخاص ونحن حاليًا نعمل في مكتبين مختلفين وننتظر فرصة أفضل لعمل أكثر ثباتًا وضمانًا. وخلال دراستنا في الكلية وخلال عملنا حرصنا أنا وأختي على أن نظهر دائما بالمظهر اللائق من حيث الملابس. فكنّا – ومازلنا – والحمد لله نرتدي الملابس الأنيقة البسيطة التي تساعدنا أمي في تفصيل بعضها ونشتري البعض الآخر من راتبنا. والحقيقة أننا وبكل تواضع جميلتان، وجيراننا يتعجبون من أناقتنا ومن أن كل ما نلبسه يصبح جميلاً علينا ولو كان رخيصًا، والحمد لله على ذلك. آسفة لأنني سأضطر إلى أن أمدح نفسي وأختي مرة أخرى. فنحن مهذّبتان ومُلتزمتان أخلاقيًا ولم نعرف اللهو في حياتنا. أضف إلى ذلك أن 'لساننا حلو' والجميع في الشارع 'يحلفون' بحياتنا وأدبنا وخفّة دمنا ولباقتنا. فنحن ظريفتان فعلاً والله العظيم وجاراتنا يحببن جلستنا وكلامنا. ربما قد أكون أطلت في وصف مميزاتنا لأقول لك إنه كان من الطبيعي مع هذه المؤهلات أن

يكثر خطّابُنا والراغبون في الارتباط بنا. وقد كثروا فعلاً منذ أواخر أيام الدراسة الجامعية. لكن شاء حظنا أن يكون من يقترب منا ويرغب في الارتباط بنا دائمًا من عِلية القوم أي ابن موظف كبير في درجة نائب وزير مثلاً! أو ابن مدير كبير أو ابن رجل أعمال ينجذب كل منهم إلى واحدة منا، ويقترب ويبدي اهتمامه ورغبته في الارتباط بها ويطلب معلومات عنها، فتفتح صدرها وتعطيه ما يريد من معلومات فما أن يعرف مهنة أبي حتى يطير ويختفي كأنه 'فصّ ملح وداب'!! تكررت هذه الحكاية معنا في الجامعة. وفي الأعمال التي التحقنا بها عدة مرات حتى أن أختي تركت شركة خاصة كان عملها مريحًا ومرتبها جيداً خصيصًا لهذا السبب! مع أن مهنة أبي شريفة وهي التي صنعت منا هاتين الفتاتين المتعلّمتين اللبقتين والأنيقتين. ولقد تكررت هذه الحكاية معنا عدة مرات حتى بدأنا أن نتعقّد وبدأنا أن نحكي لأمنا عنها. لكن هذا لم يؤثر على حبنا لأبينا واحترامنا له أبدًا. فهو مثال الأب الحنون الذي لا يبخل علينا بشيء. وهو يدخر لكل منا منذ طفولتنا مبلغا لكي يكون لنا سندًا عند الزواج. ومع ذلك أحسّ بمشكلتنا، وقال لنا إنه ورث مهنته أبًا عن جد وإن كثيرين يتصارعون للحصول على ترخيص كالترخيص الذي ورثه عن أبيه. وإنه لولا أن العمر قد تقدّم به لفكّر في أن يستبدله بعملٍ آخر كالتجارة. ولكنه يخشى إن فعل هذا الآن أن يخسر كل شيء لأنها ليست مهنته ولا يجيدها. فأسرعنا أنا وأختي نقطع كلامه ونقول له إننا فخورتان به وإنه يكفى أنه ربّانا وعلّمنا. وانتهى الموضوع عند هذا الحد لكن أزمتنا لم تنته. فالمشكلة مازالت مستمرة. ومازالَ من يقترب منا يسرع بالفرار بعد أن يعلم. أما من يتقدّمون إلينا ويرضون بمهنة أبي فيكونون دائمًا متزوجين لكنهم محتاجون إلى الحنان كما يقولون! فماذا نفعل يا سيدي لكي ننال حقنا في الزواج الطبيعي السعيد؟! هل نرغم أبانا وهو في مثل هذه السنّ أن يغيّر مهنته، وهو ما لا نرضاه لنفسينا وله. ولماذا يحمل الناس هذه النظرة الضيقة لبعض المهن الشريفة الضرورية؟ وهل يمكن أن تقول كلمة لهؤلاء الذين يعرّضوننا كل مرة لهذا الإحراج السخيف وأنت طبعًا قد فهمت أنّ مهنة أبي الشريفة هي في مجال الدفن!

ولكاتبة هذه الرسالة أقول:

عند الإنجليز مثل يقول: "من أحبّني أحب كلبي." وفي الشعر العربي القديم بيت طريف يقول فيه الشاعر: "وأحبّها وتحبّني وتحبّ ناقتُها بعيري!"

بمعنى أن الحب قد امتدّ من الحبيبين إلى مطيتهما، فأحبت ناقتها بعيره وأحب بعيره ناقتها. وأريد أن أقول لكِ إن من يرغب بصدق في الارتباط بإنسانة رأى فيها حلم حياته وشريكة عمره لا يتوقّف عند مثل هذه الاعتبارات. بل يقبل بها وبكل ظروفها ويحب أعزّاءها ويعتز بهم كما تحبهم هي وتعتز بهم. وكل الشبّان الذين اقتربوا منكما ثمّ ولّوا الأدبار بمجرد معرفتهم مهنة أبيكما الشريفة والضرورية للحياة – وإلا انتشر الطاعون والأوبئة في المجتمع – لم تتعدّ رغبة أحدهم فيكما حدود الإعجاب المبدئي بجمالكما. ولهذا لم يصمد الإعجاب للمفارقة التي يلمسونها بين مظهركما وبين حياتكما بحقائقها الاجتماعية التي لا تعيبكما لكنها تصدمهم! مشكلتكما الحقيقية ليست في ذلك ولكنها – إن صحّ تقديري – في تطلّعكما الداخلي الخروج من إطار حياتكما الاجتماعية إلى حياة أخرى تريان أن جمالكما وأناقتكما يرشّحانكما لها. لهذا كثر الاقتراب وكثر الفرار. لأن من اقتربوا كانوا رموز هذه الحياة التي تريان أنها جديرة بكما. ولو كان الأمر غير ذلك لانجذب لكما آخرون من دائرة الأسرة والحي الذي تقيمان فيه ولابد أن في دائرة الأسرة المحيطة بكما شبابًا جامعيين من 'غير الباحثين عن الجمال' يعجبون بجمالكما وظروفكما ومؤهلاتكما التي تنال تقدير سيدات الحي كما تقولين. لو حدث ذلك لما واجهتكما المحنة كل مرة لأن من يقترب منكما سيكون على علم بكل شيء قبل أن يقترب. على أية حال لا تقلقي فأنتما ما زلتما في أول الشباب وستأتي فرصتكما. والجمال في النهاية تاج يجذب إليه الكثيرون وقد أضفتما إليه مؤهلات أهم كالالتزام واللباقة والذكاء الاجتماعي وحلاوة اللسان. لهذا سيأتي فارس الأحلام الذي يرغب فيكما بصدق ويرتبط بكما عاطفيا. والارتباط العاطفي الصادق هو الذي يصمد أمام المفارقات ويتحدّاها. وحبّذا لو كان من محيطكما العائلي أو الاجتماعي لأن التكافؤ الأُسريّ من أهمّ مقوّمات الزواج الناجح.

عبد الوهاب مطاوع، من زهور الصبّار (بتصرّف)

دار الشروق، ٢٠٠٤

القواعد

١. اسمعوا ولاحظوا الأفعال مع الضماير

قال + لـ + ضمير

مفعول به ←	هو	هي	همّ	اِنت
فاعل ↓				
هو	قالّه	قالّها	قالُّهُمْ	قالَّكْ
هي	قالِت لُه	قالِت لَها	قالِتْ لُهُمْ	قالِت لَكْ
همّ	قالوا لُه	قالوا لْها	قالوا لْهُمْ	قالوا لَكْ
اِنتَ	قُلْت لُه	قُلْت لْها	قُلْت لْهُمْ	–
اِنتِ	قُلْتِي لُه	قُلْتِي لْها	قُلْتِي لْهُمْ	–
اِنتو	قُلْتوا لُه	قُلْتوا لْها	قُلْتوا لْهُمْ	–
أنا	قُلْت لُه	قُلْت لْها	قُلْت لْهُمْ	قُلْت لَكْ
اِحنا	قُلْنا لُه	قُلْنا لْها	قُلْنا لهُمْ	قُلْنا لَكْ

مفعول به ←	اِنتِ	اِنتو	أنا	اِحنا
فاعل ↓				
هو	قَال لِكْ	قال لكو	قال لي	قال لنا

هي	قالِتْ لِكْ	قالِت لُكو	قالِتْ لي	قالِت لِنا
همّ	قالوا لِكْ	قالوا لكو	قالوا لي	قالوا لْنا
إنتَ	–	–	قُلْتِ لي	قُلْتِ لْنا
إنتِ	–	–	قُلْتي لي	قُلْتي لْنا
إنتو	–	–	قُلْتُوا لي	قُلْتُوا لْنا
أنا	قُلْتِ لِكْ	قُلْتِ لْكو	–	–
إحنا	قُلْنا لِكْ	قُلنا لْكو	–	–

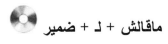

ماقالش + لـ + ضمير

مفعول به ← **فاعل ↓**	**هو**	**هي**	**همّ**	**إنتَ**
هو	ماقالّهوشْ	ماقالّهاشْ	ماقالّـهُمْشْ	ماقالَّكْشْ
هي	ماقالِتلهوشْ	ماقالِتلهاشْ	ماقالِتلُهُمْشْ	ماقالِتْلَكْشْ
همّ	ماقالولْهوشْ	ماقالولْهاشْ	ماقالولْهُمْشْ	ماقالولَكْشْ
إنتَ	ماقُلتِلهوشْ	ماقُلتِلهاشْ	ماقُلتِلهُمْشْ	–
إنتِ	ماقُلتيلهوشْ	ماقُلتيلهاشْ	ماقُلتيلهُمْشْ	–
إنتو	ماقُلتولهوشْ	ماقُلتولهاشْ	ماقُلتولهُمْشْ	–
أنا	ماقُلتِلهوشْ	ماقُلتِلهاشْ	ماقُلتِلهُمْشْ	ماقُلْتِلَكْشْ

اِحنا	ماقُلْنالْهوشْ	ماقُلناالهاشْ	ماقُلنالْهُمْشْ	ماقُلنالَكْشْ

مفعول به ←	**اِنتِ**	**اِنتو**	**أنا**	**اِحنا**
فاعل ↓				
هو	ماقَالِّكيشْ	ماقالُّكوشْ	ماقالّيشْ	ماقالّناشْ
هي	ماقالِتلكيشْ	ماقالِتْلِكوشْ	ماقالِتْليشْ	ماقالِتلِناشْ
همّ	ماقالولْكيشْ	ماقالولْكوشْ	ماقالوليشْ	ماقالولْناشْ
اِنتَ	–	–	ماقُلْتِليشْ	ماقُلْتِلْناشْ
اِنتِ	–	–	ماقُلْتيليشْ	ماقُلْتيلْناشْ
اِنتو	–	–	ماقُلْتوليشْ	ماقُلْتولْناشْ
أنا	ماقُلتِلْكيشْ	ماقُلتِلْكوشْ	–	–
اِحنا	ماقُلنالْكيشْ	ماقُلنالْكوشْ	–	–

اِدّى + ضمير مفعول به

مفعول به ←	**هو**	**هي**	**همّ**	**اِنتَ**
فاعل ↓				
هو	اِدّاه	اِدّاها	اِدّاهُمْ	اِدّاكْ
هي	اِدِّتُه	اِدِّتها	اِدِّتْهُمْ	اِدِّتَك

همّ	اِدُّوه	اِدّوها	اِدّوهُمْ	اِدّوكْ
اِنتَ	اِدّيتُه	اِدّيتْها	اِدّيتْهُمْ	–
اِنتِ	اِدِّيتيه	اِدِّيتيها	اِدّيتيهُمْ	–
اِنتو	اِدّيتوه	اِدّيتوها	اِدّيتوهُمْ	–
أنا	اِدّيتُه	اِدّيتْها	اِدّيتْهُمْ	اِدّيتَكْ
اِحنا	اِدّيناه	اِدّيناها	اِدّيناهُمْ	اِدّيناكْ

مفعول به ← **فاعل ↓**	**اِنتِ**	**انتو**	**أنا**	**اِحنا**
هو	اِدّاكِ	اِدّاكو	اِدّاني	اِدّانا
هي	اِدّتِكْ	اِدّتِكو	اِدّتْني	اِدّتْنا
همّ	اِدّوكي	اِدّوكو	اِدّوني	اِدّونا
اِنتَ	–	–	اِدِّتْني	اِدِّتْنا
اِنتِ	–	–	اِدِّتيني	اِدّتينا
اِنتو	–	–	اِدِّتوني	اِدِّتُونا
أنا	اِدِّتِكْ	اِدِّتْكو	–	–
اِحنا	اِدِّناكِ	اِدِّناكو	–	–

مادّيناشْ + ضمير مفعول به

مفعول به ← / فاعل ↓	هو	هي	همّ	اِنتَ
هو	مادّاهوش	مادّاهاشْ	مادّاهُمْش	مادّاكْش
هي	مادّتْهوش	مادِّتْهاش	مادِّتْهُمْش	مادِّتَكْش
همّ	مادّوهوشْ	مادّوهاشْ	مادّوهُمْش	مادّوكْش
اِنتَ	مادّيتْهوشْ	مادّيتْهاشْ	مادِّيتْهُمْش	–
اِنتِ	مادّيتِهوش	مادّيتيهاش	مادّيتيهُمْش	–
اِنتو	مادّيتوهوشْ	مادّيتوهاشْ	مادّيتوهُمْش	–
أنا	مادّيتْهوشْ	مادِّيتْهاشْ	مادّيتْهُمْش	–
اِحنا	مادّيناهوش	مادّيناهاش	مادّيناهُمْش	–

مفعول به ← / فاعل ↓	اِنتِ	اِنتو	أنا	اِحنا
هو	مادّاكيشْ	مادّاكوشْ	مادّانيشْ	مادّاناشْ
هي	مادّتْكيشْ	مادِّتْكوشْ	مادِّتْنيشْ	مادِّتْناشْ
همّ	مادّوكيشْ	مادّوكوش	مادّونيش	مادّوناش

اِنتَ	–	–	مادّيتْنيشْ	مادِّيتناشْ
اِنتِ	–	–	مادّيتْينيشْ	مادِّيتيناشْ
اِنتو	–	–	مادِّيتونيشْ	مادِّيتوناشْ
أنا	مادّيتْكيشْ	مادّيتْكوشْ	–	–
اِحنا	مادّيناكيشْ	مادّيناكوش	–	–

ادّى + لـ + ضمير

فاعل ↓	لـ + هو	لـ + هي	لـ + همّ	لـ + اِنتَ
هو	اِدّى لُه	اِدّى لْها	اِدّى لْهُمْ	اِدّى لَكْ
هي	اِدّت لُه	اِدِّتْ لَها	اِدِّتْ لُهُمْ	اِدِّتْ لَكْ
همّ	اِدّوا لُه	اِدّوا لْها	اِدّوا لْهُمْ	اِدّوا لَكْ
اِنتَ	اِدّتْ لُه	اِدّتْ لَها	اِدّت لُهُمْ	اِدِّتْ لَكْ
اِنتِ	اِدِّيتي لُه	اِدِّيتِ لْها	اِدِّيتي لْهُمْ	–
اِنتو	اِدّيتوا لُه	اِدِّتوا لـها	اِدِّتوا لُهُمْ	–
أنا	اِدّتْ لُه	اِدِّتْ لَها	اِدِّت لُهُمْ	اِدِّتْ لَكْ
اِحنا	اِدّينا لُه	اِدِّينا لْها	اِدّينا لْهُمْ	اِدّينا لَكْ

فاعل ↓	اِنتِ	اِنتو	أنا	اِحنا
هو	اِدّى لِكْ	اِدّى لْكو	اِدّى لي	اِدّى لْنا
هي	اِدّتْ لِكْ	اِدّتْ لُكو	اِدّتْ لي	اِدّتْ لِنا
همّ	اِدّوا لِكْ	اِدّوا لْكو	اِدّوا لي	اِدّوا لْنا
اِنتَ	–	–	اِدّيتْ لي	اِدّتْ لِنا
اِنتِ	–	–	اِدّيتْي لي	اِدّتْي لِنا
اِنتو	–	–	اِدّيتوا لي	اِدّيتوا لْنا
أنا	اِدّتْ لِكْ	اِدّتْ لُكو	–	–
اِحنا	اِدّينا لِكْ	اِدّينالْكو	–	–

II. كان في جُمَل مُركّبة

Two actions have taken place in the past. One action has been completed before the other, e.g.:

على ما الإسعاف **وِصِل** العيان **كان مات**.

Identify what are the two actions that have taken place in the past. Which has occurred before the other? Notice the structure.

١. دي أحداث حصلت في الماضي، حاجة حصلت قبل التانية. عبّروا باستخدام 'كان'.

(أ) هو اتقدم لها. هي اتخطبت.

(ب) البوليس جا. الحرامي هِرِب.

(ج) وصلوا السينما. الفيلم ابتدا.

(د) راح المحطة. الأوتوبيس قام.

(ه) صحي من النوم. الشمس راحت.

ممكن نعبر عن نفس المعنى باستخدام: قبل ما + مضارع

وممكن نعبر عن نفس المعنى باستخدام: بعد ما + ماضي

كان + مضارع بدون بـ

1. To express that someone was supposed to do something but did not
2. To express the ability or the desire to have done something, which did not happen

---

- يا خبر! **كانوا يحاولوا** تاني قبل ما يطلّقوا على طول!

- كانوا **يستنوا** لما يعرفوا بعض كويس!

٢. عبروا عن المعنى دا باستخدام الأفعال دي:

(أ) هو سافر وعايز يشتغل برّة من غير ما يكمل دراسته في الجامعة.

(ب) فسخوا الخطوبة بسرعة قوي! إيه دا!

(ج) طلب لها الغدا قبل ما توصل.

(د) حجزِت تذاكر سينما من غير ما تعرف إنه مشغول قوي. مش حيقدر يروح معاها.

(ه) بعتِت البحث من غير ما تراجعه!

النُّطق

١. في البيت اسمعوا الجمل اللي على الـ DVD وكرروا، ولاحظوا نطق الأفعال دي:

(أ) **ادعي لي،** عندي امتحان الأسبوع الجاي.

(ب) **احكى لي** إيه اللي حصل.

(ج) **ارمى لي** الكورة

(د) **اشتري لي** حاجة من السوبر ماركت وانت جاي.

(هـ) **اكوي لي** القميص دا بسرعة والنبي.

٢. اسمعوا وكرروا ولاحظوا نطق الأسماء دي:

(أ) **السنة دي** جريت بسرعة قوي!

(ب) دي حاجة صعبة قوي **بالنسبة لي.**

(ج) كل مرة بنروح الاسكندرية بالاتوبيس، **المرة دي** عايزين نطلع بالقطر.

(د) حاتسهروا فين **الليلة دي**؟

(هـ) يا ترى مين اللي بيتكلّم **الساعة دي**؟!

الدرس التاسع

مفاوضات عائلية

الموضوعات	▪ الجواز ▪ الفرح ▪ المشاكل/العلاقات العائلية ▪ الطلاق ▪ تأخر سن الزواج
الوظائف اللغوية	▪ المباركة في المناسبات السعيدة ▪ تقديم النصايح
القواعد	▪ الجمل المركبّة: كان + 'بـ' + المضارع ▪ حاول/حبّ/عِرِف + مضارع بدون 'بـ' ▪ مراجعة تصريف الفعل مع الضمائر المتصلة
الثقافة	▪ الجواز في مصر – طقوس الأفراح ▪ الطلاق ▪ الخطوبة ▪ تأخر سن الزواج
النطق	▪ النبرة اللي ممكن تغيّر المعنى
القاموس المصور	▪ صور الفرح/كتب الكتاب

الجزء الأول: مسلسل "رحلة عبد الله"

عامية الحياة اليومية

"رحلة عبد الله"

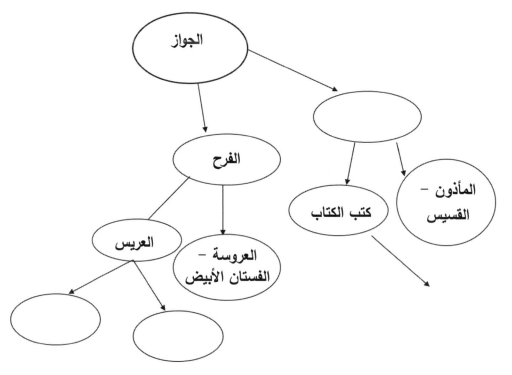

I. اتفرجوا واحكوا (المشاهد الصامتة)

اتفرّجوا على المشاهد الصامتة في الفصل واكتبوا الأفكار اللي تيجي في ذهنكو.

لاحظوا الفرق بين الأفراح المختلفة اللي في المشاهد الصامتة وعلقوا عليها.

في مجموعات اسألوا زمايلكو:

(أ)   إيه هي الطقوس المختلفة اللي ليها علاقة بالجواز؟

(ب)   حضرتوا فرح في مصر؟ احكوا عن التجربة.

II. اتفرجوا على "رحلة عبد الله"

في البيت اتفرجّوا على "رحلة عبد الله" بدون الرجوع إلى المفردات، وبعدين جاوبوا على أسئلة الفهم اللي على الـ DVD.

III. المفردات والتعبيرات من "رحلة عبد الله"

في البيت ذاكروا المفردات والتعبيرات واسمعوا الجمل اللي في الـ DVD واكتبوها. واعملوا تمرين ١ و٢ على الـ DVD.

المفردات

يووه! ______ ______	exclamation of exasperation
اتخانق ______ ______	to have a fight
الظاهر ______ ______	it seems
الخطوبة اِتفَسَخِت ______ ______	they broke up their engagement

to come to one's senses	عِقِل، يِعقل
writing of the marriage contract	كتب كتاب
to witness	شِهِد، يِشْهَد على
representative	وكيل ج. وُكَلا

التعبيرات

People are meant to help one another (said by someone who is being thanked for helping out, or offering help).	الناس لبعضيها

nice person, decent guy/girl/ people . . .	ابن حلال، بنت حلال ج. ولاد حلال
somebody casted an evil eye on him	(شخص) واخد عين
Reading of al-Fatiha is the first stage on a marriage agreement.	اتقرت فاتحتها
An expression meaning that the person/people only thinks about himself/herself/themselves and have no other considerations.	يالله نفسي
trivial things	حاجات هايفة

Life passes so quickly!	العمر بيجري
Saying meaning: It is better to marry than to live alone.	ضِلّ راجل ولا ضِلّ حيطة
Any . . . An expression meaning that the person does not care much about choosing the thing he is talking about.	أي . . . والسلام
a groom who cares	عريس شاري
Everything depends on fate.	كل شيء قِسمة ونصيب

to be at the end of one's rope	فاض، يفيض بـ (حد) __________ __________ __________
not to be able to bear	مش طايق __________ __________ __________
How often . . .	ياما + فعل ماضي __________ __________ __________
to insist on	صمّم على __________ __________ __________
An expression used to calm someone down.	اِهدا وصلّي على النبي. __________ __________ __________

There is a solution for every problem.	كلّ عقدة وليها حلاّل.
An expression meaning: Only people who are involved really know what the problem is and how it feels.	اللي إيده في الميّه مش زي اللي إيده في النار.
They are impossible to figure out.	حدَ عارف لهم أول من آخر!
in spite of	غصب عن
Expression meaning: very stubborn	راسه وألف سيف + مضارع

في مجموعات في الفصل راجعوا الجمل اللي كتبتوها وانتو بتذاكروا المفردات والعبارات من على الـ DVD في البيت. اختاروا خمس عبارات من جدول التعبيرات اللي في الـ DVD واستخدموها في موقف حاتمثلوه مع زميل/زميلة في الفصل.

اكتبوا كل مفردة وعبارة جديدة على كارت. حطوا كل الكروت مع بعض وبعدين كلّ واحد يسحب كارت ويحاول يشرح الكلمة أو العبارة اللي فيه لزمايله من غير ما يقول الكلمة أو العبارة. وعلى كل الطلاب الباقيين تخمين الكلمة أو العبارة اللي في الكارت.

إيه الحروف اللي ممكن نستخدمها مع الأفعال اللي في الجدول؟ احكوا لبعض مشكلة عائلية وحاولوا تستخدموا فيها أكبر عدد ممكن من العبارات في فقرة (paragraph discourse) من عندكم.

على	بـ	مع	
			اتخانق
			شِهِد
			صمّم
			فاض
			قَفَل
			أخد
			خرج

IV. **في الفصل مثلوا المشاهد اللي اتفرجتوا عليها.**

وزّعوا الأدوار على نفسكو وضيفوا الشخصيات اللي ماظهرتش في المشاهد زي جوز هند وخطيب بنتها.

IV.   أسئلة الفهم الدقيق على رحلة عبد الله

في مجموعات:

سامية وعبد الله رايحين عند هند ليه؟

إيه الفرق بين موقف عبد الله وموقف سامية من المهمة اللي مفروض يقوموا بها؟

سامية قصدها إيه لما بتقول: "أمّال قرايب إزاي؟"

سامية وعبد الله قالوا إيه عن شرين بنت هند؟ بيفكروا إزاي بالنسبة لجواز البنت؟

سامية رأيها إيه في الأجيال الجديدة؟

في المشهد الأول: خمنوا من السياق معنى "هو يقول شرق، وهي تقول غرب."

في المشهد التاني: خمنوا من السياق معنى "كبّرت دماغي."

تفتكروا ممكن يكون إيه سبب الخلاف بين هند وجوزها؟

إيه موقف كل شخصية من الشخصيات المشاركة في المشهد الثاني من موضوع

الطلاق؟

سامية قالت وعملت إيه في نهاية المشهد التاني؟ ليه؟

VI.   الإشارات الثقافية من 'رحلة عبد الله'

لاحظوا واتناقْشوا حوالين الموضوعات دي:

لما بتحتاجوا المساعدة في حل مشاكلكو الشخصية، بتروحوا لمين؟ وليه؟ إيه رأيكوا في

فكرة إن القرايب بيتدخلوا في مشاكل البعض؟

إيه هو الفرق بين جيلكم وجيل أهلكو في بعض المواقف الخاصة بالعلاقات الزوجية وإيه

هو السبب وراء الاختلافات الموجودة في رأيكو؟

تفتكروا إيه هي الشروط الأساسية للجواز الناجح وليه؟

احكوا عن تجاربكو في حضور المناسبات العائلية.

"ضلّ راجل ولا ضلّ حيطة" دا مثل مصري قديم. اتكلموا مع أصحابكو عن المثل دا

واحكوا في الفصل عن رأي أصحابكو في المثل دا.

اسألوا أصحابكو المصريين هم بيشربوا إيه في الفرح أو كتب الكتاب.

"اللي إيده في الميه مش زي اللي إيده في النار" دا مثل مصري تاني. فكروا في المواقف اللي ممكن نستخدم فيها المثل دا.

القواعد

في البيت ذاكروا القواعد من الـ DVD. في الفصل اعملوا التمارين على القواعد (التركيز على الصحة اللغوية).

الجُمل المركبة:

لاحظوا التركيب دا وزمنه:

لما رحت نويبع مع أصحابي، كنت باصحى بدري كل يوم الصبح على غير العادة.

كان، يكون + 'بـ' + المضارع

واعملوا التدريبات اللي على الـ DVD.

ولاحظوا التركيب دا وزمنه:

حاولت أنام ماعرفتش.

حاولت أفتح الباب ماعرفتش، وبعدين الحمد لله عِرِفت.

حاول / عِرِف / حبّ + مضارع بدون 'بـ'

اعملوا التمرينات اللي على الـ DVD.

في الفصل في مجموعات:

(أ)   احكوا لبعض عن ذكرياتكوا في المدرسة الثانوية. استخدموا تركيب زي دا:

- لما كنت في المدرسة الثانوية كنت دايمًا باتخانق مع أختي اللي أكبر منّي.

(ب)   احكوا لبعض عن خمس حاجات ماكنتوش بتعملوه/ماكنتوش بتحبوا تعملوها.

(ج)   احكوا لبعض عن الحاجات اللي حبّيتوا/حاولتوا تعملوها.

(د)   احكوا لبعض عن سبب مشكلة عائلية سمعتوا عنها. حاولوا تستخدموا نفس التراكيب.

المشاهد الإضافية

اتفرجوا على المشهد الإضافي ١ وجاوبوا على الأسئلة (في مجموعات من اتنين):

(أ)   إيه المواصفات اللي أجمعت عليها البنات عشان تكون متوفرة في العريس المنتظر؟

(ب)   وإيه المواصفات اللي أجمع عليها الشباب عشان تكون متوفرة في العروسة المنتظرة؟

(ج)   اتفرجوا من الدقيقة ٠١:٥٢ للدقيقة ٠٤:٠٦ واعملوا تعليقات.

(د)   اتفرجوا مع بعض في الفصل على المشهد اللي من الدقيقة ٠٤:٠٦ وعلقوا بشكل جماعي على المشهد.

٢. اكتبوا تلات جُمل اتقالت في كتب الكتاب (من الدقيقة ٠٤:٠٠ لحدّ الآخر).

_____

_____

_____

_____

المحادثة في الفصل: عامية الحياة اليومية

لاحظوا الكتابين دول واكتبوا البيانات دي عنهم:

العنوان الأول: ــــــــــــــــــــــــــــ

العنوان التاني: ــــــــــــــــــــــــــــ

الكاتبة: ــــــــــــــــــــــــــــ

موضوع الكتابين: ــ

ــ

الكتابين فيهم نصايح للرجالة ونصايح للستّات عشان علاقتهم ببعض تكون كويسة. دي مقتطفات من كتاب "عشان الصِنّارة تِغْمِز، كلام لازم كل الولاد تعرفه":

(١)

أول وأهمّ نقطة لازم تبقى راجل، مش مجرد ذكر. مش كل من اتكتب في بطاقته ذكر بقى راجل. الرجولة مش بالعضلات ولا الشنبات ولا الصوت العالي. الرجولة ببساطة هي المُعادلة دي:

ثقة + إحساس بالمسؤولية + صدق + معرفة + عقل + احتواء + حنيّة + توفير الأمان + وفاء بالوعود.

(٢٣)

فليكُن شعارك دائمًا: "وباحب الناس الرايقة اللي بتضحك على طول، أما العالم المتضايقة أنا لأ ماليش في دول." ثبت علميًا إن الضحك بيطوّل العمر. فنصيحتي يا ابني: ابعد عن القِتمة واللي مقضياها نكد وشكوى من كل حاجة في الدنيا.

(٦٢١)

لازم تحسّسها إنك بتقدّر ظروفها وواقف جنبها. هو دا الذكاء العاطفي. اوعى تحسّسها إنها على طول غلطانة. كدا حتهدّلها ثقتها في نفسها. لو سودّت عيشتها على طول تبقى انتَ كدا بتمارس الغباء العاطفي.

ودي مقتطفات من كتاب "عشان السنّارة تغمز، كلام لازم كل البنات تعرفه":

(١)

حِبّي نفسك. لو حبتيها، حتخليها الأحسن والأجمل والأصلح والأشطر والأذكى والأجدع. وبالتالي كل الناس حتحبها.

(٢٣)

اتعاملي على طبيعتِك. اتكلمي بصراحة. انتِ كدا، وإن كان عاجبه، ولو مش عاجبه يِخبَط راسه في الحيط. خلّي عندك ثقة بالنفس. هي دي اللي حتخليه يجري وراكي. ولو ماجريش يبقى مش مهم، مالوش في الطيب نصيب!

(٦٢١)

الحب بينكم لازم يكون نابع من قلب وعقل. لكن حب من عقل يبقى حب ناقص وغير مكتمل النمو. يعني من الآخر مش حيعيش كتير.

في مجموعات حاولوا تزودوا النصايح دي، نصايح له ونصايح لها. حاولوا تستخدموا نفس التراكيب.

النطق

اسمعوا الجمل اللي على الـ DVD وكرروا، لاحظوا النبرة وحاولوا تنتجوها:

(أ) **ياه!** اتخانقت مع جوزها، دول عمرهم ما بيتخانقوا!

(ب) **يووه،** اتخانقت تاني مع جوزها؟! مش ممكن! دول كل يوم بيتخانقوا!

(ج) **الله!** اتخانقت مع جوزها؟ دول عمرهم ما بيتخانقوا!

(د) **الله!** الصورة دي جميلة جدًا.

(ه) **الله الله الله!** إيه كل دا!

(و) **يا سلام** لو كان عندنا أجازة أطول شوية!

(ز) **يا سلام!** إيه الكلام الفاضي دا؟!

٢. بعد ما تسمعوا اتناقشوا في النبرة الموجودة اللي في كل جملة. واتناقشوا حوالين ازاي النبرة دي بتأثر على المعنى وممكن تغيره تمامًا.

الجزء الثاني: عامية المثقّفين

اللقاءات

I. لقاء ١ مع د. زينب شاهين

في البيت اتفرجوا على لقاء ١ مع د. زينب شاهين في الـ DVD وذاكروا المفردات والتعبيرات.

المفردات والتعبيرات

مافيش حاجة اسمها كدا.	There is nothing called . . .
وصمة	stigma
عانس ج. عوانِس	البنت اللي اتأخرت في الجواز، ودي كلمة مش لطيفة لكن للأسف موجودة وناس كتير بيستخدموها.

أسئلة الفهم:

(ب) إيه رأي المتحدثة في مصطلح العنوسة؟ ______________________

____

(ج) الدكتورة زينب بتقول إيه على المجتمع؟ ______________________

____

(د) وبتقول إيه على البنت؟ ______________________________

____

II.   لقاء ٢ مع د. يحيى الرخاوي

في البيت اتفرّجوا على لقاء ٢ مع د. يحيى الرخاوي وذاكروا المفردات والتعبيرات.

 المفردات والتعبيرات

here: to be more aware	صحصح
to choose the best	نَقّى
here: to pick out the bad items	فَلَّى
not fulfilling	رجالة هَفَأ
an expression that shows sympathy	يا عيني
He proposed to her and she refused (out of pride).	طلبوها اتعززت
I totally agree and respect . . .	على عيني وراسي

وبعدين اتفرجوا عليه تاني مع بعض في الفصل.

أسئلة الفهم:

(أ)   د. يحيى الرخاوي قال أسباب اقتصادية وأسباب انتقائية لتأخر سن الزواج.
اتكلموا عن كل سبب من الأسباب دي:

_____

_____

اسمعوا مرة تانية وجاوبوا على الأسئلة دي:

(ب) د. الرخاوي بيقول إن البنات 'بيفلّوا' في الرجالة. خمنوا يُقصُد إيه بكدا.

_____

_____

(ج) خمنوا معنى "الراجل يملا عين الست" وعلقوا على كدا.

____

____

(د) المتحدث يُقصُد إيه بـ "افتحي الراديو بتاعك"؟ هو بيخاطب مين في الجزء دا من حديثه؟

____

____

III. **لقاء ٣ من مدونة غادة عبد العال "عايزة اتجوز"**

اسمعوا لقاء ٣ من مدونة غادة عبد العال "عايزة اتجوّز" اللي في الـ DVD وذاكروا المفردات والتعبيرات.

المفردات والتعبيرات

رِضِي، يِرضَى بقليلُه	to accept the minimum and be satisfied
المُغالاة في الطلبات	asking for too much
تزغلل عينها بـ (حاجة)	to try to seduce her by (sth.)

اسمعوا تاني وبعدين اتناقشوا حوالين المضمون.

اقروا واتناقشوا

اقروا في البيت واعملوا مناقشة عامة على مضمون الرسالة.

وبعدين استعدّوا لنشاط المحادثة في الفصل: حدّ ياخد دور الست صاحبة المشكلة وحدّ ياخد دور الطبيب النفسي وحدّ ياخد دور واحدة صاحبتها مثلاً.

حولوا التساؤلات اللي بتطرحها صاحبة الرسالة في الآخر إلى تساؤلات شفاهية، حتقولوها إزاي؟ لاحظوا النبرة اللي لازم تكون موجودة في الحكي.

الغزو

أنا سيدة في الخامسة والأربعين من عمري، أشغل وظيفة مرموقة. وتزوجت منذ ٢٢ سنة من زوج عظيم في كل شيء بالرغم من أن زواجنا قد تم بطريقة تقليدية، فلم تسبقه فترة تعارف كافية. ولقد تطلعنا نحن الاثنين إلى السعادة والحياة الهادئة الجميلة وتعاهدنا على أن يكون كل منا كتابًا مفتوحًا بالنسبة للآخر فلا يخفي عنه شيئًا ولا يحتفظ لنفسه بسرّ. واعتدنا دائمًا على أن نتبادل الرأي وأخبار الحياة اليومية ونستمتع بالحديث معا في كل شيء. وقد بدأنا حياتنا من الصفر، فبنينا عشّنا بالكفاح والعرق حتى استقرّت حياتنا وأصبح لنا الآن والحمد لله رصيد مادي لا بأس به وكبر أبناؤنا الثلاثة، وبلغوا مرحلة الجامعة ومضت حياتنا دائمًا هادئة وسعيدة.

ومنذ ثلاثة أعوام عاد زوجي إلى البيت ذات يوم فروَى لي مُنفعلا بحسن نيّة كعادتنا في تناول الأخبار إنه التقى مصادفة بالفتاة التي كان يرغب في الزواج منها منذ سنوات الشباب، وإنه عرف منها أنها متزوجة وأنهما تبادلا الأخبار فحدّثته عن حياتها وزوجها وأبنائها وحدثها عن حياته وعن زوجته وأبنائه وعمله، ثم انصرف كل منهما إلى حال سبيله. ثم انصرفنا إلى موضوع غيره ولم نعد إلى ذكره مرة أخرى. ولكني بعد عدة أسابيع بدأت ألاحظ على زوجي تغييرًا جديدًا فلقد أصبح كثير الشرود والسرحان، كما أصبح فجأة عصبيا. وفي أول مشادة عادية من مُشادات الحياة فوجئت به يردد عبارات لم أسمعها منه من قبل أبدا من نوع "لقد ضقت بحياتي معك ... سأترك البيت ولن أعود إليه،" إلخ. فذهلت، وبكيت طويلاً، وساورني الشك فيما يمكن أن يكون سببًا لهذا التغيير المفاجئ. وأردت أن أقهر وساوسي، ففعلت ما لم أفعله مرة واحدة من قبل منذ تزوجته، وبحثت في أوراقه سرًا عسى أن أجد شيئًا يفسر لي سر تغيره. فإذا بي أعثر على كومة رسائل من تلك السيدة التي ألقاها زوجي بلا اعتناء اطمئنانًا إلى أني أحترم خصوصياته ولا أقلّب في أوراقه بدون علمه. فإذا بي أكتشف أن ظهور هذه السيدة في حياته لم يكن مجرد سحابة عابرة، وإنما هي للأسف سحابة مقيمة ومستمرة وتهدد بأمطار وخيمة على حياتي وعلى سعادتي بالقهر وعرفت أنني أحبه أكثر مما كنت أتصور وكنت أعتقد أنه أيضًا يحبني لكل ما بيننا من وعُشي الذي بنيته بالكفاح والعرق. ولم أتمالك نفسي حين عرفت هذه الحقيقة. فقد أحسست روابط وحياة

مشتركة وكفاح، فإذا بهذه الرسائل تصدمني بأني لم أكن شيئا في حياة زوجي وأن تلك السيدة التي أرادها زوجي منذ ٢٥ سنة هي حبه الأول والأخير.

ماذا أفعل يا سيدي؟ هل أطلب الطلاق وأهجر بيتي بعد كل هذا العمر وأدعه لنزواته؟ هل أهدم البيت الذي بنيته بدمي وشبابي طوبة طوبة وقطعة قطعة. هل أشرك أبنائي معي في همّي وقد أصبحوا شبابا يعقلون ويفهمون. هل أدعهم في جهلهم بما يفعل أبوهم لأن الجهل بهذه الأمور أرحم من العلم بها. ولو رجع عما يفعل الآن هل أستطيع أن أستعيد ثقتي به كما كانت في سالف الأيام؟

من مجموعة رسائل إنسانية من كتاب "العصافير الخرساء"، عبد الوهاب مطاوع

دار الشروق، ٢٠٠٤

٣. اقروا التقرير دا في البيت واستعدوا للنشاط دا:

وفقا للجهاز المركزي للتعبئة العامة والإحصاء: ٥٫٥ مليون رجل عانس في مصر!

تحقيق: رانيا حفني

أشارت إحصائية للجهاز المركزي للتعبئة العامة والإحصاء إلى وجود تسعة ملايين شاب وفتاة فوق سن الخامسة والثلاثين لم يتزوجوا بعد من بينهم ٣ ملايين و٦٣٦ ألفًا و٦٣١ امرأة، في حين وصل عدد الرجال إلى ٥ ملايين و٢٤٦ ألفًا و٢٣٧. ومن هنا يتضح أنّ مصطلح 'عانس' أصبح يطلق أيضًا على عالم الرجال ولم يعد مقصورًا على الإناث. لذا يخترق هذا التحقيق موضوع عنوسة الرجال في رحلة للبحث عن الأسباب الاقتصادية والاجتماعية والدينية التي أدت لتلك الظاهرة التي تحتاج إلى وقفة. الإحصاءات والدراسات تركز على عنوسة الفتيات، وجرت العادة أن يُطلق لقب أو صفة 'عانس' على الإناث، ولكن مع تفوق عدد الرجال على النساء في هذا الأمر أصبح اللقب يُطلق أيضًا على الرجال الذين ثبت أنّ ٢٩٫٧٪ منهم يرفضون فكرة الزواج. وتفصيليًا نجد أن معدل العنوسة في مصر في تزايد مستمر وتختلف النسبة من محافظة

لأخرى. فالمحافظات الحدودية النسبة فيها ٣٠٪، أما مجتمع الحضر فالنسبة فيه ٣٨٪ والوجه البحري ٢٧,٨٪ كما أن نسبة العنوسة في الوجه القبلي هي الأقل حيث تصل إلى ٢٥٪. كما أن عقود الزواج بلغت ٦٣ ألف عقد فقط في عام ٢٠٠٥ هذا في الوقت الذي وصل فيه عدد حالات الطلاق إلى ٧٨ ألف حالة، ووصل عدد الفتيات اللاتي تجاوزن سن الـ٣٥ سنة دون زواج ٣٥٪ و ٢٠٪ منهن يتزوجن ما بين ٣٥ و ٤٠ سنة.من جانبه أوضح د. لطفي الشربيني استشاري الطب النفسي أنّ الإعلام يتجاهل تمامًا مسألة 'عنوسة الرجال' بالرغم من تأثيراتها الاجتماعية والنفسية. والملاحظة المشتركة هي العزوف الاختياري للطرفين عن الزواج رغم القدرة المادية المعقولة لنسبة كبيرة منهم، والسبب من وجهة النظر النفسية يعود إلى التغيرات الاجتماعية العميقة التي حدثت في القيم والأعراف السائدة في المجتمع المصري في السنوات الاخيرة مثل اللامبالاة وعدم الرغبة في تحمّل المسئولية والإحباط العام وفقدان الشعور بالأمن والثقة بالنسبة للمستقبل. وهذه العوامل تأتي قبل العامل الاقتصادي الذي يتمثل في الدخل المتدني وندرة فرص العمل والبطالة المتزايدة. ومن جانبها، أرجعت الدكتورة آمنة نصير، أستاذ العقيدة والفلسفة بجامعة الأزهر، زيادة نسبة العنوسة بين النساء والرجال على السواء إلي التحولات الاجتماعية وانهيار القيم التقليدية ومنها تقديس العائلة كما طفت على السطح القيم الاستهلاكية بحيث أصبح الفرد يقاس بما يملك أو بما يدفع. بالإضافة إلى غياب المفهوم الصحيح للزواج كالسكن والمودة والرحمة. وغياب دور الأسرة في توعية أبنائها وتربيتهم على تحمّل المسئولية وتفهّم معني الزواج وإعداد أبنائها وبناتها للقيام بهذا الدور. أما د. عزة كريم أستاذ علم الاجتماع بالمركز القومي للبحوث الاجتماعية والجنائية فقد أكدت أنّ العنوسة قد تكون مشكلة كبرى لدى الرجال أكثر من الفتيات اللاتي استطعن حل المشكلة بالزواج من رجل متزوج أو كبير في السن أو عرفيًا. ولقد كان موضوع التأخر في سن الزواج من قبل بإرادة الشاب ولكن حاليًا الأمر اختلف. حيث أن الأزمة الاقتصادية وضيق ذات اليد من أبرز الأسباب التي أدت إلى تفاقم المشكلة. فهي تتمثل في ارتفاع تكاليف الزواج التي أصبحت فوق طاقة كثير من الشباب بدءا من صعوبة الحصول على مسكن رغم وجود نظام الإيجار الجديد ولكنه في أحوال كثيرة لا يناسب دخل الشباب. كما أن معظم الأسر أصبحت

تصرّ على العريس الجاهز ولا تلتزم بالقيم الدينية التي تدعو إلى تزويج الشاب المتدين بصرف النظر عن دخله. ولذا ظهرت بعض الظواهر الغريبة علي مجتمعنا ومنها الزواج العرفي، جرائم الاغتصاب، الشذوذ والأزمات النفسية. ومن جانبة اضاف الدكتور خليل فاضل استشاري الطب النفسي أن العامل النفسي يعتبر كذلك من أهم العوامل المسببة لظاهرة العزوف عن الزواج، فأبناء الطلاق لديهم خوف من الارتباط وميل للانفصال. وأكد د. خليل فاضل علي أن الزواج يوفر الإحساس بالسكن النفسي والشعور بالنوع وتحقيقه والحاجة إلي الإشباع الغريزي، والحاجة إلي تحقيق التكامل بالزواج، وهو الذي جاء في قوله تعالي: "ومن آياته أن خلق لكم من أنفسكم أزواجا لتسكنوا إليها وجعل بينكم مودة ورحمة إن في ذلك لآيات لقوم يتفكرون."

تحقيقات الأهرام، ٢٣ فبراير ٢٠٠٧

في الفصل اعملوا برنامج تليفزيوني عن موضوع تأخر سن الزواج عند البنات والأولاد. حدّ يقوم بدور مقدم البرنامج وحدّ يعمل نفسه دكتور متخصص في علم الاجتماع وحدّ يعمل نفسه متخصص في علم النفس وحدّ يقوم بدور البنت اللي اتأخرت في الجواز وحدّ يقوم بدور شاب اتأخر في الجواز.

- حاولوا تستخدموا بعض التعبيرات المُظلّلة.
- لاحظوا المزج اللي حيحصل بين الفصحى والعامية على لسان المتخصص/ المتخصصة في علم الاجتماع أو في علم النفس.
- لاحظوا اللغة اللي حيتكلم بيها مقدّم البرنامج.
- من غير المتوقع من الشباب اللي حيحكوا عن تجاربهم إنهم يستخدموا الفصحى.

الدرس العاشر

ثورة ٢٥ يناير ٢٠١١

الموضوعات	▪ الثورة الضاحكة في مصر ٢٥ يناير ٢٠١١
الوظائف	▪ التعبير في الخضة – الاعتراض
القواعد	▪ لا توجد قواعد جديدة مقدمة في هذا الدرس، فقط مراجعة.
الثقافة	▪ يركّز هذا الجزء الأخير من "أم الدنيا" على ثورة ٢٥ يناير في مصر. يتعرّض الطلاب في هذا الدرس إلى المادة الغنية الحيّة التي ظهرت خلال تلك الثورة لما لها من أهمية تاريخية وثقافية ولغوية. يخلو هذا الدرس من تدريبات النطق والقواعد ويكون التركيز الأساسي هو ثورة ٢٥ يناير. ▪ عيد الشرطة ▪ التركيز على الـ ٨١ يوم من انطلاق الثورة حتى تنحّي الرئيس السابق.
النطق	▪ مراجعة على التغيير إلى بيحصل في صوت الـ 'ث'
القاموس المصور	▪ صور حية من الميدان بالإضافة إلى ملصقات ولافتات تمّ استخدامها في ميدان التحرير أثناء الثورة

الجزء الأول: مسلسل "رحلة عبد الله"

عامية الحياة اليومية

"رحلة عبد الله"

I. اتفرجوا واحكوا (المشاهد الصامتة)

اتفرّجوا على المشاهد الصامتة في الفصل واكتبوا الأفكار اللي تيجي في ذهنكو.

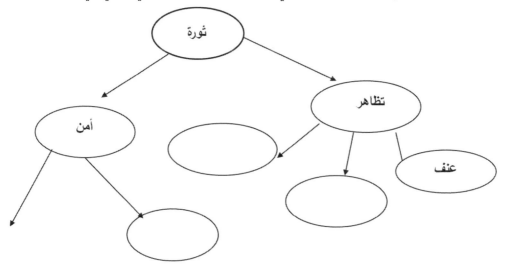

في مجموعات اسألوا زمايلكو عن اللي بيسمعوه واللي بيعرفوه عن الثورات في البلاد العربية بشكل عام وعن مصر بشكل خاص.

II. اتفرجوا على "رحلة عبد الله"

في البيت اتفرّجوا على "رحلة عبد الله" بدون الرجوع إلى المفردات، وبعدين جاوبوا على أسئلة الفهم اللي على الـ DVD.

II. المفردات والتعبيرات من "رحلة عبد الله"

في البيت ذاكروا المفردات والتعبيرات واسمعوا الجمل اللي في الـ DVD واكتبوها.

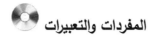

المفردات والتعبيرات

Oh no! (very informal)	يا لهوي!
Speak up! What's up! (very informal)	ما تنطقوا، فيه إيه!
You are in big trouble. (very informal)	نهاركو اسود!
Demonstrations are none of your business!	مالكو ومال المظاهرات؟
Oh my God!	يا دي المصيبة!
an exclamation used to express great stress	يا خرابي!
terribly wounded, bleeding	دمّ (شخص) سايح

IV. **في الفصل مثّلوا المشهد اللي اتفرجتوا عليه**

وزّعوا الأدوار على نفسكو: عبد الله – سامية – أحمد – صاحب أحمد.

V. **الإشارات الثقافية من "رحلة عبد الله"**

لاحظوا واتناقْشوا حوالين الموضوعات دي:

ليه سامية وعبد الله زعلانين عشان أحمد وأصحابه مشيوا في المظاهرة؟

لاحظوا التعبيرات اللي قالتها سامية وقالها عبد الله وقت الانفعال والغضب. اسألوا مصريين عن التعبيرات دي.

الجزء الثاني: عامية المثقفين

اقروا واتناقشوا:

قبل ما تقروا، طلعوا معلومات واحكوها لبعض عن إبراهيم عيسى كاتب المقال. وطلعوا معلومات واحكوها لبعض عن جريدة الدستور. لاحظوا تاريخ المقال.

اقروا المقال في البيت واحكوه في الفصل بالعامية. حوّلوا الأفعال من الفصحى للعامية ولاحظوا النطق.

لاحظوا النبرة اللي كتب بيها إبراهيم عيسى المقال وحاولوا تنقلوها شفاهةً.

حاولوا تستخدموا التعبيرات والمفردات المظللة في الحكي بتاعكو.

شكرًا لشعب تونس

شكرا للشعب التونسي العظيم فقد أثبت للعالم كله أنّ الشعوب العربية لم تمُتْ. أثبت أنّ الشعوب العربية لم تفقد النخوة ولا الكرامة ولا الكبرياء. أثبت للحكام القتلة الذين استباحوا دماء شعوبهم فيقتلون معارضين ومناهضين بأحكام قضائهم غير النزيه ويقهرون بقوانين الطوارئ أبناء الأمة ويعذبون مواطنيهم في أقسام الشرطة والسجون ويزوّرون الانتخابات ويمددون فى حكمهم مدى الحياة ويسعون لتوريث عروشهم لأبنائهم وأبناء زوجاتهم، أثبت لهم أنهم أضعف من جناح ذبابة رغم طغيانهم واستبدادهم!

لا زين العابدين ولا مبارك ولا البشير ولا بوتفليقة ولا القذافي ولا صالح يقدّمون أى شيئ لأوطانهم وبلادهم إلا طغيان حكوماتهم وبقوانين الطوارئ وجحافل الأمن المركزى وبالبوليس وأمن الدولة وتزوير الانتخابات. لا أحد يريدهم ولا يحبهم ولا يؤيدهم، والدليل تونس والمثل تونس والنموذج تونس. يرفض رئيسه الطاغية الأبدي المتشبث بالحكم المتمسك بالكرسي الملزوق على المقعد والذى يحكم بلا عدل أو عدالة ولا قانون ولا حرية. أثبت الشعب التونسي أن الشعوب العربية مستعدة فى لحظة كي تنفجر بالغضب كي تنطلق بالحمم، كي تهبّ بالثورة كي تنتفض بالتغيير، لا صمتها رضا ولا سكوتها خضوع ولا هدوؤها استسلام. أثبت الشعب

الجمهوريات العربية لن يحموا مصالحها للأبد وأن مصيرهم مثل شاه إيران حتى لو طال بقاؤهم حتى لو اشتغلوا خدّامين لأمريكا وإسرائيل ومتآمرين على العروبة والمقاومة! أمريكا لن تحمي هؤلاء الجالسين الماكثين الكابسين على الحكم فى الدول العربية ولن تستطيع لا حمايتهم ولا حماية مصالحها من غضبة شعب يرفض الاستبداد ويضج بالديكتاتورية! أثبت الشعب التونسى أن أحزاب المعارضة التى يشكلها الرئيس التونسي أو المصرى أو الجزائري أو السوري ويربيها فى الجنينة داخل بيته يأمرها كالكلاب التعسة والقطط الأليفة أن ترقص تحت قدميه فترقص لن تخدمه ولن تسانده ولن تحميه ولن تقف معه ولن تدافع عنه بل سيدوسها المعارضون الحقيقيون والمحتجون الصادقون بالأحذية حين يدوسون الطغيان وأعوانه والطغيان وعرائسه الخشبية.

أثبت الشعب التونسى أن التيارات الإسلامية فى الدول العربية أكثر عجزًا من أن تقف إلى جانب الشعب وأنها مجرد وَهْم كبير يستخدمه كل حاكم مستبد كي يفزع حكام وحكومات الغرب، وساعة الحقيقة لا سلفيين ولا إخوان ولا جماعات بل هم فرق حلقية مغلقة لا تتصل بغير أعضائها ولا تعرف التواصل والاتصال بالناس بل كل مطالبها التى ترفعها هى مطالب ذات شعارات دينية لا علاقة لها بواقع الاضطهاد السياسى والاقتصادي!

أثبت الشعب التونسي أن الغرب منافق وأفّاق واستعماري لا تهمه دماء العشرات المُراقة فى شوارع تونس بينما ينتفض من أجل جرح أصبع معارض فى إيران، لا يهتز أمام تزوير فاجر للانتخابات فى مصر بينما يدين اتهامات بالتلاعب فى انتخابات إيران. يتواطأ مع خدّامي واشنطن وباريس وتل أبيب ضد شعوبهم بل يتجاوزون عن جنون تصريحات مواقف الرئيس السودانى لأنه منحهم انفصالاً يريدونه لدولة جنوبية. أثبت الشعب التونسي أنّ التغيير قادم ليكتسح الوطن العربى ويكسح طغاة واشنطن وإسرائيل فى الجمهوريات العربي.

إبراهيم عيسى
جريدة الدستور، ١٤ يناير ٢٠١١

اللقاءات:

I. **لقاء ١ : مقتطفات من محاضرة د. جلال أمين في الجامعة الأمريكية بالقاهرة أكتوبر ٢٠١٠**

اتفرجوا على لقاء ١ مع د. جلال أمين وذاكروا المفردات والتعبيرات.

المفردات والتعبيرات

الدولة الرخوة	the soft state
تردّي الخدمات	تدهور الخدمات وتأخرها

أسئلة للفهم:

(أ) عرفنا إيه عن الدكتور أمين من التقديم؟

(ب) الدكتور أمين ابتدا المحاضرة بتاعته إزاي؟ علّقوا على الطريقة اللي ابتدا بيها وعلى اللغة اللي استخدمها.

من الدقيقة ٠٥:٣٠ – ٢٤:٠٠

(ج) اكتبوا الأفكار الرئيسية للمحاضرة.

(د)   الدكتور أمين اتكلم عن بعض المشكلات الاجتماعية الأساسية في مصر
وارتباطها بالاقتصاد والسياسة. إيه هي المشكلات دي؟ اسمعوا واكتبوا عن
خمسة على الأقل من المشاكل دي. واكتبوا حاجة عرفتوها عن كل مشكلة.

الأولى: _____

_____

_____

التانية: _____

_____

_____

التالتة: _____

_____

_____

الرابعة: _____

_____

_____

الخامسة: _____

_____

_____

(ه)   الدكتور أمين اتكلم عن المصادر الأربعة اللي اقتصاد مصر بيعتمد عليها.
إيه هي؟

١. _____	٢. _____
٣. _____	٤. _____

(و)   وقال إيه عن الرشاوي؟ وإزاي فسّرها؟

_____

_____

٣.   **للمناقشة في الفصل:**

يعتبر هذا اللقاء مع الدكتور أمين تلخيصًا لما تناولناه من خلال "رحلة عبد الله" ومن خلال القراءات واللقاءات المختلفة. اشرحوا دا، واربطوا المشكلات اللي عرضها د. أمين في المحاضرة بقصة عبد الله.

إزاي المحاضرة بشكل عام بتدي فكرة عن الوضع في مصر وبتقدم لقيام ثورة؟

٤.   **مستوى اللغة:**

اكتبوا جملتين قالهم الدكتور أمين بالفصحى.

_____

_____

II. **لقاء ٢ من ندوة مع د. جلال أمين في مكتبة الكتب خان في المعادي بتاريخ ١١ مارس ٢٠١١**

اتفرجوا على الندوة في البيت وجاوبوا على الأسئلة:

الاستماع الأول:

د. جلال أمين ذكر ٣ أسباب لفرح المصريين. إيه همّ؟

السبب الأول: ______________________________

____

السبب التاني: ______________________________

____

السبب التالت: ______________________________

____

الاستماع التاني: اسمعوا مرة تانية وجاوبوا:

(أ) إيه هي دواعي القلق اللي عند المصريين واللي ذكرها د. أمين؟

____

____

____

(ب) فهمنا بشكل عام إن د. أمين متفائل ولاّ مُتشائم؟ إيه الكلمات اللي استخدمها خلتنا نكوّن الرأي دا؟

_____

_____

_____

(ج) إيه الرأي اللي كان منتشر عن الشباب المصري بشكل عام؟

_____

_____

_____

(د) وإيه رأيه هو في الشباب المصري؟

_____

_____

_____

الاستماع التالت:

في الفصل اربطوا بين رأي الدكتور أمين عن الشباب وبين الدرس السابع. اعملوا مناقشة على الموضوع دا في مجموعات.

٢. **لاحظوا مستوى اللغة:**

(أ) لاحظوا التركيب والنطق اللي استخدمه هنا الدكتور أمين: بـ + تَدور

(ب) لاحظوا وعلقوا على نطق 'في أذهاننا' اللي استخدمها الدكتور أمين في بداية الندوة.

_____

_____

(ج) استخرجوا الكلمات اللي نطق فيها د. أمين صوت القاف والكلمات اللي اتحوّل فيها صوت الـ ’ق‘ لـهمزة.

صوت الـ ’ق‘	تحوّل صوت الـ ’ق‘ إلى همزة

(د) استخرجوا الكلمات اللي نطق فيها د. أمين صوت الـ ’ث‘ والكلمات اللي اتحوّل فيها صوت الـ ’ث‘ إلى ’س‘ أو إلى ’ت.‘

صوت الـ ’ث‘ (الكلمة في الفصحى)	إلى صوت الـ ’س‘	إلى صوت الـ ’ت‘

III. لقاء ٣ مع الأستاذ عباس التونسي على قناة الجزيرة ٣٠ يناير ٢٠١١

اسمعوا وجاوبوا:

(أ) الأستاذ عباس ابتدا حديثه بالكلام عن صدمة. إيه هي الصدمة دي؟

____

____

____

(ب) اذكروا بعض الأمثلة اللي ذكرها الأستاذ عباس عشان يعزّز رأيه.

____

(ج)   إيه هو الدور اللي بيتوقعه من المعارضة في الوقت دا بالتحديد؟ وليه الوقت دا؟

_____

_____

_____

(د)   وقال إيه يا ترى عن النظام؟

_____

_____

_____

(هـ)   الأستاذ عباس ذكر تعبير 'الغباء التاريخي.' إيه هو؟ وإيه اللي وصفه بـ 'الغباء التاريخي'؟

_____

_____

_____

(و)   الأستاذ عباس قال إيه عن عملية انسحاب وبعدين رجوع الأمن إلى الشوارع؟

_____

_____

_____

٢. لاحظوا مستوى اللغة:

(أ)   لاحظوا وعلقوا على اللغة اللي بيستخدمها الأستاذ عباس في حديثه.

_____

_____

_____

(ب)   اذكروا أمثلة تعزز تعليقاتكم.

_____

_____

_____

(ج)   اسمعوا واكتبوا جملتين بالفصحى.

الجملة الأولى:

_____

الجملة التانية:

_____

المشاهد الإضافية

I. مشهد إضافي ١: أسماء محفوظ ١٨ يناير ٢٠١١ 💿

قبل الاستماع:

(أ)   اوصفوا أسماء: شكلها، لبسها، المكان اللي هي قاعدة فيه، صوتها، تعبيرات وشها، حركة إيدها.

_____

_____

_____

(ب) ممكن نعرف إيه عن أسماء من أول ما نشوفها؟ إيه هو مستواها الاجتماعي مثلاً؟

(ج) نعرف إيه عن يوم ٢٥ يناير؟ هو ليه يوم أجازة؟ إيه المناسبة؟ اليوم دا بيمثل إيه عند المصريين؟

٢. اسمعوا وجاوبوا:

(أ) أسماء ابتدت كلامها إزاي؟ قالت إيه؟

(ب) سمعتوا تعبير "لا حول ولا قوةَ إلا بالله." أسماء قالته ليه؟ مين اللي قال التعبير؟ وفي أي ظرف؟ وليه؟

(ج) "يا جماعة حرام عليكو." أسماء بتقول كدا لمين؟ وليه؟

(د) "أنا بنت، وحانزل ميدان التحرير." أسماء قصدها إيه لما قالت كدا؟

(هـ) اوصفوا أول مرة أسماء نزلت فيها التحرير. حاولوا كمان ترسموا المنظر اللي هي وصفته.

____

____

(و) احكوا الحوار اللي دار بين الشرطة والمتظاهرين اللي حكِتُه أسماء.

____

____

(ز) إيه هي رسالة أسماء اللي قالتها في الدقيقة ١:٢٥ ؟

____

____

(ح) اسألوا ناس مصريين يعني إيه 'نخوة' و'رجولة' وبعدين اتناقشوا في الفصل. ليه أسماء بتقول كدا؟

____

____

(ط) أسماء بتكلم مين في الدقيقة ٢:٤٠؟ وبتحاول تعمل إيه؟

____

____

(ي) علقوا على اليافطة اللي رفعتها أسماء في آخر التسجيل.

____

____

(ك) امتى أسماء استخدمت الفصحى؟ قالت إيه؟ وليه؟ ونفهم إيه من كدا؟ اتناقشوا.

____

____

(ل) حاولوا تبربطو بين حديث أسماء محفوظ وبين مقال إبراهيم عيسى في مناقشة جماعية.

II. **مشهد إضافي ٢: نوارة نجم على الجزيرة ٢٩ يناير ٢٠١١**

قبل الاستماع:

(أ) نعرف إيه عن نوارة نجم؟ هي مين؟

(شوفوا المدونة بتاعتها: http://tahyyes.blogspot.com/)

(ب) اوصفوا نوارة نجم وقولوا انطباعاتكو عنها قبل ما تسمعوا.

---

٢. **اسمعوا وجاوبوا:**

(أ) اوصفوا الطريقة اللي ابتدت بيها نوارة حديثها، واوصفوا ملامحها وهي بتتكلم.

(ب) اسألوا على معنى الفعل 'خض، يخُضّ.' إيه العلاقة بين الفعلين 'نزعج' و 'نخض'؟ اتكلموا عن العلاقة اللغوية للكلمتين. وعلقوا على النبرة اللي بتتكلم بيها نوّارة.

(ج) نوارة بتقول "دي انتفاضة الجمال." فهمنا إيه من التعبير دا؟ نوارة استخدمت تعبير تاني بنفس المعنى تقريبًا. إيه هو؟ علقوا على الاتنين.

_____

_____

(د) "أنا فهمتكم." مين اللي قالها قبل كدا؟ وفي أي سياق؟ وليه نوارة عايزة تسمعها تاني؟ وعايزة تسمعها تاني من مين؟ اسألوا مصريين. نوارة عايزة تقول إيه؟

_____

_____

(هـ) إيه اللي حصل يوم ٢٩ يناير ٢٠١١؟ _____

_____

(و) وإيه كان ردّ الفعل؟ _____

_____

٣. اسمعوا مرة تانية واكتبوا كلمة كلمة كل اللي قالته نوارة.

_____

_____

_____

_____

_____

_____

_____

_____

٤. استخرجوا الفصحى بعد ما تكتبوا واتناقشوا عن المزج بين الفصحى والعامية اللي استخدمته نوارة.

_____

_____

_____

للمناقشة

I. روحوا للقاموس المصوّر:

ارجعوا إلى القاموس المصور في الـ DVD وعلقوا على الصور دي. اتفرجوا على الصور واتناقشوا في الفصل في مجموعات.

II. شوفوا الصورة دي واوصفوها:

سينما الثورة

(أ)   اللوحة دي كانت في ميدان التحرير يوم ١١ فبراير ٢٠١١. اربطوا دا بـ
        تعبير 'الثورة الضاحكة.'

(ب)   استخرجوا أسماء الأفلام اللي مكتوبة عليها.

_____

_____

(ج)   اسألوا مصريين عن الأفلام دي واعملوا مناقشة في الفصل.

٢.   شوفوا الصورة دي وعلقوا عليها.
     دلوقت بعد مرور تقريبًا سنة على
     الثورة، إيه اللي اتغير في الشعار
     دا؟ اسألوا مصريين عن خبراتهم
     بخصوص الشعارات الخاصة بالجيش
     واتناقشوا.

٣.   دي كانت يافطة من اليُفط اللي أبدعها
     المصريين في الميدان. علقوا عليها
     في ضوء قرائتكو لمقال إبراهيم عيسى.

للتصحيح

الدرس الأول

المفردات

to leave	ساب، يسيب، سيبان **ساب** بلده من سنة وعايش في الخليج دلوقتِ.
enough You should stop …	كِفاياكْ **كِفاياكْ** نوم، الساعة بقت واحدة.
to stay	قعد، يقعد، قعاد جا القاهرة في فبراير **وقَعَد** لآخر السنة.
even so	برضُه عيّان **وبرضُه** عايز تسافر؟
to worry	قِلِق، يقلَق، قَلَق ابني اتأخّر **وقلقت** عليه قوي.
to take	ودّى **ودّت** ابنها المدرسة وراحت الشغل.
real estate agent	سِمْسار ج سماسرة **السمسار** لقى لي شقة كويسة قوي في الزمالك.
Expression meaning: (sum of) money	القرشين عندهم **قرْشين** في البنك حيعملوا بيهم مشروع.

to put	حطّ، يحُط، حطّ **حطّ** الفلوس في البنك.
to come out/to turn out to be	طِلع، يطْلع، طلوع الراجل دا كان شكله محترم بسّ **طِلع** حرامي!
to be enough	سدّ، يسدّ، سدّ المبلغ دا مش **حيسدّ** معانا.
to become reassured	اطّمِّن، يطَّمِّن عايزة **اطمن** عليه عشان اتأخّر قوي.
to spend the night	بات، يبات، بِيات **بات** عند صاحبه وحيرجع بكرة.
errand	مشوار ج. مَشاوير ورايا **مشاوير** كتير لازم اعملها.
abroad/outside	برّا كنت عايشة **برا** طول عمري.
to cheer up	فرفش، يفرفش، فرفشة عايزة **أفرفشك** شوية بعد الأخبار الوحشة اللي سمعتها.
upset	متضايق – متضايقة – متضايقين أنا **متضايقة** منك عشان كدبت عليّ.
to get spoilt	باظ، يبوظ، بوظان التكييف **باظ**.

التعبيرات

May God grant you success.	ربنا يوفقك امتحانك بكرة؟ **ربنا يوفقك.**
we are relying on …	البركة فـ … مش حاقدر أخلّص كل الشغل دا، **البركة فيك** انت.
mind to take care (of)	خلّى باله من … أنا مسافرة بكرة إن شاء الله **خلّي بالك** من نفسك ومن الولاد.
God willing	بإذن الله حاكلّمك أول ما أوصل **بإذن الله.**
I wish	نِفسي **نفسي** أشتري عربية جديدة.
stubborn	راكب دماغُه هي **راكبة دماغها** ومش حتغيّر رأيها.
Leave it to God. = Don't worry about it.	خليها على الله انتَ قلقان ليه؟ **خليها على الله!**
to take care	خد ، ياخُد بالُه (من) **خُد بالك** من نفسك ومن الولاد.
Said for a farewell (usually by the one who is leaving).	أشوف وشك بخير **أشوف وشّك بخير** أنا مسافرة بكرة إن شاء الله.

slowly Slow down!	على مهل ... **على مهلك** شوية مِستعجل ليه؟
accustomed to	واخد على (حاجة أو حد) لسّه **ماخدتش على** الحياة هنا!
For the passing of time, e.g.: "I have been in Egypt for two years."	بقى + لـ + pronominal suffix بقى لي سنتين في مصر.
Safety is in being slow, and in haste repentance. = Haste makes waste.	في التأني السلامة وفي العجلة الندامة.
I didn't mean that.	مش قصدي انتَ فهمتني غلط والله! **مش دا قصدي.**
May God protect us.	ربنا يسترها **ربنا يستر** ومايحصلش حاجة وحشة!
to be about to	قرّب + مضارع فاضل خمسة كيلو، قرّبنا نوصل.

الدرس الثاني

🔘 **المفردات**

suite	جناح **الجناح** في الفندق دا غالي قوي، خلينا ننزل في أوضة عادية.

room	أوضة ج. أوض **الأوضة** اللي في الفندق كبيرة وجميلة.
to fill in	ملا، يملى **مَليت** كل البيانات اللي في الاستمارة، الاسم والعنوان والوظيفة.
(personal) information	بيانات اِملا **البيانات** من فضلك.
to be of use, to serve; it works	نفع، ينْفَع، نَفْع مافيش قلم أخضر بس القلم لأحمر دا **حاينفع!**
to finish up, let's finish up (impatience)	خلّص **خلّصت** الشغل بسرعة عشان لازم أمشي.
to put away; put in order	وضَّب – يوضَّب **وَضَّبت** هدومي في الدولاب.
out of order; broken	بايظ مش حاقدر أكتب لك رسالة عشان الكومبيوتر اللي في المكتب **بايظ،** مش شغال من امبارح .
it appears, it seems . . .	شكل + pronominal suffix الجو وحش قوي، **شكلنا** مش حنعرف نسافر!

repair work, maintenance	الصيانة مافيش **صيانة** كفاية للعمارات اللي في وسط البلد، عشان كدا شكلها مُنهار.
to hang (something) up	علّق، يعَلَّق **علّقت** الهدوم في الدولاب على الشمّاعة.
to send	بَعَتْ، يِبْعتْ، بَعْتْ **بعتّ** جواب لأهلي امبارح.
to search for	دَوّر، يدور على مش عارفة فين مفتاحي لازم **أدوّر عليه**.
to find	لقَى، يلاقي صحيح المذاكرة كتير، بس لازم **نلاقي** وقت للرياضة.
to imagine	اتصوّر كنت **مُتصوّرة** إنه حيساعدني، بس للأسف ماعملش حاجة!
to become	بَقَى، يبْقَى من مية سنة االقاهرة كانت مدينة صغيرة، دلوقتِ **بقت** مدينة ضخمة جداً.
pollution	تلوُّث فيه عربيات ومصانع كتير في الحتة دي، عشان كدا نسبة **التلوّث** عالية قوي!

car exhaust	عادِم ج. عوادِم **عوادم** العربيات والأوتوبيسات الكتيرة من أسباب التلوث اللي في المدينة.
to imagine; expect Imagine!	تخيّل قبل ما أشوف القاهرة **تخيلتها** حاجة تانية خالص!
to be missed (by someone) We missed you!	وَحَشْ، يوحَشْ **وحشتنا** قوي! فينك من زمان! بقى لي كتير ماشفتَكْش!
to stay (in a hotel)	نِزِل، ينْزِل، نُزول (في الفندق) لما بييجي القاهرة **بينْزِل** في فندق قريّب من الجامعة.
hotel (also: فندق)	لوكندة ج لوكندات الهيلتون من **اللوكاندات** الموجودة كتير في مصر.
to blame	عاتب، يعاتب، عتاب **عاتب** صاحبه على طريقة كلامه معاه.
to stay	قَعَدْ، يقعُد، قُعاد **حانقعد** في القاهرة سنة، فلازم نشوف شقة.
to rest, to take a break	ريّح، يريَّح لازم **نريّح** بعد السفر، احنا تعبانين قوي.
because; the fact is that	أصْل لازم نريَّح شوية، **أصلِنا** تعبانين من السفر.

to pass by	عدّى، يعدّي على.. **عدّيت على** صاحبي امبارح في البيت.

التعبيرات

Welcome! (conventional welcoming phrase)	نوّرت أهلاً وسهلاً، **نورت!**
Can I help you?	أوامرك؟/أوامر سيادتك؟ أهلاً وسهلاً بيك في الفندق، **أوامر سيادتك؟**
please, if you don't mind	بعد إذنك **بعد إذنك**، ممكن أعدّي؟
At your service! Right away, sir! Sure! (in response to a request)	تحت أمرك هو طلب مني أجيب له القاموس بتاعي، فقلت له: **تحت أمرك.**
Don't worry about it. It doesn't matter.	ولا يهمك مافيش غدا؟! **ولا يهمك**، ناكل برّا.
It's really hot outside!	الدنيا حرّ درجة الحرارة ٤٠! **الدنيا حر** موت!
Always	على طول = دايمًا علشان هو بيشتغل في شركة سياحة، بيسافر **على طول!**

Right away; directly	على طول = حالاً/فورًا اتصل بأخوك **على طول**، هو عايزك ضروري!
at ease, comfortably; at someone's leisure	على راحِة + pronominal suffix حاقفل الباب عشان نتكلم **على راحتنا**، مش عايزين حدّ يسمعنا.
I wish I could blink and find . . .	نفسي أغمَّض عيني وافتحها ألاقي ... **نفسي أغمض عيني وأفتحها ألاقي** نفسي اتخرجت ومعايا الدكتوراة!
I have never . . .	عمري ما... + فعل ماضي **عمري ما** رُحْت الصين.
What a change!	سبحان مغيّر الأحوال بعد ما كان فقير بقى غني جدًا ... **سبحان مغيّر الأحوال!** مش عارفة إيه اللي حصل!
I can’t believe it!	مش مِصَدّق! **مش مصدّقة** وداني، معقولة! أنا كسبت مليون جنيه في المسابقة!
just, just now We have just arrived.	اِحنا **لسّه واصلين** من إسكندرية. احنا وصلنا من اسكندرية من عشر دقايق، احنا **لسه واصلين**.

We were talking about you yesterday.	كنا في سيرة + pronominal suffix / اسم **كنا في سيرته** امبارح ولقيناه جا النهاردا! زيارة مش متوقعة خالص!
Forget about . . . let's talk about . . .	سيبك من ... وخلينا ف ... **سيبك من** الكلام الفاضي دا **وخلينا** نتكلم في الجد، فاضل كام يوم على معاد التقديم؟
some other time, next time (declining an invitation)	**الأيام جايّة كتير**.

الدرس الثالث

المفردات

apartment privately owned apartment, condominium furnished apartment (for rent)	شَقّة تمليك شَقّة مفروشة سافر يشتغل في الخليج عشان يجيب **شقة تمليك** في القاهرة. وهناك كان ساكن في **شقة مفروشة**.
completely finished	مِتْشطَّب مش عايزة عمال في الشقة عشان كدا عايزة **شقة متشطبة** أسكن فيها على طول.
rent	إيجار ج. إيجارات بيدفع ألفين جنيه في الشهر **إيجار** الشقة.

out of order	عطلان/عطلانة جيت الشغل بتاكسي عشان عربيتي **عطلانة**.
wall	حِيطة ج حِيطان عايزين ندهن **الحيطة** دي أزرق.
painted	اتّدهن الحيطة **اتدهنت** امبارح، الشقة شكلها اختلف خالص.
house painter	نقّاش ج. نقّاشين **النقاش** حييجي عشان حيدهن الحيطة بكرة.
to give	اِدّى، يِدّي عبدالله **حيدّي** الفلوس للسمسار.
water heater	سخّان ج. سخانات **السخان** اللي في الحمام بايظ، مافيش ميه سُخنة.
cylinder (of butane gas)	أنبوبة ج. أنابيب ماعندناش غاز طبيعي في الحمّام، السخان بيشتغل **بالأنبوبة**.
in a bad condition	واقِع – واقْعة إيه دا! مش عايزة أسكن في المنطقة دي، دي **واقعة!** الشوارع زحمة ووسخة ودوشة!

fixed	اتظبّط في البداية كان في مشاكل في الشقة وبعدين الأمور **اتظبطت** شوية.
direction	اتجاه ج. اتجاهات لو رايح المعادي من التحرير لازم تاخُد المترو **اتجاه** حلوان.
a steal, a great deal	لُقطة لقيت عربية **لقطة** بسّ للأسف مافيش فلوس!
to take, deliver	ودّى، يودّي **ودّيت** الهدوم الدراي كلين.
skyscraper, tower	بُرج ج. أبراج كنا بنشوف الهرم من بلكونة بيتنا بسّ السنة اللي فاتت **طِلِع بُرج** ٢٠ دور قدامنا.
commission	عُمولة ج. عمولات السمسار المفروض ياخُد **عمولة** بين ١٠ و١٥٪ لما بيأجّر لحدّ شقة.
to feel sorry, regret	نِدِم، يندم، نَدَم ماشتراش الشقة اللي كانت معروضة عليه السنة اللي فاتت، والسنة دي **نِدِم** عشان الأسعار غِلْيِت قوي!

to overlook	بيطُلّ على الشقة **بتطل على** الشارع الرئيسي.
down payment	مُقَدّم دفعت **مقدّم** للعربية وحادفع باقي الفلوس على ١٤ شهر.
to install	ركّب، يركّب لازم نجيب سباك عشان **يركّب** الحنفيات الجديدة في الحمّام.
to be bored, to be fed up (with sth.)	زِهق، يزهَق، زَهَق (من) **زِهقت** من الفيلم المملّ دا! عايزة أروّح.
plumbing	سِباكة الحنفية بتنقّط والحوض مسدود! **السباكة** كلها مش معمولة كويس. إيه دا!
plumber	سبّاكعايزين **سبّاك** عشان يصلّح حنفية البانيو اللي اتكسرت.
clogged	مَسدود الحوض **مسدود**، الميه واقفة فيه، ما بتنزلش خالص.
to buy, to get	جاب، يجيب (حاجة) التليفزيون دا قِدِم قوي! عايزة **أجيب** واحد جديد.

التعبيرات

At your service.	في خدمتك / في خدمة حضرتك / في خدمة سعادتك / لما راح يأجّر عربية الموظف قال له: **احنا في خدمتك،** حضرتك عايز عربية شكلها إيه؟
to excuse oneself	استأذن – استأذِنَك **استأذِنَك** دقيقة بَسّ أتكلّم في التليفون وأرجع على طول.
not good, pretty bad	ماهوّاش قدّ كدا الفرش اللي في الشقة دي مش حلو قوي، **ماهواش قدّ كدا.**
for the sake of . . .	عشان خاطر + اسم / pronominal suffix اكلم مع صاحب الشقة على طول **عشان خاطري.**
kind face	وِشّ سِمِح كلنا بنفرح لما بنشوف **وش سمح.**
at the peak of . . .	في عزّ أسعار الفنادق غالية، دا احنا **في عز** الموسم.
wonderful, excellent	ماحَصَلْش اتفرّج على شقة عجبته جدًا وسعرها ممتاز **ماحَصَلْش!**
What happened? Is anything wrong?	خير! شكلك متضايقة قوي.. **خير!** إيه اللي حَصَل؟

awful	زي الزفت الامتحان كان صعب قوي كلهم عملوا **زي الزفت.**
This is disgusting!	إيه القَرَف دا! يوه، مافيش ميّه ومافيش كهربا ... **إيه القَرَف دا!**
it is only + time duration + event It's only one more year before he graduates.	كلّها + كلمة تحدّد المدّة + و + فعل مضارع ماتقلقش **كلها سنة ويتخرّج!**

الدرس الرابع

المفردات

Interjection used to introduce questions expressing surprise or disbelief.	أُمال ... نعم! مش عايز تدخل الجامعة؟ **أمال** عايز تعمل إيه إن شاء الله؟
to stay overnight; to sleep over	بات، يبات، بيات الولاد **باتوا** عند عمهم، يعني ناموا في بيت عمهم بالليل وحييجوا بكرة الصبح.
آخر سنة في التعليم المدرسي – قبل الجامعة	الثانوية العامة ابني في آخر سنة في المدرسة. إن شاء الله السنة الجاية يدخل الجامعة. هو في **الثانوية العامة.**
to pray for	دَعا، يِدْعِي لحدّ / pronominal suffix عندي امتحان بكرة، **ادعوا لي** أنجح فيه.

Total of marks in exams, expressed in percentages (corresponding to GPA).	مَجْموع ج. مَجاميع لازم يجيب **مجموع** عالي عشان يقدر يدخل كلية الطب. السنة اللي فاتت كلية الطب أخدت ٩٦٪ والهندسة أخدت **مجموع** ٩٥٪.
shy, embarrassed	مَكْسوف – مكسوفة – مكسوفين هي مش بتحب تتكلم قدام الناس، أصلها دايمًا **مكسوفة**.
to imagine	تصَوّر **تصوّروا** أحمد أهله دكاترة وهو مش عايز يدخل الجامعة!
stuffed wine leaves	ورق عنب باحب آكل **ورق العنب** مع الزبادي.
Middle-Eastern dish	كُبيبَة **الكبيبة** أكلة مشهورة قوي في لبنان.
by order	بالطَّلَب أعرف واحدة بتعمل المحشي **بالطلب**. ممكن تاخدي منها لو عندك عزومة. مش لازم تتعبي نفسك وتعمليه لوحدك.
Middle-Eastern dish	مِسقّعَة **المسقّعة** أكلة مشهورة في مصر. باحب المسقعة بتاعة أمي.

awesome	هايِل – هايْلة بتطبخ حلو قوي، أكلها **هايل**.
great, wonderful	يِجَنِّن – تِجنِّن! اشترت شقة جديدة جميلة جدًا، **تجنن!**
because, since	أصْل معلش مش حاقدر أشوفك النهاردا، **أصل** ورايا ستين ألف حاجة أعملها.
ready made	جاهِز – جاهْزَة ورق العنب دا **جاهز** مش أنا اللي عاملاه.
To get engaged (girls)	اِتْخَطَبِتْ منى **اتخطبت** وحتتجّوّز في شهر ديسمبر إن شاء الله.
to have children	خَلّف، يخلّف هدى وأحمد **خلّفوا** بنت وسمّوها ندى.
to deserve	استاهِل، يستاهِل محمود ابن حلال **ويستاهل** كل خير.
to retire	طِلِع – يِطْلَع معاش أول ما جاب ستين سنة **طلع معاش** وساب البنك.
to expose	فَضَح، يِفْضَح شافتني مع حبيبي في الشارع وحكِت للناس كلها! **فَضَحِتني!**

التعبيرات

Expression used to show appreciation for something handmade.	تِسْلَم إيدِكْ الأكل جميل جدًا **تسلم إيدك.**
Expression used after a home/ family meal, (not used after a restaurant meal).	سُفرة دايمة! الأكل ممتاز، تسلم إيدك، **سفرة دايمة.**
Expression indicating the passing of time: it's been a week/a month since . . .	بقى لـ + pronominal suffix فين أختك؟ **بقى لي** كتير قوي ما شفتهاش!
Ought to be, should be, expected to… any time now.	زمان + الضمير + اسم فاعل **زمانُه** جايّ.
to be on a diet	عامِل – عامْلَة ريجيم عايز يخسّ خمسة كيلو **فعمل ريجيم.**
Used when saying, seeing or hearing something that causes admiration or satisfaction to ward off the evil eye.	باسم الله ما شاء الله! **باسم الله ماشاء الله!** كِبِر واتخرّج.
hopefully, I wish . . .	يا ريت! سألِته إذا كان نجح في الامتحان، قال لها **"يا ريت."** أصل الأسئلة كانت صعبة قوي.
since	من ساعِة ما + ماضي + ماضي منفي **من ساعة ما سافر مابعتليش** إيميل واحد!

response to compliment on food	ألف هَنا وشِفا / بالهَنا والشِّفا الأكل حلو قوي! **ألف هنا وشفا.**
expression of admiration of beauty (to a person)	زيّ القمر بنتها جميلة قوي، **زيّ القمر.**
by the way	على فِكرة **على فكرة** منى اتجوّزت، عايزين نجيب لها هدية.
for expressing surprise	الله! **الله!** هو هنا؟ جا امتى من السفر؟
nice person	ابن / بنت / ولاد حلال باسبوري ضاع، بس واحد **ابن حلال** لقاه وجابهولي.
A phrase used to wish a sick person to get well.	ربنا يقوّم (حدّ) / pronominal suffix بالسلامة - منار حتعمل العملية يوم الاتنين الجايّ. - **ربنا يقوّمها بالسلامة** إن شاء الله.
time flies	الأيام بتجري بسرعة! معقولة السنة خِلصِت! مش مصدّقة! **الأيام بتجري بسرعة!**
To retire	طِلِع، يِطْلَع، على المعاش بعد ما يبقى ٦٠ سنة، الموظف **بيطلع على المعاش.**

لقاء ١ مع د. زينب شاهين

الأسرة حصل تغيير كبير جدًا فيها، في بنائها ووظيفتها. يعني خلال العقود الأخيرة لمسنا تغيير ملحوظ في بناء الأسرة ووظيفتها. أولاً، كانت الأسرة ممتدة. يعني إيه ممتدة؟ يعني الأب والأم والأبناء ولمّا يتزوّج الولد الذكر، مراته بتتنقل معاه في البيت الكبير، بيت العيلة. البنت هي بتتنقل لبيت زوجها وأهل زوجها. أيضًا كان فيه في الفترات السابقة، التاريخية السابقة، كان الأسرة لها وظايف كتيرة جدًا. الأسرة كانت بتقوم بدور اقتصادي ، بتحقق اكتفاء معيشي من خلال إنتاجها لو كنّا في القطاع الريفي، بيبقى برضه ليها دور تربوي ودور تعليمي. الأسرة كان لها دور مهمّ جدًا، مش دايمًا بيؤخذ بعين الاعتبار اللي هو مرتبط بتوفير نوع من الراحة النفسية لأن لما بيبقى فيه أسرة عددها كبير عايشين مع بعض بيشاركوا بعض المشاكل، بيشاركوا الأزمات الحياتية. أيضًا بيشاركوا بعض الفرحة. فإذن العبء مابيبشيلوش الفرد لوحده لكن بتشيله الجماعة. فدا طبعًا له دور نفسي مهمّ جدًا. الأسرة اتغيرت. حصل تغيّر بسبب التصنيع، بسبب التحديث. فيه كتير قوي من الأسر حصل لها هجرة من الريف للحضر. وأيضًا هذا النمط أدّى إلى تغيير في بناء الأسرة. بدل مّا بقت أسرة ممتدة عددها كبير ، بقت أسرة نووية، يعني الأب والأم والأبناء فقط. وأيضًا كان زمان الأسرة أدوار أفرادها معروفة. الأم داخل البيت، الزوجة داخل البيت، الإناث داخل البيت والذكور خارج البيت. الدور الأساسي للمرأة وقتها إنّ هيّ تقوم بالمَهام المنزلية وتقوم برعاية الأبناء، الدور الأساسي للأب إن هو يعمل ويوفر سبل المعيشة للأسرة. أيضًا هذا اتغير. دلوقت بقت المرأة تشتغل، تعمل، تخرج خارج إطار البيت وبتحقق ذاتها من خلال عملها. يعني زمان كان مفهوم التضحية، أنا أضحي بحياتي في سبيل زوجي لأن هي كانت بتستمدّ إشباع ذاتها وتحقيق ذاتها ونجاحاتها من خلال نجاحه. يعني حتى زمان كانوا يقولوا لها إيه؟ مدام فلان الفلاني. معظم الستات كانوا بينعتوا، بيُطلق عليهم اسم أو لقب زوجهم. دلوقت لأ. ستات كتير قوي بتشتغل وعايزة هي تحقّق ذاتها زي ما جوزها بيحقق ذاته وعايزة تحقق نجاحات زي ما هو بيحقق. وأيضًا حصل فيه مشكلة فيما يتعلق بتغيير الأدوار. يعني أنا دلوقت باخرج وباشتغل، وأيضًا لسّه باشتغل جوا البيت. فكلّ أسرة دلوقت بتكوّن معاييرها الخاصة. أنا مراتي بتشتغل وأنا

باشتغل. لازم أنا زي ما هيّ خرجت برّا البيت وعملت وبتساعد في دَخْل الأسرة، أنا لازم أدخل البيت وأساعد في المهام المنزلية ورعاية الأبناء. أذاكر للولاد شوية الدروس بتاعتهم، أوصلهم المدارس، أوصلهم النادي يلْعبوا رياضة، يبقى أنا ليّ دور برضه في المنزل. أسرة تانية تقول لك لأ، أنا ماليش دعوة! أنا ... هي تشتغل زي ما هيّ عايزة لكن أنا مش ممكن حاعمل أي شيء جوه البيت لأن أنا راجل، والراجل مايعملش حاجة جوا البيت. مالوش دعوة لا بالطبيخ ولا بالغسيل ولا برعاية الأبناء. فيه أسرة تالتة تحاول ... تعمل مواءَمة. بعض الحاجات، بعض المرات يقول لك أنا باساعد. مايقولش أنا باشارك. مشاركة يبقى معناها أنا وهيّ دا دورنا جوّا البيت وأنا وهيّ بنشارك المتطلبات الحياة المادية يبْقى أنا وهي برا البيت. يقول لك لأ، أنا حاساعدها، حاساعد. يعني أنا كريم حاعمل لِكْ حاجة، يعني حاكْرِمِك في مساعدتي لكِ. فإذن الأسرة دلوقت في مرحلة تغيير كبير جدًا جدًا.

الدرس الخامس

المفردات

رُكْن ج أرْكان لما دخل المطعم فضّل يُقعد في **الركن**، عشان كان هادي.	corner
جِنينَة ج. جَنايِن هو ساكن في فيلا، عنده **جنينة** صغيرة حوالين البيت.	garden
شَكْوَى ج. شَكاوي لما كان النظام مش عاجبني كتبت **شكوى** للمدير.	complaint

permit	ترخيص ج. تَراخيص لازم يكون عندك **ترخيص** من الحكومة عشان تعمل المحلّ دا.
connection (person)	واسْطَة ج. وَسايِط قدم في وظيفة جديدة وماتقبلش، وبعدين اكتشف إن الشخص اللي أخد الوظيفة يبقى ابن عمّ المدير، طبعًا عنده **واسطة**!
connection (wire)	توصيلَة ج. توصيلات محتاجين نشتري **توصيلة** جديدة للدِّش عشان القديمة مش شغّالة.
you (formal, polite)	حَضرتِك – حَضرتَك لما باكلم جدتي باقول لها '**حضرتِك**' عشان هي طبعًا أكبر مني كتير في السنّ.
24-inch TV	تليفزيون ٢٤ بوصة اشترى **تليفزيون** جديد **٢٤ بوصة** أكبر من اللي كان عنده، القديم كان ٢١ بوصة بس.
human being	بني آدَم – بني آدمة ج. بني آدمين مافيش **بني آدمين** في الشارع بعد الساعة عشرة بالليل في المدينة اللي هو ساكن فيها، الشوارع بتبقى فاضية خالص!

buff, enthusiast	غاوي – غاوْيَة – غاويين صاحبُه **غاوي** كورة، بيحبها جدًا، بس هو مش غاويها قوي.
client	زُبون – زبونة ج. زَباين الناس اللي بيشتروا من المحلّ يبقوا همّ **الزباين.**
to be broadcast	اِتْذاع، يِتْذاع ماتش الكورة بين الأهلي والزمالك **حيتذاع** على القناة التانية الساعة ٨:٠٠.
satellite	محطّة ج. محطات فَضائية فيه دلوقتِ **محطّات فضائية** كتيرة قوي بتذيع أخبار.
to encourage	شَجّع، يِشَجّع على.. لازم **نشجع** الأطفال على العمل الخيري.
slogan	شِعار ج شعارات الراجل دا بيحب يقول **شعارات** وبس، مش بيشتغل خالص.
to lower	وَطّى، يوَطِّي (حاجة) صوت المزيكا عالي قوي، لو سمحت ممكن **توطّي** شوية؟
to shout	زَعّق، يِزَعّق، زعيق صاحب الشغل **زعّق** للموظف لما راح الشغل متأخر.

a pottery container of tobacco in shisha	حَجَر الشيشة بيشرب **حجرين شيشة** في اليوم، كتير قوي!
to quit, stop	بَطَّل، يِبَطَّل هو مريض بالقلب. الدكتور قال له لازم **يبطل** تدخين على طول.
tar, used to refer to something awful, lousy	زِفت عنده السكر والضغط والقلب، صحته زي **الزفت**، وبيدخن! حاجة غريبة جدًا.
to be worried about, concerned	خاف، يِخاف على جوزها **بيخاف** قوي **على** صحته، مش بيدخن خالص.
to breathe	اِتْنَفِّس، يِتْنَفِّسْ مش قادر **يتنفّس**، كان تعبان جدًا.
to spoil	فَسَد، يِفْسِد فيه ناس بتقول إن الفيديو كليب والرقص **بيفسد** أخلاق الشباب، يعني بيبوّظ أخلاقهم.
to work out	نِفِعْ، يِنْفَع **ماينفعش** ندخل في الشارع دا، مكتوب "ممنوع الدخول"!
insisting	مُصِرّ – مُصِرّة – مُصِرّين على.. مراته **مصرّة على** موقفها، مش عايزة تغيّر رأيها خالص.

التعبيرات

I was just going to say the same thing.	عُمْرَك أطول من عمري **عُمْرَك أطول من عمري**. كنت حاقول نفس الكلام اللي انتَ قُلته بالظبط!
pain in the neck	وَجَع قَلْب/دِماغ الشغل في الصحافة **وجع دماغ!** والشغل مع الأطفال اللي عندهم سرطان **يوجَع القلب!**
used to express disapproval	أستَغفِرُ الله العَظيم بيشرب خمرة، **أستغفر الله العظيم.**
too many	أكتر من الهَمّ على القلب العربيات اللي في الشارع كتيرة جدًا، **أكتر من الهمّ على القلب.**
a small, tiny place	خُرْم إبرَة الشارع زحمة بشكل! مافيش **خُرم إبرة** أركن العربية.
used to draw attention of a group or friends of peers	إيه يا اخوانّا!! **إيه يا اخوانّا** فيه إيه؟ لازم نكلم المدير!
God is the provider.	الرِّزْق بإيد الله بيشتغل بياع في محل، مش عارف حيبيع إيه بكرة. هو دايمًا بيقول: **"الرزق بايد الله."**

life after death He is keeping the life after death in mind (rewards and punishments).	آخرة عَمَل، يِعْمِل لآخْرِتُه قرر يعمل ملجأ للأطفال الأيتام، كان عايز **يعمل حاجة لآخرته.**
Shame on you.	حَرام عليكْ يا أخي **حرام عليك** صحتك! كل دي سجاير؟!
daily bread	أكِّل، يأكِّل عيش بيقولوا إن الشغل في مجال الأدب والتاريخ مش بيكسّب فلوس كتير، مش **بيأكل عيش.**
I agree, but . . .	على عيني وعلى راسي بس باحترم كلام المدير جدًا، كلامه **على عيني وعلى راسي، بس** أنا مش حاقدر أنفذه.
to reach a compromise, to meet halfway	مِسِكْ، يِمْسِك العَصاية من النُّصّ كان لازم نلاقي حلّ وَسَط بينهم. هو عايز يمين، وهيّ عايزة شمال، حاولنا **نمسك العصاية من النص** عشان نرضي الطرفين.
too young	ماطْلِعْش من البيضَة ابنها لسه صغيّر، عنده خمس سنين. **ماطلعش من البيضة** وعايز يشتري موبايل.

لقاء ١ مع د. حامد عطية، تمرين ٢

التدخين عادة مقرونة ببعض الظروف المحيطة بالشخص المدخن وخصوصًا حينما يبدأ التدخين. الأبحاث أثبتت إن عادة التدخين وأنا بأقول عادة التدخين، بتُختزن من سنّ الطفولة والـ أبحاث قالت – بتاعة منظمة الصحة العالمية – إن التدخين بيُختزن في الطفل من وعمره ثلاث سنوات. متى، حينما ينشأ ويُدرك في أسرة فيها أب مدخّن أو أمّ مدخّنة أو أخ مدخّن. وهو قاعد في حجر أمه وفي البيت فيه التليفزيون، بيتفرج على البرامج التليفزيونية ويجد فيها مشاهد التدخين التي تملأ الشاشات. الله! يخرج من البيت يخرج برّا في الشارع في النادي في أي مكان يلاقي الناس كلّها بتدخن، يوصل عمر سن المدرسة يلاقي المدرّسين بيدخنوا، الله! يخشّ أي محلّ، يروح مستشفى يلاقي الطبيب بيدخّن. يبقى من هنا يتولد عنده الرغبة في ممارسة عادة التدخين. في المقابل مع الأسف الشديد ماسمعش إن فيه برنامج بيحذر من أضرار التدخين! أو إنّ فيه ناس بتقول "من فضلك،" غير مدخن بيحوش مدخّن من حواليه، بيقول له "من فضلك ماتدخنش في الحتّة اللي أنا قاعِد فيها." ماسمعش إن فيه مكتب أو فيه مكان عمل أو فيه نادي فيه حدّ بـ ... فيه صوت بيقول "من فضلك ماتدخنش!" الصوت الغالب حواليه في المجتمع هو صوت المدخنين.

ومن هنا ينشأ الرغبة عند الطفل. اللي بيزيد ويشعلل هذا بقى، حينما يشب في سن المراهقة ويلاقي جاره أو يلاقي صديقه أو يلاقي زميله في المدرسة بيدخن. أصدقاء السوء هم دا العامل الرهيب في الرغبة في المدخن. ٩٠٪ من سبب التدخين لأي شاب هو الصديق، ٧٠٪ هو الأب أو الأم أو الأخ في الأسرة، ٦٠٪ على المدرس. دي أبحاث عاليمة بتِتقال، ليه الشاب دا بيقبل على التدخين. فيه معلومة تانية عايز أقولها خطيرة جدًا، أنا باقول إن عادة التدخين بتختزن عند الطفل، آخر ما قرأته هو التالي: أن التدخين هو مرض من أمراض الطفولة ويينتقلعبر شاشات التليفزيون.

الدرس السادس

المفردات

density	الكثافة **الكثافة** في الفصول بقت عالية جدًا! عدد الطلاب في الفصل أكتر من اللازم بكتير.
double	ضِعْف ج. أضعاف الأسعار زادِت **الضِّعْف**. يعني السعر اللي بندفعه دلوقتِ أكتر مرّتين من اللي كنا بندفعه قبل كدا.
to memorize	حِفِظ – يِحْفَظ في المدرسة كان لازم **نحفظ** الشعر، وأنا ذاكرتي ضعيفة فكان لازم أقرا القصيدة مية مرة عشان **أحفظها**.
to go all around looking for …	لفّ – يلِفّ على.. كنت بأدور على كتاب محتاجاه للبحث **فلفيت عليه** مكتبات القاهرة كلها لحد ما لقيته.
network, coverage	إرسال كنت عايزة أتصل بواحدة صاحبتي بس ما عرفتش عشان **الإرسال** في المنطقة دي وِحِش جدًا.
apply for someone	قدّم – يقدّم لحدّ في .. كنت عايزة **أقدم** لبنتي في المدرسة الأمريكية، بس لقيتها غالية جداً **فحاقدم** لها في مدرسة لغات تانية جنبنا.

to give someone a complex	عقّد، يعقّد (حدّ) الامتحانات السنة اللي فاتت كانت صعبة جدًا، **عقّدتني**، خلتني أخاف من الامتحانات كلها.
grades, academic record	مجموع ج مَجاميع دخول الجامعات في مصر بيكون حسب **المجموع**، يعني حسب الدرجات اللي الطالب جابها في المدرسة.
fees	مصاريف المدارس الحكومية في مصر ببلاش، لكن المدارس الخاصة غالية جدًا، **مصاريفها** نار!
installment	قِسط ج. أقساط اشتريت العربية **بالقسط**، بأدفع ألف جنية كل شهر.
long way, road ahead	مشوار عشان الواحد ياخد الدكتوراة لازم يحضر فصول كتير و يعمل بحث، يعني **المشوار** طويل قوي.

التعبيرات

exclamation of amazement	سبحان الله! حاجة غريبة جدا! **سبحان الله!**
I swear to God.	والله العظيم! عرفت الموضوع دا! **والله العظيم** عرفته، أقسم بالله عرفته، فهمته خلاص!

It's out of my hands. It's not my call.	ما باليدّ حيلة مش حينفع أعمل غير كدا، **ما باليدّ حيلة!**
I wish I could help you.	كان نفسنا نخدمك! احنا آسفين خالص **كان نفسنا نخدمك**. لكن الموضوع خرج من إيدينا، ما باليدّ حيلة.
As if I don't already have enough problems	هي ناقصة! الكهربا اتقطعت والحوض اتسدّ، دلوقتِ كمان التليفون مش شغّال! **هي ناقصة!**
The Lord works in mysterious ways.	الخير فيما اختاره الله ماتزعلش من النتيجة دي، معلش، ماحدّش عارف، **الخير فيما اختاره الله!**
It's a total drag, nuisance	وَجَع دماغ عشان أطلع رُخصة لازم أروح ٦٠ مشوار! يعني، الرخصة هنا **وجع دماغ!**
It's always a pleasure (said to a visitor, a caller)	تنوّر أهلا بيك في أي وقت، **تنوّر**، أنا في انتظارك.

لقاء ١ اللواء سفير نور

مراحل التعليم في جمهورية مصر العربية بتنقسم إلى تلات مراحل. المرحلة الأولى وهي مرحلة الطفولة ودي بتبدأ من سن أربع سنوات. فيها KG1 و KG2 ويخش على مرحلة التعليم الابتدائي ودي ست سنوات. كانت خمس سنوات بقت ست سنوات، كانت الأول ستة وبقت خمسة ورجعت تاني ستة. مرحلة التعليم الإعدادي وهي تلات سنوات. ودول كلهم بيسموا مرحلة التعليم الأساسي.

بعد كدا فيه مرحلة الثانوية العامة وهي تلات سنوات. وفي الإعدادية، اللي بيطلع بينجح في الإعدادية بيخش الثانوي العام وجزء من التعليم، جزء من الطلبة بيخش التعليم الفني. وهو تجاري وصناعي وزراعي.

تعليم طرأ جديد في مصر وهو خاص بالـ IG. واللي أصبحت الـ IGSE دلوقتِ، واللي هي الثانوية الإنجليزية، والديبلوما الأمريكية.

دا النظام اللي حاليًا موجود في جمهورية مصر العربية. بعد كدا، فيه التعليم الجامعي، واِحنا النهاردا بنتكلم في التعليم الأساسي والتعليم الثانوي. بالنسبة للتعليم، فهو فيه تعليم خاص وتعليم عام. التعليم العام هو ما تنفق عليه الدولة بالكامل ودا مجانًا لأبناء مصر كلهم. التعليم الخاص برضُه بينقسم لأقسام. فيه المدارس الخاصة والمدارس الكنائسية زي مثلاً مدارس رمسيس كوليدج وزي مدارس الـ ... ومدارس كتير، الكنسية انتو عارفينها كلها. وبعد كدا فيه بقى المدارس الألمانية وفيه المدارس الفرنسية واللي هي الليسيهات تبع المعاهد القومية. وفيه تعليم بقى منفرد تمامًا وهو التعليم الخاص بالمعاهد القومية. المعاهد القومية دي عبارة عن مدارس خاصة ولكن تشرف عليها الدولة. وهي عبارة عن ٣٩ مؤسسة تعليمية، منها ١١ مدرسة ليسيه، اللي هي بتدرّس اللغة الفرنسية. وبرضه أنا عايز أقول إن اللغة الفرنسية في مصر محتاجة تدعيم من السفارة الفرنسية ومحتاجة تدعيم من الحكومة الفرنسية لأن التعليم الفرنسي في مصر بيتضائل شوية، يعني بيتضائل، محتاج تشجيع شوية علشان يبتدي ... لأن الإنجليزي هو أصبح اللغة الأولى في العالم، طبعًا، أو هو اللغة الأولى في العالم، فلا بد من توجيه الدعم من الحكومة الفرنسية ومن السفارة الفرنسية بالذات هنا في مصر لازم تساعد عشان التعليم الفرنسي ياخد فرصة، لأن اِحنا ...

أنا عملت احصائيات لقيت إن كل سنة عدد المتقدمين للالتحاق بالمدارس الفرنسية بيقل سنة عن سنة. حتى في بعض الأحيان المدارس الفرنسية جزء منها في المدرسة الفصول فاضية، بنبتدي نفتح فيها جزء إنجليزي. دا عبارة يعني ... دا تلخيص سريع لمراحل التعليم في مصر ونوعية التعليم في مصر والكلام دا كله.

الدرس السابع

المفردات

to grumble	بَرْطَم – يِبَرْطَم لما كلام أبوه ماعجبهوش، ماقدرش يقول له حاجة طبعًا، بس قعد **يبرطم** وهو خارج من الأوضة.
gang	شِلّة ج. شِلَل هو دايمًا بيقابل أصحابه في النادي. همّ **شلّة** كبيرة ودايمًا بيخرجوا مع بعض.
adolescence	سِنّ المُراهقة بنته عندها ١٤ سنة، هي في **سنّ المراهقة**.
to hide	خَبَّا – يخَبّي هي زعلت عشان هو **خبّا** عليها الحقيقة اللي عرفها. يعني هو ما قالّهاش الحقيقة.
to lock (someone)	قَفَل – يِقْفِل على حدّ هو ربّى بنته بطريقة غريبة قوي، **قَفَل عليها**، ماخلّهاش تخرج، ماخلّهاش تشوف ناس كتير.
catastrophe	بلوة ج. بَلاوي كل يوم في الجرنال بنقرا **بلاوي**، يعني حوادث قتل، اغتصاب، أخبار زيّ الزفت!

التعبيرات

باقولّك إيه! دا طبعًا تعبير بيتقال لشخص صديق، أو شخص قريب قوي. ممكن كمان يتقال لابن لما يكون الكلام مش عاجب الأب. مثلاً: "**باقولّك إيه!** أنا تعبانة ومش ناقصة مشاكل."	Listen, . . . (very informal)
يا سلام! يا حلاوة! برضُه لما يكون الكلام اللي أنا باسمعه مش عاجبني ممكن أرد وأقول الكلام دا. بس طبعًا لازم يكون حد قريب قوي مني. ممكن أقول: "**يا سلام! يا حلاوة!**" لما الكلام مايعجبنيش.	Don't tell me!
من برّا برّا راحت الجامعة الصبح بدري ولما خلّصت راحت المطعم اتغدت مع أصحابها، وبعدين راحوا السينما **من برا برا.** يعني ما روّحوش البيت غير بعد السينما بالليل.	without returning home
أنا مالي! اضطريت أغسل الأطباق كلّها بعد العشا. كل دا عشان عملت نفسي ذوق. **أنا مالي!** ما كانوا همّ غسلوها!	Why should I care?

لِمّي نَفسك – ما تلمّي نفسك كانت لابسة فستان قصير قوي، فقال لها: "**لمّي نفسك**، إيه اللي انتِ لابساه دا؟" (ودا كمان تعبير لازم يكون لحد واخدين عليه/عليها قوي.)	Get a grip!
مِن ورا حدّ – مِن وَرانا هي كانت بتحبه قوي وأهلها مش موافقين على جوازهم، فاتجوزته **من وراهم**. يعني همّ ماعرفوش أي حاجة عن جوازهم.	behind someone's back
الدنيا مش سايْبة هو عايز ينتقم بنفسه، بس أنا قلت له **الدنيا مش سايبة**، وفيه قانون في البلد. والقانون هو اللي لازم يمشي.	There are rules to be obeyed

الدرس الثامن

المفردات

خير؟! سعاد بتتكلم في التليفون الساعة واحدة ونص صباحًا: "آلو، أيوه يا سعاد، **خير؟**"	فيه إيه؟ إيه اللي حصل؟ What's wrong?
دار مُسِنّين ج. دور مُسِنّين فيه مشروع **دار مُسِنّين** جديد في الشارع اللي أنا ساكنة فيه، حينزلوا هناك الناس الكبار في السنّ.	nursing home

المُناسبات هو دايمًا مشغول وبيشوف أهله في **المناسبات** بسّ، بيشوفهم في العيد الصغير، العيد الكبير، بيشوفهم في مناسبات وبس.	special occasions, holidays
مِطّمِّن، مطّمنة، مطّمنين عبد الله كان **مطمّن** مش قلقان، عشان أمه كانت ساكنة مع أخوه لما كان مسافر.	not worried
مَعذور، معذورة، معذورين كمال **معذور** برضُه، ماكانش قدّامه غير السفر. حاول يلاقي شغل في القاهرة عشان مايسيبش أمّه لوحدها، بسّ حيعمل إيه؟	عنده سبب كويس، مش حانزعل منه
حوّل مبلّغ لما اشتغلت برّا كانت **بتحوّل** فلوس لأهلها.	transferred the money for her
تصريح الدفن عشان الشخص يتدفن، لازم نطلع له **تصريح الدفن** من مكتب الصحة قبل الجنازة.	permission for burying

التعبيرات

وقّعت قلبي قول لي فيه إيه من فضلك **وقّعت قلبي** يا أخي! الساعة اتنين الصبح! فيه إيه؟	give someone a scare

(حدّ) تعيش انت! منار مش جاية الشغل النهاردا عشان حماتها **تعيش انتَ**. **(يعني ماتت)**	طريقة مؤدبة لـ 'حدّ مات' Not with us any more
الله يرحمها جدتي **الله يرحمها** كانت بتعمل أحلى محشي ورق عنب!	لما نتكلّم على حدّ مات نقول عليه كدا God rest her soul.
إكرام الميّت دفنُه! الجنازة بعد صلاة الضهر على طول، **إكرام الميّت دفنه**.	مقولة تحثّ على الإسراع في دفن المتوفّي. We have to bury the dead.
البقية في حياتك رُحت أعزي صاحبتي اللي جدّتها ماتت قلت لها **البقية في حياتك**.	Expression used to offer condolences I'm sorry.
البقاء لله رُحت أعزي صاحبتي اللي جدّها مات وقلت لها **البقاء لله**.	Expression used to offer condolences. I'm sorry (Same meaning as above expression, however more classical and more religious.)
شدّ حيلَكْ لما رُحت أعزيها برضه قلت لها **شدّي حيلك**.	God give you strength.
الله يرحمها ويحسن إليها عمتي ماتت السنة اللي فاتت، **الله يرحمها ويحسِن إليها**.	An expression used when referring to a person who has passed away.

It wasn’t meant to be.	مافيش نصيب كان نفسه يقابلها في الأجازة الجاية لكن **مافيش نصيب!**
downpayment	تحت الحساب

الدرس التاسع

المفردات

exclamation of exasperation	يووه!! **يووه!** النور قطع تاني! أنا زهقت بقى من الحكاية دي. حاكمل شغلي إزاي دلوقتي؟
to have a fight	اتخانق بنت عمي وجوزها مش متفقين مع بعض، **بيتخانقوا** كتير، كل يوم شدّ **وخناقة** بصوت عالي! ماحدش مستحمل حد.
it seems	الظاهر الدنيا مغيّمة على الآخر، **الظاهر** إنها حتمطّر النهاردا.
they broke up their engagement	الخطوبة اِتفَسَخِت لأ، انتَ ماسمعتش أخبارهم من زمان! دي **خطوبتهم اتفسخت** من أكتر من شهر.
to come to one’s senses	عِقِل، يِعقل كريم وأخوه كانوا دايمًا بيتخانقوا وبيضربوا بعض وهما صغيرين بس ديلوقتي كبروا **وعقلوا** وبقوا أصحاب.

writing of the marriage contract	كتب كتاب **كتب الكتاب** هو كتابة عقد الجواز عند المسلمين.
to witness	شِهِد، يِشْهَد على ... أبوها وعمها **شِهدوا على** كتب كتابها، يعني همّ الاتنين كانوا حاضرين كتب الكتاب ومضوا على عقد الجواز.
representative	وكيل ج. وُكَلا **وكيل** العروسة هو اللي بيمثل العروسة في كتب الكتاب.

التعبيرات

People are meant to help one another (said by someone who is being thanked for helping out, or offering help).	الناس لبعضيها ابن خالي طلب يستلف مني فلوس، أنا حاليًا ظروفي المادية مش كويسة قوي بس لازم أدبر له المبلغ. **الناس لبعضيها**.
nice person, decent guy/girl/ people…	ابن حلال، بنت حلال، ولاد حلال جوز صاحبتي طيب **وابن حلال** قوي، قلبه على عيلته دايمًا، وأي حد بيطلب منه مساعدة بيقدمها له، هو راجل ممتاز وأخلاقه عالية.
somebody casted an evil eye on him	واخد عين مش ممكن المصايب اللي أحمد بيشوفها الأيام دي. بعد ما عمل الحادثة بالعربية، مراته عيت، والمدير بتاعه عمل له مشكلة في الشغل. دا أكيد **واخد عين!**

Reading of al-Fatiha is the first stage on a marriage agreement.	اتقرت فاتحتها منى **اتقرت فتحتها** وحتتجوز بعد شهرين.
An expression meaning that the person/people only thinks about himself/herself/themselves and have no other considerations.	يالله نفسي
trivial things	حاجات هايفة منى وبنتها دايمًا بيتخانفوا على **حاجات هايفة** قوي، بيتخانقوا بسبب اللبس ومين حياخد العربية النهاردا. كلها **حاجات هايفة** وماتستاهلش الخناق.
Life passes so quickly!	العمر بيجري ياه، دخل الجامعة واتخرّج؟ أنا لسّه شايفاه لمّا كان في المدرسة ودلوقت كبر وبقى راجل! والله **العمر بيجري**
Saying meaning: It is better to marry than to live alone.	ضِلّ راجل ولا ضِلّ حيطة لسة فيه ناس بيفكروا إن البنت لازم تتجوز عشان يبقى فيه حد يحميها وياخد باله منها، حتى لو هي ما ما لقتش الشخص اللي بتشوفه مناسب. بيقولوا لها: **"ضِلّ راجل ولا ضِلّ حيطة،"** بمعنى الجواز أحسن من قعدتك في البيت لوحدك.

Any . . . An expression meaning that the person does not care much about choosing the thing he is talking about.	أي ... والسلام كنت زمان باحب ألبس على آخر موضة واختار فساتيني بعناية جدًا كل يوم. دلوقتِ الحاجات دي مابقتش تهمني، بألبس أي فستان **والسلام.**
a groom who cares	عريس شاري **العريس الشاري** هو اللي بيكون قلبه على مراته وعايز الجوازة تنجح ومش حيتخلى عنها ابدًا.
Everything depends on fate.	كل شيء قِسمة ونصيب كنت دايمًا بافتكر إن بنتي حتتجوز في مصر وتسكن جنبي، بس هي قررت تسافر برا عشان تعمل الدكتوراة. ودلوقت ما باشوفهاش إلا مرة في سنة. ما علينا ... **كل شيء قسمة ونصيب.**
to be at the end of one's rope	فاض، يفيض بحدّ مرات أسامة كان عندها مشاكل كتير قوي في شغلها. وفي الآخر **فاض بيها** وقررت تستقيل.
not to be able to bear	مش طايق صاحبتي دايمًا تيجي عشان تحكي لي عن مشاكلها مع جوزها وولادها، وأنا زهقت من الكلام دا، **مش طايقة** أسمعه تاني بقى!

How often . . .	ياما + فعل ماضي كنت دايمًا باحاول أساعد أخويا وأحلّ له مشاكله، **ياما نصحته وياما قُلت** له، لكن مافيش فايدة هو دايمًا بيعمل اللي في دماغه. وآدي النتيجة، هو دلوقتِ بيقول يا ريتني سمعت كلامك.
to insist on	صمّم على كريم عنيد جدًا ودماغه ناشفة، لما **بيصمم على** رأيه ماحدّش بيعرف يتعامل معاه أبدًا.
An expression used to calm someone down.	اِهدِا وصلّي على النبي كانوا بيتخانقوا مع بعض ومنفعلين جدًا، قُلت لهم **اهدوا وصلّوا على النبي**، أكيد حنلاقي حلّ لو فكّرنا بهدوء شوية.
There is a solution for every problem.	كلّ عقدة وليها حلّال الواحد مش لازم يستسلم قدام المشاكل أبدًا، لازم دايمًا نفكر نفسنا إن **كل عقدة وليها حلال**، يعني كل مشكلة ممكن تتحلّ.
An expression meaning: Only people who are involved really know what the problem is and how it feels.	اللي إيده في المِيّه مش زي اللي إيده في النار **الشخص اللي إيده في النار** هو اللي في المشكلة وحاسس بيها، والشخص **اللي إيده في الميه** هو اللي خارج المشكلة، ممكن طبعًا يكون بيدّي نصايح. طبعًا **اللي إيده في الميه مش زي اللي إيده في النار.**

They are impossible to figure out.	حدَ عارف لهم أول من آخر! بيغيّروا رأيهم كتير قوي وكل حاجة عندهم ملخبطة، **ماحدّش عارف لهم أول من آخر**، يعني ماحدّش فاهم همّ حيعملوا إيه ولا حيعملوا إيه بعد كدا!
in spite of	غصب عن أهل ليلى ماكانوش موافقين على العريس لكن هي ماهتمّتش بكلامهم واتجوّزت **غصب عنهم**.
Expression meaning: very stubborn	راسه وألف سيف + مضارع أهله ياما نصحوه مايسافرش، بسّ هو كان **راسه وألف سيف** يسافر. دلوقتِ هو بيندم وبيقول يا ريتني كنت سمعت كلامهم.

الدرس العاشر

المفردات والتعبيرات

Oh no! very informal	يا لهوي! (التعبير دا مش كل الناس بتقوله، لكن الناس بتفهمه. فيه ناس بتقول '**يا لهوي**' لما بتسمع خبر وحش أو لما بتشوف حاجة خطيرة.) سامية قالت "**يا لهوي**" لما شافت ابناها متعوّر وداخل عليها البيت.

Speak up! What's up! very informal	ما تنطقوا، فيه إيه! انتو ساكتين ليه؟ ما بتتكلموش ليه؟ **ما تنطقوا!** قولوا فيه إيه؟! (التعبير دا زي ما اتفقنا لازم نقوله لناس أصغر مننا في السن أو أصحابنا مثلاً لأنه مش تعبير لطيف إن احنا نقوله لحد.)
You are in big trouble. very informal	نهاركو اسود! دا تعبير عن اللوم الشديد. بمعنى "إيه اللي خلاكو تعملوا كدا! عملتوا كدا ليه؟!" (ودا كمان تعبير جامد يعني مش مؤدب قوي. كمان مش مفروض نقوله إلا لناس أصغر مننا في السن أو ناس احنا لينا عليهم سلطة أكبر. هو تعبير مش لطيف. سامية وعبد الله قالوا لأحمد وأصحابه: "**نهاركو اسود!** إيه اللي عملتوه دا؟" لما عرفوا إن هم شاركوا في المظاهرات.
Demonstrations are none of your business!	مالكو ومال (المظاهرات)؟ إيه علاقتكو بالمظاهرات؟ إيه اللي يدخّلكو في المظاهرات؟ دي حاجة ماتخصّكوش خالص؟ **مالكو ومالها؟** ممكن أقول + أي اسم: **مالكو ومال** حياتي الشخصية؟ مالكو ومال السياسة؟

Oh my God!	يا دي المصيبة! **يا دي المصيبة!** عملت حادثة؟ وهي فين دلوقت؟ حصل لها إيه؟
an exclamation used to express great stress	يا خرابي! كلنا عارفين كلمة 'الخراب.' التعبير دا بعض الناس بتقوله بنفس معنى 'يادي المصيبة.' لكن مش كل الناس بتقول '**يا خرابي**.' التعبير دا بيتقال لما حد يسمع خبر وحش، بيخص حياتنا الشخصية مثلاً أو حياة أصحابه الشخصية. بس افتكروا، مش كل الناس بتقوله، لكن كل الناس بتفهمه!
terribly wounded, bleeding	دمّ شخص سايح كنت باتفرّج على الأخبار في التليفزيون، شفت أخبار العنف اللي في اليمن واللي في سوريا واللي في البحرين. كمية الناس اللي **دمهم سايح!** ممكن أقول: دم فلان سايح. وممكن أقول: دم + ضمير سايح.

القاموس المصور

مفردات القاموس المصوّر ١: المواصلات والشارع

breaks	فرامل وبنزين	▪	car rear window	القزاز الورّاني	▪
felucca	فلوكة	▪	lift for the car	الكوريك	▪
car gear	فيتيس العربية	▪	traffic light	إشارة المرور	▪
train	قَطر ج. قُطُرَة	▪	bus	أوتوبيس	▪
boat	قارب ج. قوارب	▪	taxi	تاكسي	▪
car horn	كالاكس	▪	auto rickshaw	توكتوك	▪
tire	كاوتش	▪	steering wheel	دريكسيون	▪
car seat	كرسي العربية	▪	a ship	سفينة ج. سفن	▪
back car seat	كنبة العربية	▪	car window	شباك العربية	▪
bridge	كوبري	▪	top of car to put things	شبكة العربية	▪
yacht	لانش	▪	exhaust	شكمان	▪
gas station	محطة بنزين	▪	car trunk	شنطة العربية	▪
mirror	مراية العربية	▪	to cross the street	عدى الشارع	▪
to fill gas	ملا، يملا بنزين	▪	car	عربية	▪
motorcycle	موتوسيكل	▪	truck	عربية نقل	▪
car license plate	نمرة العربية	▪	traffic officer	عسكري المرور	▪

مفردات القاموس المصوّر ٢: حاجات في البيت

▪ أباجورة	lampshade	▪ شباك	window
▪ أوضة بسرير	a single room	▪ شوكة	fork
▪ أوضة بسريرين	a double room	▪ طبق	plate
▪ بانيو	bathtub	▪ طقطوقة	ashtray
▪ بطانية	blanket	▪ كوباية	cup
▪ بلكونة	balcony	▪ كرسي	chair
▪ ترابيزة	table	▪ كنبة	sofa, couch
▪ تسريحة	vanity set	▪ كومودينو	nightstand
▪ حنفية	tap	▪ لحاف	quilt
▪ حوض	sink	▪ مخدة	cushion
▪ دُش	shower	▪ مراية	mirror
▪ ستارة	curtain	▪ معلقة	spoon
▪ سجّادة	carpet	▪ مفرش	tablecloth
▪ سرير	bed	▪ مكتب الاستقبال	front office
▪ سكينة	knife	▪ ملاّحة	shaker
▪ سيّاح	tourists	▪ ملاية	bedsheet
▪ سيراميك	tiles	▪ ورق تواليت	toilet paper

مفردات القاموس المصوّر٣: حاجات في البيت والمطبخ

▪ بتاعة الفلفل	pepper shaker	▪ غسالة	washing machine
▪ بوتاجاز	stove	▪ غسالة الأطباق	dishwasher
▪ بوفيه	buffet	▪ غلاية	boiler
▪ ترابيزة السفرة	dining table	▪ فازة	vase
▪ تلاجة	fridge	▪ فتّاحة	can opener
▪ حلّة	pan	▪ فرّامة	for mincing meat
▪ حنفية	tap	▪ فُرن	oven
▪ حوض المطبخ	sink	▪ فريزر	freezer
▪ خلاّط	mixer	▪ فنجال	teacup
▪ دُرج	drawer	▪ ماج	mug
▪ دولاب المطبخ	kitchen unit	▪ فيشة	electricity outlet
▪ رُخامة	working place	▪ كرسي	chair
▪ سجادة	carpet	▪ ليفة	loaf
▪ سكينة	knife	▪ مبشرة	grater
▪ سلك	net	▪ مصفاة	drainer
▪ شفشق	jug	▪ مقشرة	peeler
▪ شوكة	fork	▪ مقصوصة	ladle

vegetable corer	▪ مقورة	tray	▪ صنيّة
book shelves	▪ مكتبة	pan	▪ طاسة
salt shaker	▪ ملاّحة	juice maker	▪ عصارة

مفردات القاموس المصور ٤ : الطعام

rice pudding	▪ رز باللبن	pineapple	▪ أناناس
dill	▪ شبت	okra	▪ بامية
Egyptian dish	▪ طعمية	eggplant	▪ بدنجان
tomatoes	▪ طماطم	prunes	▪ برقوق
lemon juice	▪ عصير لمون	Egyptian dish	▪ بصارة
grapes	▪ عنب	onions	▪ بصل
bread	▪ عيش	green onions	▪ بصل أخضر
beans	▪ فاصوليا	potatoes	▪ بطاطس
turnip	▪ فجل	watermelons	▪ بطيخ
poultry	▪ فراخ	parsley	▪ بقدونس
red pepper	▪ فلفل أحمر	dates	▪ بلح
green pepper	▪ فلفل أخضر	eggs	▪ بيض
beans	▪ فول	apples	▪ تفاح

pumpkins	قرع عسل ■	garlic	ثوم ■
cauliflower	قرنبيط ■	Egyptian drink	تمر هندي ■
melons	كانتالوب ■	figs	تين ■
kebab	كباب ■	feta cheese	جبنة بيضا ■
Egyptian drink	كركدية ■	Egyptian cheese	جنبة رومي ■
Egyptian food	كشري ■	carrots	جزر ■
kofta	كفتة ■	guava	جوافة ■
pears	كمترى ■	Egyptian drink	خرّوب ■
zucchini	كوسة ■	lettuce	خسّ ■
mangos	مانجة ■	peaches	خوخ ■
stuffed vegetables	محشي ■	cucumbers	خيار ■
apricot	مشمش ■	corn	دُرة ■

مفردات القاموس المصور ٥: بعض الملابس وبعض مفردات القهوة

socks	شراب ■	scarf	إيشارب ■
hanger	شمّاعة ■	coat	بالطو ■
bag	شنطة ■	pullover	بلوفر ■
shorts	شورت ■	pants	بنطلون ■
shisha	شيشة ■	hair clip	توكة ■

sandals	■ صندل	long sleeved t-shirt	■ تي شيرت بكمّ
T-shirt	■ فانلة	short sleeved t-shirt	■ بنصّ كُمّ
coal for shisha	■ فحم	shoe	■ جزمة
dress	■ فستان	gallabiya	■ جلابية
shirt	■ قميص	skirt	■ جوب
coffee/coffee shop	■ قهوة	washing line	■ حبل غسيل
neck tie	■ كرافتة	hair cover	■ حجاب
cards	■ كوتشينة	holder for shisha coal	■ حَجَر
pants	■ كيلوت	belt	■ حزام
wallet	■ محفظة	ear ring	■ حلق
tobacco for shisha	■ معسّل	wedding ring	■ دبلة
underwear	■ ملابس داخلية	pendant	■ دلاية
glasses	■ نضارة	watch	■ ساعة
face cover	■ نقاب	bra	■ ستيان
		tea	■ شاي
		mint tea	■ شاي بالنعناع
		slippers	■ شبشب

مفردات القاموس المصور ٦: أدوات المدرسة والفصل

▪ أدوات هندسية	geometry pack	▪ صمغ	glue
▪ أستيكة	eraser	▪ طباشير	chalk
▪ ألوان	colors	▪ ظرف	envelope
▪ ألوان شمع	crayons	▪ فتّاحة ورق	envelope opener
▪ برّاية	sharpener	▪ قلم جاف	pen
▪ سَبَت	bin/basket	▪ قلم حبر	fountain pen
▪ جرس المدرسة	school bell	▪ قلم رصاص	pencil
▪ جوابات	letters	▪ كراسة	copybook
▪ حبر	ink	▪ لزاق	sticker
▪ خرامة	hole punch	▪ مسطرة	ruler
▪ دبّاسة	stapler	▪ مقصّ	scissors
▪ دبوس	pin	▪ مكتب	desk
▪ رُزمة ورق	a ream of paper	▪ نتيجة	calendar
▪ سبّورة	black/white board	▪ ورقة	paper
▪ شنطة	bag		

مفردات القاموس المصور ٧: جسم الإنسان

lip	▪ شفة	hand	▪ إيد
finger	▪ صباع	stomach	▪ بطن
thumb	▪ الصباع الكبير	mouth	▪ بُقّ
baby finger	▪ الصباع الصغير	wrinkles	▪ تجاعيد
chest	▪ صدر	eyebrow	▪ حاجب
bellybutton	▪ صُرّة	arm	▪ دراع
tooth	▪ ضرس	chin	▪ دقن
nail	▪ ضفر	pony tail	▪ ديل حصان
muscle	▪ عضلة	leg	▪ رجل ج. رِجلين
eye	▪ عين	neck	▪ رقبة
thigh	▪ فخد	knee	▪ رُكبة ج. رُكَب
shoulder	▪ كتف	eyelash	▪ رِمش ج. رموش
belly	▪ كرش	front tooth	▪ سِنّة ج. سِنان
heal	▪ تكعب	gray-haired	▪ شايب
elbow	▪ كوع	hair	▪ شعر
nose	▪ مناخير	blond - blonde	▪ أشقر – شقرا

fang	■ ناب	gray-haired	■ شعر طويل
ear	■ ودن	short hair	■ شعر قصير
face	■ وش	braid	■ ضفيرة

مفردات القاموس المصور ٨: الفلوس وبعض كلمات من العزا

mass	■ قدّاس	mosque	■ جامع
priest	■ قسيس	funeral	■ جنازة
church	■ كنيسة	a pound	■ جنيه
minaret	■ مأذنة	50 pounds	■ خمسين جنيه
place for burial	■ مدفن	five pounds	■ خمسة جنيه
one who recites the Quran	■ مُقرئ	sheikh	■ شيخ
200 pounds	■ ميتين جنيه	death announcements	■ صفحة الوفيات
100 pounds	■ مية جنيه	prayer	■ صلاة
cascade	■ نعش	cross	■ صليب
preacher	■ واعِظ	ten pounds	■ عشرة جنيه
fifty pounds	■ خمسين جنيه	ten piasters	■ عشرة صاغ
25 piasters	■ ٢٥ قرش	The Virgin Mary	■ العدرا
		cemetery	■ قرافة

مفردات القاموس المصور ٩: الألوان

▪ أبيض	white	▪ دبلة	wedding band
▪ أحمر	red	▪ رمادي	gray
▪ أخضر	green	▪ زيتي	olive green
▪ أزرق	blue	▪ شربات	sherbet
▪ أسود	black	▪ شمع	wax
▪ أصفر	yellow	▪ طرحة	veil
▪ برتقاني	orange	▪ عروسة	bride
▪ بمبة	pink	▪ عريس	groom
▪ بنفسجي	purple	▪ فستان الفرح	wedding dress
▪ بني	brown	▪ قسيس	priest
▪ تاج	crown/tiara	▪ كحلي	navy blue
▪ تورتة العروسة	wedding cake	▪ لبني	baby blue

مفردات وتعبيرات

أم الدنيا

direction	اتّجاه ج. اتّجاهات
to have a fight	اتخانق
To get engaged (girls)	اِتْخَطَبِتْ
painted	اتدّهن
to be broadcast	اِتْذاع، يِتْذاع
to imagine	اتصوّر ، يتصور
fixed	اتظَبّط
to breathe	اِتْنَفِّس، يِتْنَفِّسْ
to give	اِدّى، يِدّي
network, coverage	إرسال
to deserve	استاهِل، يستاهِل
because; the fact is that	أصْل
because, since	أصْل
to become reassured	اِطّمِّن، يِطَّمِّن

Interjection used to introduce questions expressing surprise or disbelief.	أُمّال ... ؟
cylinder (of butane gas)	أنبوبة ج. أنابيب
room	أوضة ج. أوض
rent	إيجار ج. إيجارات
to spend the night	بات، يبات، بِيات
to stay overnight; to sleep over	بَات، يِبات، بِيَات
to get spoilt	باظ، يبوظ، بَوَظان
by order	بالطَّلَب
out of order; broken	بايظ
abroad/outside	بَرّا
skyscraper, tower	بُرج ج. أبراج
even so	بَرْضُه
to grumble	بَرْطَم، يِبَرْطَم
to quit, stop	بَطَّل، يِبَطَّل، تبطيل
to send	بَعَتْ، يِبْعتْ، بَعْتْ
to become	بَقَى، يبْقَى
catastrophe	بلوة ج. بَلاوي

human being	بني آدَم/ بني آدمة ج. بنـي آدمين
(personal) information	بيانات
to overlook	بيطُلّ على
to imagine; expect Imagine!	تخيّل!
permit	ترخيص ج. تَراخيص
permission for burying	تصريح الدفن
to imagine	تصَوّر ، تصوّري، تصَوَّروا
pollution	تلوُّث
24-inch TV	تليفزيون ٢٤ بوصة
connection (wire)	توصيلَة ج. توصيلات
آخر سنة في التعليم المدرسي – قبل الجامعة	الثانوية العامة
to buy, to get	جاب، يجيب (حاجة)
ready made	جاهِز ، جاهْزَة
suite	جناح ج. أجنحة
garden	جِنينَة ج. جَنايِن
a pottery container of tobacco in shisha	حَجَر الشيشة
you (formal, polite)	حَضْرِتَك، حَضْرِتِك

to put	حَطّ، يحُطّ، حَطّ
to memorize	حِفِظ، يِحْفَظ، حِفظ
transferred the money	حوّل مبلّغ
wall	حيطة ج. حيطان
to be worried about, concerned	خاف، يِخاف، خُوف على
to hide	خَبّا، يخَبّي
they broke their engagement	الخطوبة اِتفَسَخِت
to finish up, let's finish up (impatience)	خلّص، يخلّص خلّص (حد)
to have children	خَلّف، يخلّف
What's wrong?	خير ؟! فيه إيه؟ إيه اللي حصل؟
nursing home	دار مُسِنّين ج. دُور مُسِنّين
to pray for	دَعا، يِدْعِي لـ (حدّ)
to search for	دَوّر (على)، يدوّر ، تدوير
to install	ركّب، يركّب
corner	رُكْن ج أرْكان
to rest, to take a break	ريّح، يريَّح
client	زُبون ج. زَباين

to shout	زَعّق، يِزَعّق
tar, used to refer to something awful, lousy	زفت
to be bored, to be fed up (with sth.)	زِهِق، يِزْهَق، زَهَق (من)
to leave	ساب، يسيب، سيبان
plumber	سبّاك ج. سبّاكين
plumbing	سِباكة
water heater	سخّان ج. سخّانات
to be enough	سَدّ، يسِدّ، سَدّ
real estate agent	سِمْسار ج. سَماسْرة
adolescence	سِنّ المُراهقة
to encourage	شَجّع، يِشَجّع، تشجيع على
slogan	شِعار ج. شعارات
apartment privately owned apartment, condominium furnished apartment (for rent)	شقة ج. شُقَق شقة تمليك شقة مفروشة
it appears, it seems . . .	شكل + إضافة/pronominal suffix
complaint	شَكْوَى ج. شَكاوي
gang	شِلّة ج. شِلَل

to witness	شِـهِد، يِشْـهَد على
repair work, maintenance	الصيانة
double	ضِعْف ج. أضعاف
to retire	طِلِع، يِطْلَع معاش
to come out/to turn out to be	طِلع، يِطْلَع، طُلوع
it seems	الظاهر
to blame	عاتِب، يِعاتِب، عِتاب
car exhaust	عادِم ج. عوادِم
to pass by	عدّى، يعدّي (على شخص/مكان)
out of order	عطلان/عطلانة
to give someone a complex	عقّد، يعقّد، تعقيد (حدّ)
to come to one's senses	عِقِل، يِعقل
to hang (something) up	علّق، يعَلّق، تعليق
commission	عُمولة ج. عمولات
buff, enthusiast	غاوي، غاوْيَة ج. غاويين
to cheer up	فَرْفِش، يفَرْفِش، فَرْفَشة
to spoil	فَسَد، يِفْسِد
to expose	فَضَح، يِفْضَح، فضيحة

apply for someone	قدّم، يقدّم، تَقْدِيم (ل .(حدّ) في ...)
piaster (sum of) money	قِرْش القرشين
installment	قِسط ج. أقساط
to stay	قَعَد، يُقْعُد، قُعاد
to lock (someone)	قَفَل، يِقْفِل على (حدّ)
to worry	قِلِق، يقلَق، قَلَق
Middle-Eastern dish	كُبيبَة
writing of the marriage contract	كتب كتاب
density	الكثافة
enough You should stop . . .	كِفاية كِفاياكْ ...
to go all around looking for . . .	لفّ، يلِفّ على
a steal, a great deal	لُقطة ج. لُقَط
to find	لقَى، يلاقي
hotel (also: فندق)	لوكندة ج. لوكندات
completely finished	متشطّب
upset	مِتضايق/مِتْضايْقة/متضايقين

Total marks in an exams, expressed as a percentage (corresponding to GPA).	مَجْموع ج. مَجَاميع
satellite	محطّة ج. محطات فَضائية
clogged	مَسدود
Middle-Eastern dish	مِسقّعَة
errand	مِشْوار ج. مَشاوير
long way, road ahead	مشوار ج. مشاوير
fees	مصاريف
insisting	مُصِرّ، مُصِرّة، مُصِرّين على ...
not worried	مِطّمِّن، مطمنة ج. مِطّمّنين
He is forgiven	مَعذور ج. مَعذورين
He has a good excuse. We won't be angry with him	عنده سبب كويس، مش حانزعل منه
downpayment	مُقَدّم
shy, embarrassed	مَكْسوف/مكسوفة ج. مكسوفين
to fill in	ملا، يملا
special occasions, holidays	المُناسبات
to feel sorry, regret	نِدِم، يِنْدم، نَدَم
to stay (in a hotel)	نِزِل يِنْزِل، نُزول (في الفندق)

to be of use, to serve; it works	نـَفع، ينْفَع، نـَفْع
house painter	نقّاش ج. نقّاشين
awesome	هايِل – هايْلة
connection (person)	واسْطَة ج. وَسايِط
in a bad condition	واقِع – واقْعة
to be missed (by someone) We missed you!	وَحَشْ، يوحَشْ
to take, deliver	ودّى، يودّي
stuffed wine leaves	ورق عنب
to put away; put in order	وضَّب، يوضَّب، توضيب
to lower	وَطّى، يوَطّي (شيء)
representative	وكيل ج. وُكَلا
great, wonderful	يِجَنِّن – تِجنِّن
exclamation of exasperation	يووه!
nice person, decent guy / girl / people . . .	ابن حلال، بنت حلال ج. ولاد حلال
Reading of al-Fatiha (the first stage in a marriage agreement).	اتقرت فاتحتها
just, just now We have just arrived.	اِحنا لسّه (واصلين)

life after death He is keeping the life after death in mind (rewards and punishments).	آخرة عَمَل، يِعْمِل لآخْرِتُه
to excuse oneself	استأذن أستأذِنَك
used to express disapproval	أستَغفِرُ الله العَظيم
Said for a farewell (usually by the one who is leaving).	أشوف وِشَّك بِخير.
too many	أكتر من الهَمّ على القلب
We have to bury the dead.	إكرام الميّت دفنُه. مقولة تحثّ على الإسراع في دفن المتوفّي.
daily bread	أكِّل، يأكِّل عيش، أكل العيش
response to compliment on food	ألف هَنا وشِفا / بالهَنا والشِّفا
Why should I care?	أنا مالي!
An expression used to calm someone down.	اِهدا وصلّي على النبي.
Can I help you?	أوامرك؟ / أوامر سيادتك؟
Any . . . An expression meaning that the person does not care much about choosing the thing he is talking about.	أي ... والسلام
time flies	الأيام بتجري بسرعة!

some other time, next time (declining an invitation)	الأيام جايّة كتير.
This is disgusting!	إيه القَرَف دا!
used to draw attention of a group or friends of peers	إيه يا اخوانّا!
God willing	بإذْن الله
Used when saying, seeing or hearing something that causes admiration or satisfaction to ward off the evil eye.	باسم الله ما شاء الله!
Listen, . . . (very informal)	بأقول لك إيه!
mind to take care (of)	بال خلّى بالُه من ...
we are relying on …	البَرَكة في (فـ) ...
please, if you don't mind	بعد إذنك
expression used to offer condolences I'm sorry (Same meaning as previous, however more classical and more religious.)	البقاء لله
Expression indicating the passing of time: it's been a week / a month since ...)	بقى لـ + pronominal suffix
expression used to offer condolences I'm sorry.	البقية في حياتَك / في حياتِك / في حياتكو
downpayment	تحت الحساب

At your service! Right away, sir! Sure! (in response to a request)	تحت أمرك
Expression used to show appreciation for something handmade.	تِسْلَم إيدِ + pronominal suffix تسلم إيدِكْ.
It's always a pleasure (said to a visitor, a caller)	تنوّر
trivial things	حاجات هايفة
They are impossible to figure out.	حدَ عارف لهم أول من آخر!
Shame on you.	حَرام عليكْ / على + pronominal suffix / اسم
to take care	خَد، ياخُد بالُه (من)
a small, tiny place	خُرْم إبرَة
Leave it to God. = Don't worry about it.	خَلّيها عَلَى الله
The Lord works in mysterious ways.	الخير فيما اختاره الله
What happened? Is anything wrong?	خير!
terribly wounded, bleeding	دمّ (شخص) سايح
It's really hot outside!	الدنيا حرّ
There are rules to be obeyed	الدنيا مش سايْبة

Expression meaning: very stubborn	راسه وألف سيف + مضارع
stubborn	راكِب دِماغُه
May God protect us.	ربَّك يُسْتُرْها.
A phrase used to wish a sick person to get well.	ربنا يقوِّم (حدّ) بالسلامة
May God grant you success.	رَبِّنا يوفَّقَك
God is the provider.	الرِّزْق بإيد الله
Ought to be, should be, expected to . . . any time now.	زمان + الضمير + اسم فاعل زمانُه جايّ.
awful	زي الزفت
expression of admiration of beauty (to a person)	زيّ القمر
exclamation of amazement	سبحان الله!
What a change!	سبحان مغيّر الأحوال
Expression used after a home / family meal, (not used after a restaurant meal).	سُفرة دايمة!
Forget about . . . let's talk about	سيبك من ... وخلينا في ...
somebody casted an evil eye on him	(شخص) واخد عين
God give you strength.	شدّ حيلَكْ (حيل + pronominal suffix)

to insist on	صمّم على
Saying meaning: It is better to marry than to live alone.	ضِلّ راجل ولا ضِلّ حيطة
To retire	طِلِع، يِطْلَع، (على) المعاش
to be on a diet	عامِل / عامْلَة ريجيم
a groom who cares	عريس شاري
for the sake of . . .	عشان خاطِر + اسم / pronominal suffix
at ease, comfortably; at someone's leisure	على راحِة + ضمير
Right away; directly	على طول (= حالاً / فورًا)
Always	على طول (= دايمًا)
I agree, but . . .	على عيني وعلى راسي، بس ...
by the way	على فِكرة
slowly Slow down!	على مِهْل ...
Life passes so quickly!	العمر بيجري
I was just going to say the same thing.	عُمْرَك أطول من عُمْري.
I have never . . .	عمري ما ... + فعل ماضي
in spite of	غصب عن
to be at the end of one's rope	فاض، يفيض بـ (حد)

not with us any more	(فلان) تعيش اِنتَ. طريقة مؤدبة لـ 'حدّ مات'
Safety is in being slow, and in haste repentance. = Haste makes waste.	في التأنّي السّلامَة وفي العَجَلَة النَّدامة.
At your service.	في خدمتك، في خدمة حضرتك / سعادتك
at the peak of . . .	في عزّ
to be about to	قَرّب، يِقَرَّب + مضارع
I wish I could help you.	كان نفسنا نخدمك!
Everything depends on fate.	كل شيء قِسمة ونصيب
There is a solution for every problem.	كلّ عقدة وليها حلاّل.
it is only + time duration + event It's only one more year before he graduates.	كلّها + كلمة تحدّد المدّة + و + فعل مضارع
We were talking about you yesterday.	كنا في سيرة + pronominal suffix / اسم كنا في سيرتك
Get a grip!	لِمّي نَفسك! / ما تلمّي نفسك!
لما نتكلّم على حدّ مات نقول عليه كدا God rest her soul.	الله يرحمـه، الله يرحمها ج. الله يرحمهُم
An expression used when referring to a person who has passed away.	الله يرحمها ويحسن إليها.
for expressing surprise	الله!

An expression meaning: Only people who are involved really know what the problem is and how it feels.	اللي إيده في الميّه مش زي اللي إيده في النار.
It's out of my hands. It's not my call.	ما باليدّ حيلة.
Speak up! What's up! very informal	ما تنطقوا، فيه إيه!
wonderful, excellent	ماحَصَلْشْ
too young	ماطْلِعْش من البيضَة
It wasn't meant to be.	مافيش نصيب
Demonstrations are none of your business!	مالكو ومال المظاهرات؟
not good, pretty bad	ماهوّاش قدّ كدا
to reach a compromise, to meet halfway	مِسِكْ، يِمْسِك العَصاية من النُّصّ
not to be able to bear	مش طايق
I didn't mean that.	مِش قَصْدي.
I can't believe it!	مش مِصَدّق!
Without coming home	من برّا برّا
since	من ساعِة ما + ماضي + ما + ماضي
behind someone's back	مِن ورا (حدّ) – مِن وَرانا